尾駮の駒牧の背景を探る

六ヶ所村「尾駮の牧」歴史研究会 編

六一書房

刊行を祝して

六ヶ所村長　戸田　衛

このたび『尾駮の駒・牧の背景を探る』の刊行を心からお祝い申し上げます。

六ヶ所村「尾駮の牧」歴史研究会は、本村の歴史上で、平安時代に馬の交易によって京の都と繋がっていたのではないかという歴史的背景について、より具体的かつ学術的に近づくための研究を目的に活動するとともに、歴史文化の新たな側面を村内外へ情報発信することに寄与されてこられた、相内会長をはじめ会員ならびに執筆に携わった先生方のこれまでのご尽力に深く敬意を表します。

村の歴史については、明治二二年の町村施行により、泊村・出戸村・尾駮村・鷹架村・平沼村・倉内村の旧東海岸通六か村が合併により六ヶ所村が誕生し、平成元年でちょうど一〇〇年を迎えたことを記念して、村史編さん事業が発足し、村民悲願の『六ヶ所村史』が平成九年四月に刊行されました。

また、村では、地域に対する理解と愛着を深めるために先人より継承された文化財の価値を後世に伝え、住民相互の連帯感や郷土意識を醸成するため継続的に取り組んでおります。

こうしたなか、歴史研究会が、平成二四年から毎年フォーラムを開催して、当村の歴史をひもとく研究として著名な先生方とともに六年間取り組んでこられた集大成として、まとめた一冊がこの本となっており、村の歴史を刻んでいく原動力として、大いに期待しているところです。

歴史研究会におかれましては、今後とも引き続き村の歴史を後世に発信していく活動のためご尽力くださるようお願い申し上げます。
刊行を新たな契機として、六ヶ所村「尾駮の牧」歴史研究会がさらに発展されますよう心からお祈り申し上げ、お祝いの言葉といたします。

二〇一八年七月

目次

第一部　考古学的考察

六ヶ所村に馬はいつからいたか？

松本建速

はじめに

二〇世紀の半ばごろまで、青森県上北郡六ヶ所村では多くの馬が飼われていました。馬を飼うのに適した気候、地質、植生であること、同時にその土地がそれ以外の産業にはあまり向いていないことが六ヶ所村で馬飼が行われていた理由です。そんな六ヶ所村ですが、二一世紀前葉の現在、馬を飼っている人はほとんどいません。野生の馬もいません。馬はツキノワグマやタヌキのように、人間の住む前からそこにいた動物というわけではないのです。ですから、人間が飼わなくなって、その土地を別の目的で使うようになってしまえば、馬はそこには住んでいられなくなってしまうのです。

さて、現在のように各農家がトラクターをもつようになる以前、六ヶ所村には馬を飼う家が多かったのですが、いったいいつから馬がいたのでしょう。また、そのきっかけは何だったのでしょう、考古学の方法で考えてみます。

一　日本列島上に馬はいつからいたか

1　五世紀に広まった馬飼

日本列島のどこにも、もともと馬は住んでいませんでした。弥生時代後期の倭国や卑弥呼のことが書かれていることで有名な『三国志』「魏志倭人伝」のなかに次のように記されています。「この地には、牛、馬、虎、豹、羊、鵲がいない。」「魏志倭人伝」に卑弥呼は二四八年ころに亡くなったと書かれていますから、三世紀前半以前のことと考えてよいでしょう。馬だけでなく、牛もいないと書かれています。それでも、倭国、すなわち北部九州かあるいは近畿地方あたりに馬や牛がいなかっただけであり、日本列島の他の地域にはいたのではないかと考える方もおられるかもしれません。しかし、日本中探しても、弥生時代までの、すなわち三世紀以前の遺跡から馬や牛が見つかった例はありません。古い本のなかには、縄文時代の遺跡からも馬の骨が出土したというようなことが書かれている場合がありますが、まだ発掘調査が丁寧に行われていなかったころに、縄文時代の遺跡の土のなかに後の時代に馬の骨が混じってしまっていたのを見誤っていたのです。

考古学によれば、日本列島上で馬の骨や歯が見つかるようになるのは、四世紀後半の遺跡からです。例えば、山梨県甲府市櫻井畑遺跡から馬の歯が、長野市篠ノ井遺跡から馬の骨が出土しています。このように、日本列島では馬の飼育は四世紀後半くらいから徐々に始まり、五世紀には現在の地名でいえば北は岩手県南部から南は鹿児島県域まで、すなわち古墳文化が広まった全域で行われるようになっていました。岩手県の遺跡としては、五世紀後半の馬の骨が出土したことで奥州市中半入遺跡が有名です（岩手埋文二〇〇二）。宮崎県では、五世紀後葉の鞍や轡などの馬具が出土した宮崎市下北方五号地下式横穴墓がよく知られています（宮代一九九五）。さらに南の鹿児島県曽於郡大崎町横瀬古墳からは五世紀後半の形象埴輪で「馬の足」「装飾馬の飾り鈴」などが出土しており（宮崎県一九九三）、そのころには九州の南部にもすでに馬を飼う文化が浸透していたことがわかります。そして六世紀には、馬具が出土する古墳や馬の墓がさらに増えます。

これらの馬関連遺物の出土状況で明らかなように、日本列島上での馬の飼育は前方後円墳や円墳などの古墳、それに熊本県南部、宮崎県南部から鹿児島県にかけての九州南部の地下式横穴墓も含め、古墳文化として広まりました。したがって、まだ古墳文化人が住んでなかった東北北部には、五世紀にはまだ馬もいませんでしたが、そこでのそのような状態は六世紀まで続きます。これまで簡単にみてきたように、馬はもともと日本列島に生息していたわけではなく、人間が持ち込み、各地で飼育した動物でした。

2　馬飼文化は古墳文化の系統

現在の日本で馬の飼育が最も盛んなのは北海道です。自然環境が馬を飼うのに適しており、牧場として使える土地が広いことが主な原因でしょう。競馬用のサラブレッドや、古墳時代に日本列島に連れてこられて以来日本の固有種となった「日本在来馬」の一種、ドサンコが飼われています。しかし、考古学的調査によれば北海道に馬の痕跡が残るようになるのは擦文時代であり、本州でいえば室町から戦国時代、実年代では一五世紀くらいだとのことです。馬の蹄の跡が見つかっています。東北北部で馬が飼われるようになったのは七世紀なので、その時期から考えれば、八〇〇年も経っており、ずいぶんと遅いのです。しかも、その馬は日本人たちが持ち込んだものが野放しにされ野生化したものだろうといわれています。アイヌの人々は江戸時代でも馬を飼ってはいませんでした。

このように、馬を育てるのに適した自然環境があり、そこで馬を見ている人間がいたとしても、必ずしも人々が馬を飼おうとするとは限りません。また、一般には東北地方にあるアイヌ語地名は、古代の蝦夷が残したものではないかと

養老二（七一八）年八月十四日
出羽ならびに渡嶋の蝦夷
八十七人来たり、馬千疋を
貢ぐ。即ち位禄《律令制で官位に応じて支給された賜り物》を授く。

史料１『続日本紀』

延暦六（七八七）年正月二十一日
太政官符《律令時代に政府が政府機関などに下した命令》
まさに陸奥の按察使、王臣《天皇に仕える者》
百姓《公民たち》、夷俘と交関《交易》する禁断すべきこと
（略）王臣および国司ら、争いて狄馬
および俘の奴婢を買う。ゆえに弘羊の徒《多くの人々》
かりそめに《軽々しく》利潤を貪り、良い奴婢を奪
い馬を買う。（略）無知の百姓は憲章《おきて》を
畏れず、この国家の貨《値打ちのある品物》を売り、夷俘の物
を買う。綿、すでに賊の襖《上等な着物》となり、甲冑。
また敵の農器を造る。（略）

史料２『類聚三代格』

考えられており、古代の蝦夷と北海道のアイヌ民族とは関係が深いかのような印象もあるかもしれません。しかし、古代の北海道と東北北部とでは決定的な違いがありました。北海道では馬が飼われていませんでしたが、東北北部には七世紀以降、馬が飼われていたのです。

　日本列島で飼われた馬は、古墳文化の人々が飼いはじめ、それに続く奈良～平安時代の日本文化の人々によって飼い続けられたものでした。日本列島の北部に住む日本国の公民ではなかった人々、一般には蝦夷だと考えられている人々が、質のよい馬を飼育していたと書いた古代の文献がいくつもあります。例えば、渡島や出羽の八七名の蝦夷が千疋の馬を貢いだという史料1は、『続日本紀』七一八年の記事です。渡島は北海道、出羽は青森県あたりと推定されています（松本二〇〇六）。ただ、古代に北海道で馬が飼われていた証拠は今のところ見つかっていません。千疋という数字はちょっと多すぎるので、書き写すときに「十」を「千」にしてしまったのではないかという意見もあります（北構一九九一）。それについては確かめることができませんので、ここでは多くの馬を貢いだと理解しておきましょう。また、八世紀後葉～九世紀後葉に、国の役人や一般の日本人たちが、陸奥や出羽の蝦夷たちから馬をあまりに頻繁に買うので、それに対する禁止令が何度も出されました。『類聚三代格』という法令集に七八七年、八一五年、八六一年のものが三つ載っていま

す。ここにはそのうちの一つを示しておきます。七八七年の史料2には、国司などの役人が争うようにして馬を買い叩いている姿、それも、馬と交換するために武器などの鉄を蝦夷らの農具に作り変えているなどということまで書かれています。そこには「狄馬」と書かれています。狄は中国語では北の異民族の意味です。このことから、これは陸奥国内の馬ではなく、国外の馬、すなわち東北北部の馬であることがわかります。そして人々は馬と農具とを交換していたのですから、農耕も行う人々でした。

一方、さきにも述べましたが、北海道では古代に馬が飼育された痕跡はまだ見つけられていません。余市町大川遺跡の墓から改造された轡の一部が墓から出土していますが、これは馬具として利用されたものではありません（日高二〇〇二）。北海道の自然環境は馬飼に適してはいるのですが、五〜一二世紀くらいの間、本州島で馬が飼われ、様々な場面で利用されていた時期にあっても、馬が飼われることはありませんでした。古代の馬飼文化はアジア大陸起源ではありますが、北海道のような日本列島北部を経由して入ったものではなく、本州島や九州島の古墳文化として定着したものでした。本州島の北端にあたる東北北部でも、馬が飼育された範囲は、その文化の系統の人々がいたことを示すのです。人々は日本語古語を話していたのであり、古墳文化の人々でした。

二　東北北部に馬はいつからいたか

1　東北北部の馬飼の開始

さきに簡単に触れたように、八世紀に記された『続日本紀』に、東北地方のなかでも蝦夷と呼ばれた人々が住んだ地域、都からみれば、本州島のなかでもより奥となる東北地方の地域に馬を飼う人々が住んでいたと認識されていました。考古学資料を見れば、八世紀よりも古く、七世紀にはすでに東北北部の東側に馬を飼う人々がいたことを示す証拠がい

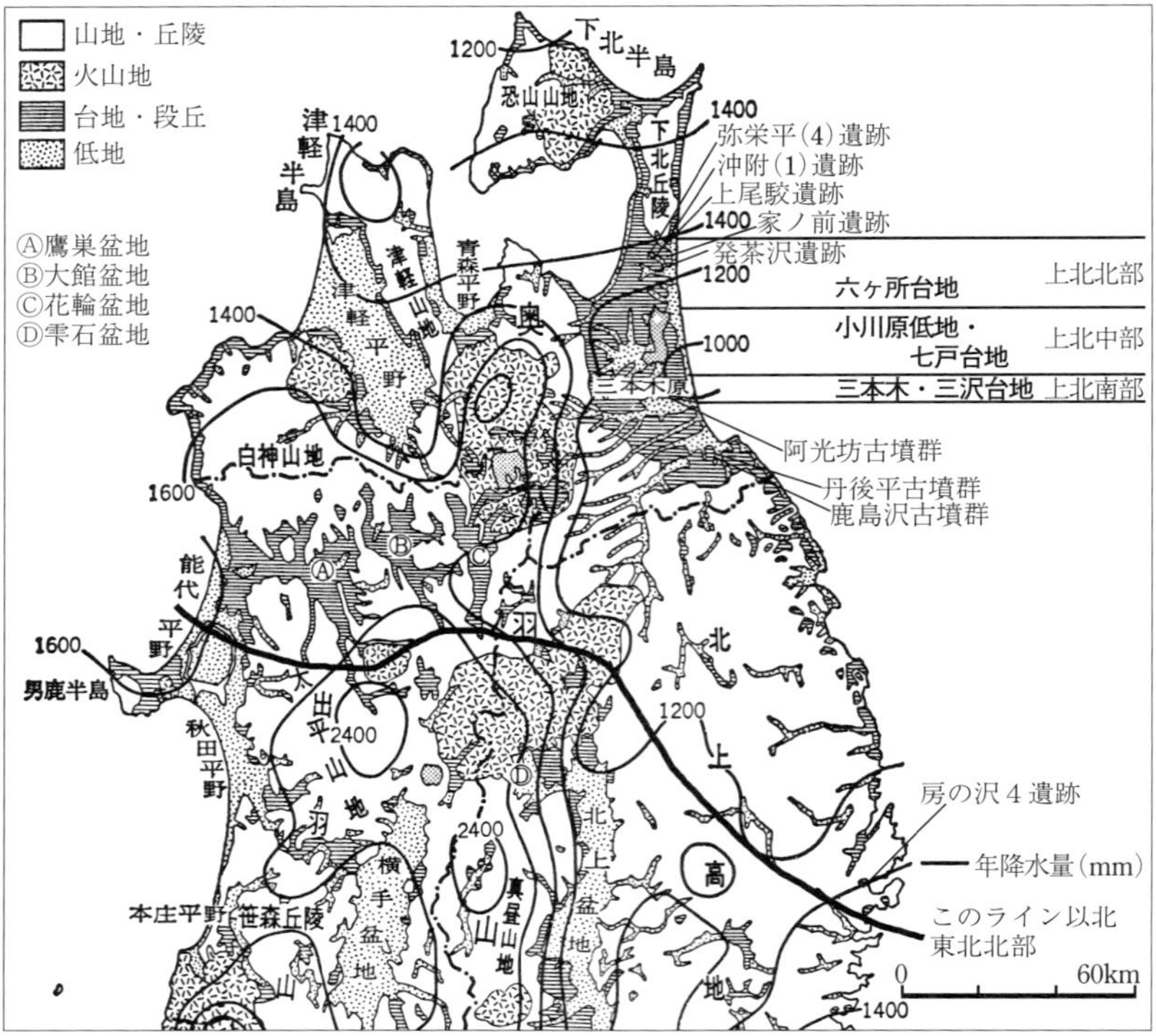

第1図　東北北部の地形と本稿で述べる遺跡の位置

（日本地誌研究所編 1980 図 47 に加筆）

くつもあります。それをみておきましょう。なお、本稿で東北北部と呼んでいるのは、現在になおせば、秋田県北部、岩手県北部、そして青森県全域くらいの地域です（第1図）。米代川流域、馬淵川流域以北で津軽海峡より南、それに夏に冷温をもたらすヤマセの吹く太平洋側を加えた地域ということもできます。

七世紀中葉になると、末期古墳と呼ばれる墓から馬具が出土しています（第1表）。おいらせ町阿光坊古墳群には七世紀前葉～八世紀の古墳が多数見つかっているのですが、七世紀中葉以降の轡が出土しています（第2図）。また、八戸市丹後平古墳群や岩手県山田町房の沢4遺跡からは、馬の墓も見つかっています（第3図）。いずれも七世紀後葉～八世紀前葉ころのものです。

第1表　東北北部出土の馬具　7～8世紀

遺構名	所在地	馬具	出土位置	共伴遺物等	推定造営時期
阿光坊 9号墳	青森県上北郡おいらせ町	轡	周湟覆土	土師器坏・高坏・球胴甕	7世紀後葉
阿光坊 10号墳	青森県上北郡おいらせ町	轡	周湟覆土	土師器坏	7世紀後葉
丹後平 15号墳	青森県八戸市根城	轡	周湟覆土	土師器坏・高坏・甕・須恵器	8世紀前葉
丹後平 21号墳	青森県八戸市根城	轡	周湟覆土	土師器坏・直刀・刀子	7世紀中葉
鹿島沢 古墳群	青森県八戸市沢里	杏葉・留金具・蛇尾	玄室	須恵器	7世紀中葉
房の沢 IVRT01墳	岩手県下閉伊郡山田町	轡	玄室	土師器坏・直刀・刀子・鉄鏃	8世紀初頭
房の沢 IVRT04墳	岩手県下閉伊郡山田町	鉸	周湟覆土	土師器坏・高坏・甕・黒曜石	8世紀初頭
房の沢 IVRT07墳	岩手県下閉伊郡山田町	轡	玄室	蕨手刀・鉄鏃・環状錫製品	8世紀中～後葉
房の沢 IVRT15墳	岩手県下閉伊郡山田町	鉸	周湟覆土	（流れ込んだ遺物と報告）	8世紀
房の沢 IVRT21墳	岩手県下閉伊郡山田町	轡	墳丘面		8世紀中～後葉

どちらの馬の墓もそれぞれの古墳群のなかにあります。古墳文化の風習の一つである、馬の所有者が亡くなったときに持ち馬を殉死させた場合のものでしょう。古墳から出土する轡は、その馬の口から外したものということになるのでしょうか。馬を殉死させる風習は中国東北部や朝鮮半島にはもっと古くからあるのですが（桃崎一九九三）、日本列島上でも五～六世紀の古墳文化地域では広く行われていました。そして七世紀中葉の六四六（大化二）年の薄葬令で禁止されました。ただ、禁止させねばならぬほど、この風習は古墳文化に広く定着したものでした。さきほど示した東北北部での馬の埋葬も、一例ではなく、一〇〇キロメートルほども離れた地点で同じころに行われているのですから、それぞれの地で独自に思いついて行ったことではなく、同じ生活様式をもった人々の行為だったと考えるのが妥当でしょう。馬を殺し、主人の墓の

第２表　東北北部出土の馬骨　9〜12 世紀

遺構名	所在地	時期	遺存体	出土状況	文献
ふくべ (3)	青森県上北郡おいらせ町	10 世紀	歯	5 号住居を切る土坑の覆土	下田町教委(2006)
根岸 (2)	青森県上北郡おいらせ町	9〜10 世紀	歯	7 世紀住居覆土上部（白頭火山灰下）	百石町教委(1995)
林ノ前	青森県八戸市	10 世紀後半〜12 世紀初	歯・足骨など	住居 11 棟、土坑 34 基、堀 1 条などの覆土	青森県教委(2005・6)
三内	青森県青森市	9 世紀後半〜10 世紀初	歯	H－44 号住居覆土上部	青森県教委(1978)
李平下安原	青森県平川市	9 世紀後半(※)	歯	49 号住居床面上覆土（別遺構の覆土？）	青森県教委(1988)
李平下安原	青森県平川市	9 世紀後半	中手骨	87 号住居覆土上部	同上
李平下安原	青森県平川市	9 世紀後半	歯	96 号住居覆土上部	同上
前川	青森県南津軽郡田舎館村	10 世紀後半〜11 世紀	手骨・足骨など	12 号住居煙道を切る焼土ブロック内	田舎館村教委（1991）
早稲田	青森県弘前市	11 世紀	歯	1 号堀底面	弘前市教委(2001)
早稲田	青森県弘前市	11 世紀	歯	112 号土坑（井戸）底面	同上

表は佐藤（2006）、福田（2007）を参考にし、各報告書を参照して作成。
※住居内に床面まで達する灰・焼土を含む層があり、その中からウマ、ヤギの骨が検出。重複した遺構の堆積土の可能性もあると報告されている。ヤギの骨は保存状態から後世の混入の可能性あり（小林 1988）、ウマの骨も住居の年代である 8 世紀後半よりも新しく、土層内の土器と同様に 9 世紀後半あたりか。

そばに埋葬したのは、古墳文化の風習だとみるべきでしょう。

ここに簡単に見たように、七〜八世紀に東北北部の東側に造られた末期古墳から馬具や馬の墓が見つかるのですが、これは、その時期に馬を飼う文化がそこに定着していたことを示します。七世紀にはすでに東北北部でも馬が飼われていたのでした。

2　馬飼を示すもの　馬具と黒ボク土

馬　具

東北北部でも、おいらせ町より南の地域には七世紀以降、馬を飼う人々がいたのですが、本稿の目的は古代の六ヶ所村に馬がいつからいたかを考えることですから、ここで考古学資料のうち何が馬飼を示すのか、これについて明らかにしておきましょう。

当然、さきに少し述べたような馬具や馬の骨などは有望な証拠となります。これらは

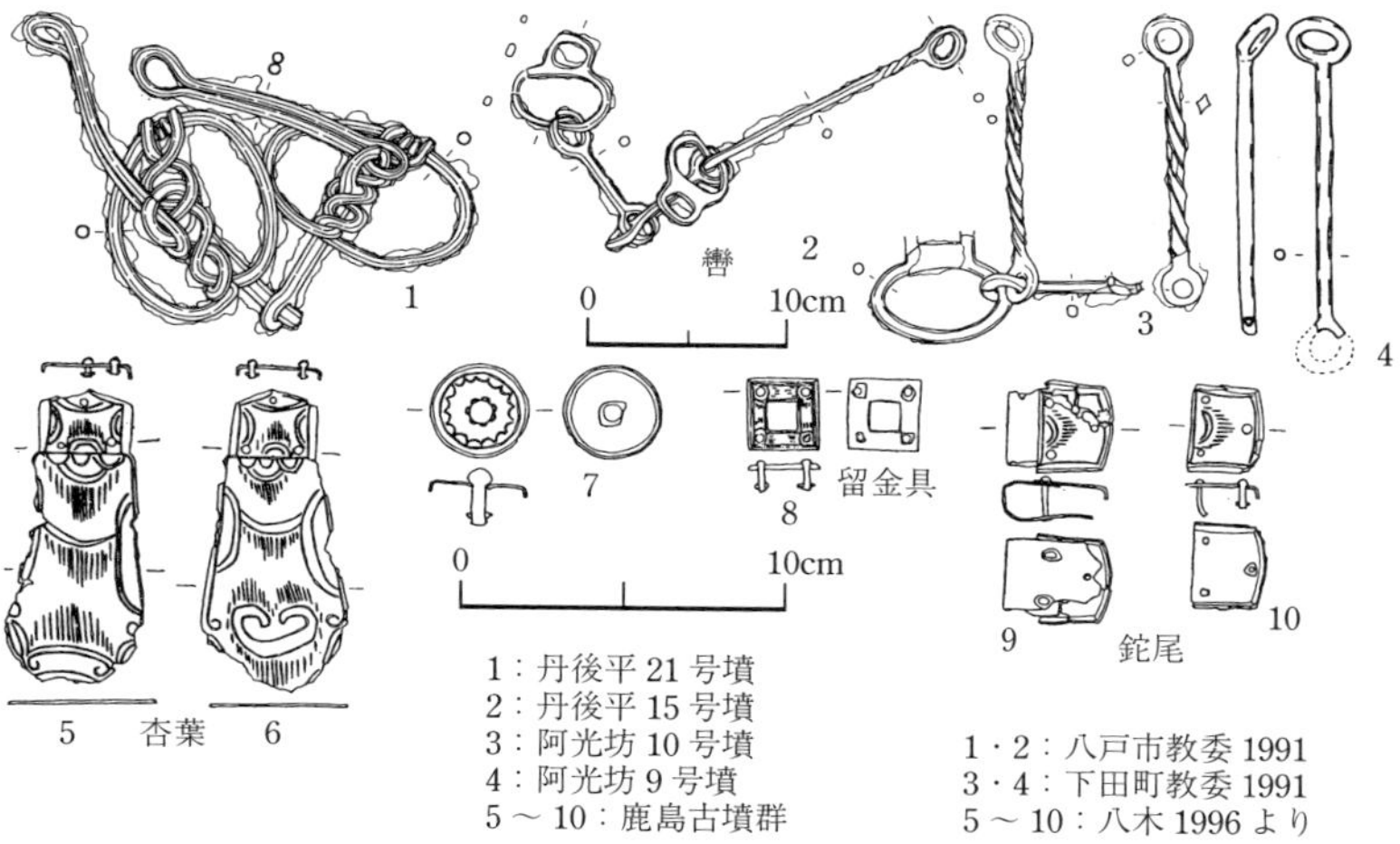

第2図　東北北部出土の馬具　7〜8 世紀

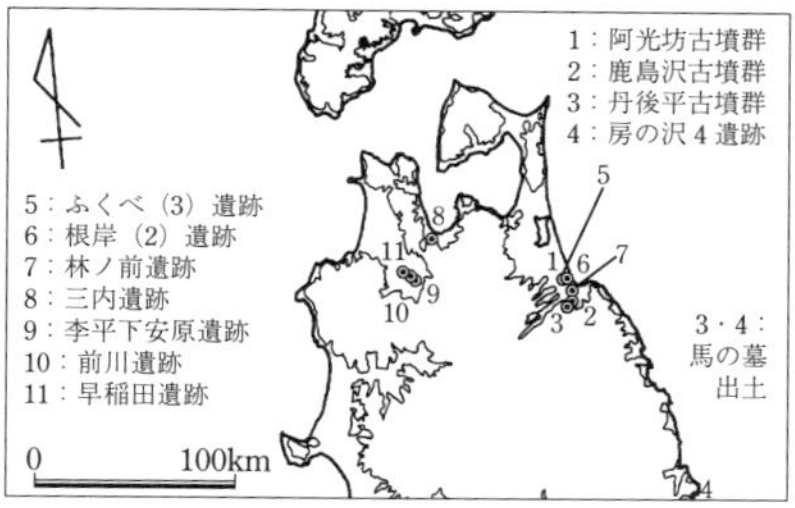

第3図　東北北部の馬関連遺跡

馬に装着した道具や馬そのものなので、馬がいたことを確実に示すAランク資料といってよいでしょう。

東北北部で出土した馬具類のいくつかを図示しました（第2図）。図の1〜4は轡です。1・2は八戸市丹後平古墳群出土のもの、3・4はおいらせ町阿光坊古墳群出土のものです。どれも七〜八世紀の墓から出土していますが、2や3は六世紀の朝鮮半島で製作されたものと推定されています。5・6は杏葉といって馬に着せた飾りの一部です。7〜10も、馬に着せる飾りに用いられていた金具です。このような飾りを着せた馬が七〜八世紀の東北北部にいたのです。

黒ボク土

間接的に馬飼を示すものをBラン

ク資料としましょう。馬飼に関わる風習を示すものや、それによって引き起こされた自然現象がそうなるでしょう。それにあたるのが「黒ボク土」です。黒ボク土がなぜ馬飼を示すのでしょうか。これは黒ボク土の由来と関係しています。黒ボク土は土中に多量の腐植が集積することにより「黒色」に見えるのですが、腐植の集積には母材となっている土の化学的特性が深く関わっています。その特性をもつのがテフラ物質、いわゆる火山灰です。火山灰土が広がっている場所に最初に生えるのは、樹木ではなくススキやササ等のイネ科植物です。火山灰には一般の植物の育成に有害なアルミニウムイオンが多く含まれているのですが、イネ科植物はそれを好んで吸収します（松井・近藤一九九二）。そして、イネ科植物を大好物としているのが馬なのです。

ただし、火山灰土があることはイネ科植物が生える条件となり、馬を飼いやすい条件ともなりますが、馬を飼育していたことを示すわけではありません。それでも、第7図に示したように、古代の牧場と黒ボク土の分布域とはよく重なっています。したがって、結果的にみて、馬を飼っていた地域は黒ボク土地帯でもあったとはいえそうなのですが、これだけではまだ、黒ボク土が馬飼を示すことにはなりません。ところが黒ボク土の成因について考えると、黒ボク土が馬飼の結果生じた地域がある可能性が高いことがわかります。しかも、六ヶ所村での馬飼の起源を考えることは、六ヶ所村の黒ボク土が生じた理由を考えることにもなるようなのです。次に、それについてさらに述べます。

第4図は『百万分の1日本土壌図』（ペドロジスト懇談会ほか一九九〇）から作成した東北北部の黒ボク土地帯を示す図です。黒色が火山灰を母材とした「典型的黒ボク土」（以下では黒ボク土と記します）、濃い灰色が非火山灰を母材とした「典型的準黒ボク土」（以下では準黒ボク土と記します）です。この地図から、黒ボク土が火山列の東側にあることがよくわかります。このように、黒ボク土は火山灰を主体とした土が広がる地域にイネ科植物が草原のように生えるという条件のもとに生成する土ですが、その生成にはこの他にも三つの必要条件があります。①湿潤かつ冷温～温暖な気候、②火入れ、焼畑、焼狩などの人間の関与、③水が下方に浸透しやすい台地あるいは丘陵といった地形、この三つです（細

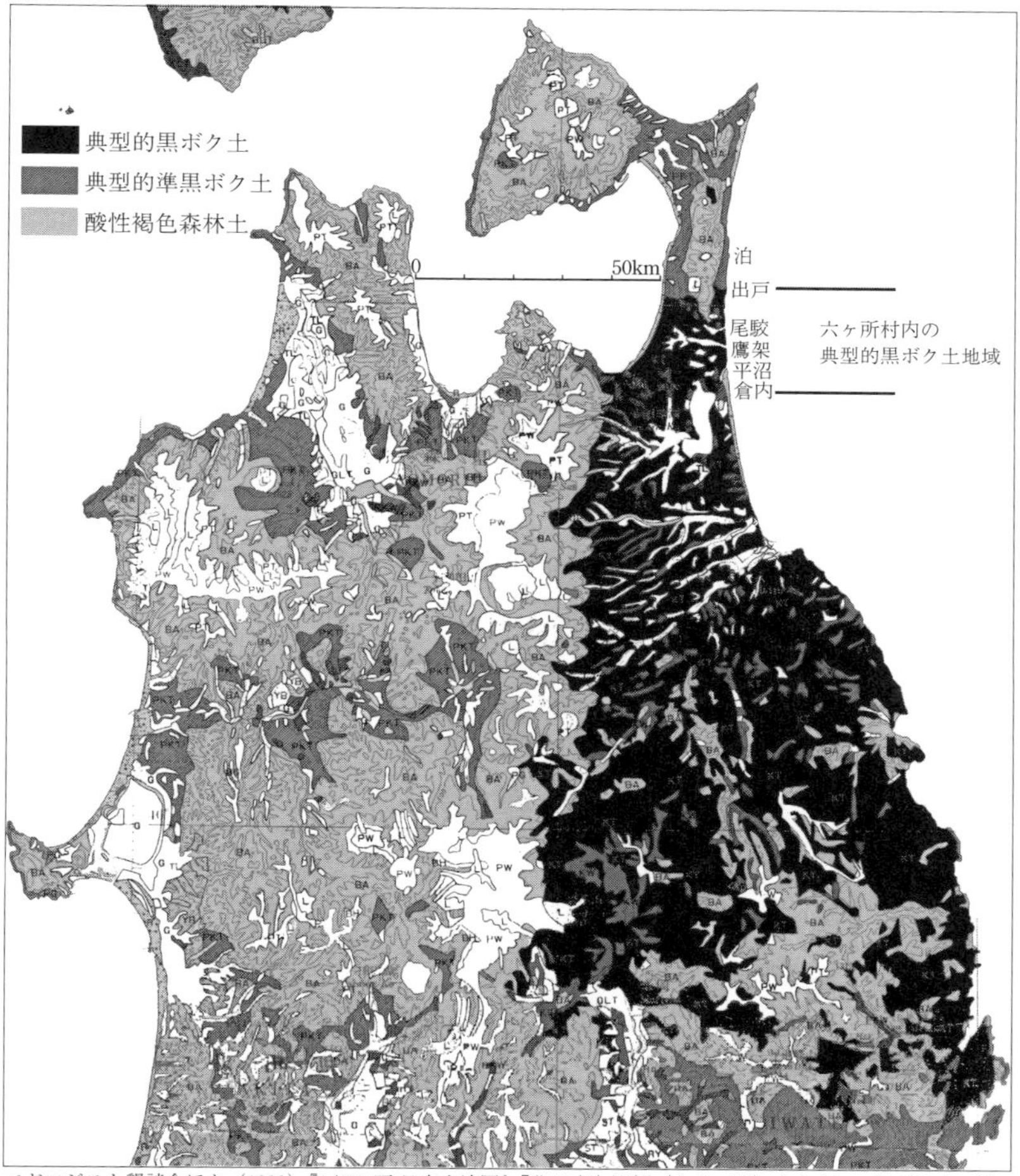

ペドロジスト懇談会ほか（1990）『1/100 万日本土壌図』「北日本」図幅（カラー図）をもとに、黒ボク土、準黒ボク土を黒、濃灰色に変え、他の土は淡く目立たなくした。

※六ヶ所村内の場合、泊地区は準黒ボク土、出戸地区以南が黒ボク土である。なお、尾駮、鷹架、平沼、倉内地区は六ヶ所台地に相当し、平安時代の集落の多くはここに営まれた。

第４図　東北北部黒ボク土分布図

野・佐瀬二〇一五)。とくに非火山灰地域に黒ボク土が生成するためには、②の人間の手による「火入れ」が不可欠であることがよくわかります。各地の黒ボク土を分析すると必ずイネ科の微粒炭が入っているといいます(山野井二〇一五)。微粒炭は文字通り細かい炭ですが、これは焼けなければ生じません。

このように黒ボク土化の重要な要素に、②の「火入れ」があるのですが、馬飼と関連するのは、この「火入れ」です。イネ科植物が草原のように生えている状態のところに「火入れ」するのですから、一般的な言い方では「草焼き」や「野焼き」となるでしょう。普通、枯れ草の時期に焼かれますので、以下では「草焼き」という言葉を使います。草原の植物が焼ける要因としては、自然におきる山火事もありますが、黒ボク土は日本列島中の火山灰地帯一帯に広く分布しているのですから、ときおりおこる山火事だけで生じたとは考えられません。ある時期以降に、人間が草焼きを長いあいだ継続したと考えるのが合理的です。

広い地域での草焼きには、牧畜のための草焼き、焼畑、焼狩があるでしょう。東北地方の焼畑に関しては山口彌一郎さんの研究(山口一九七三)がありますので、その地図を掲載します(第6図-1)。これは黒ボク土の分布域よりはずいぶん狭いですね。第4図の黒ボク土の分布域と比べてみましょう。秋田県米代川流域に準黒ボク土地帯がありますが、焼畑分布域はそこより南の酸性褐色森林土地帯であり、重なっていません。焼畑だけでは黒ボク土ができないことを示しているのかもしれません。これは、同じ図の青森県と秋田県にまたがる白神山地あたりに見える焼畑地域が、第4図では褐色森林土であることからも同様の指摘ができます。第4図の米代川流域に見える準黒ボク土は、焼畑ではなく別の要因によって生成したのです。また、第6図-1の六ヶ所村には焼畑の記録がありません。『六ヶ所村史』によれば、戦前には多少は行われたといいますが、それほど多くはなかったようで記録がほとんどありません。他に、狩猟のための草焼きも考えられますが、狩猟が生業の中心ではない古代以降の場合、常に広い範囲で行われたと考えることはできません。古代以降に最も広い範囲で毎年草焼きを必要としたのは、馬飼でした。

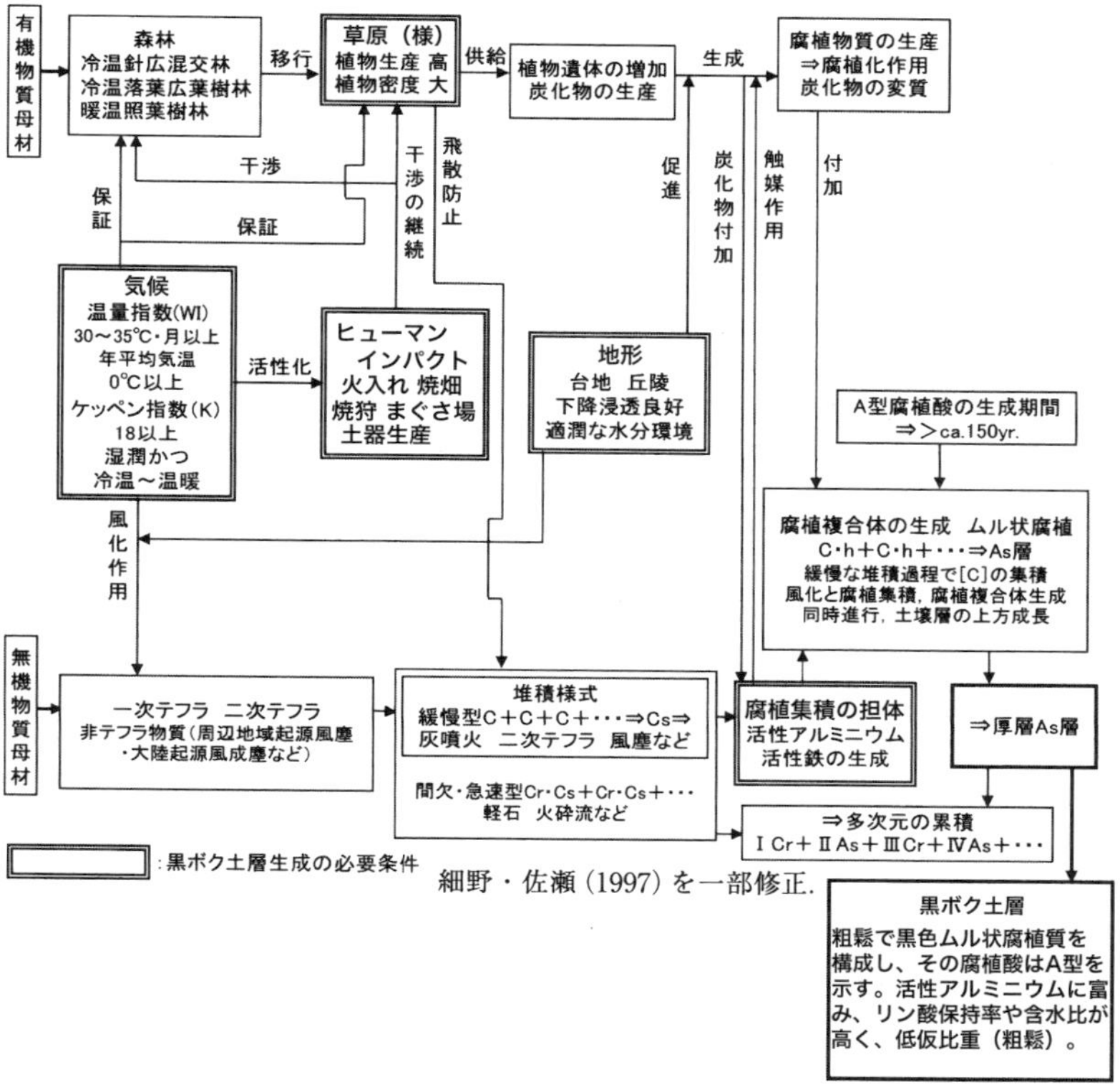

第５図　黒ボク土層生成模式図（細野・佐瀬 2015 図１を一部変形）

牧場のための草焼きは、春先に人間が枯れ草を焼き払う作業です。現在でも阿蘇地方では毎年行われています。七一八（養老二）年に編纂、七五七年に施行された『養老律令』「厩牧令」に次のように規定されています。

「凡そ牧の地は、恒に正月以後を以て、一面より次を以て漸くに焼け。草生ふるに至りて遍からしめよ。其れ郷土宜しきを異にせらむ、及び焼くべからざる処は、此の令用ゐじ。」

（岩波書店『日本思想大系3律令』の読み下し文より）

牧場は、毎年正月以降に、一面、また次の一面と順々に少しずつ草焼きをしなさい。草が生えるまでに完全に終わらせなさい。ただし、風土

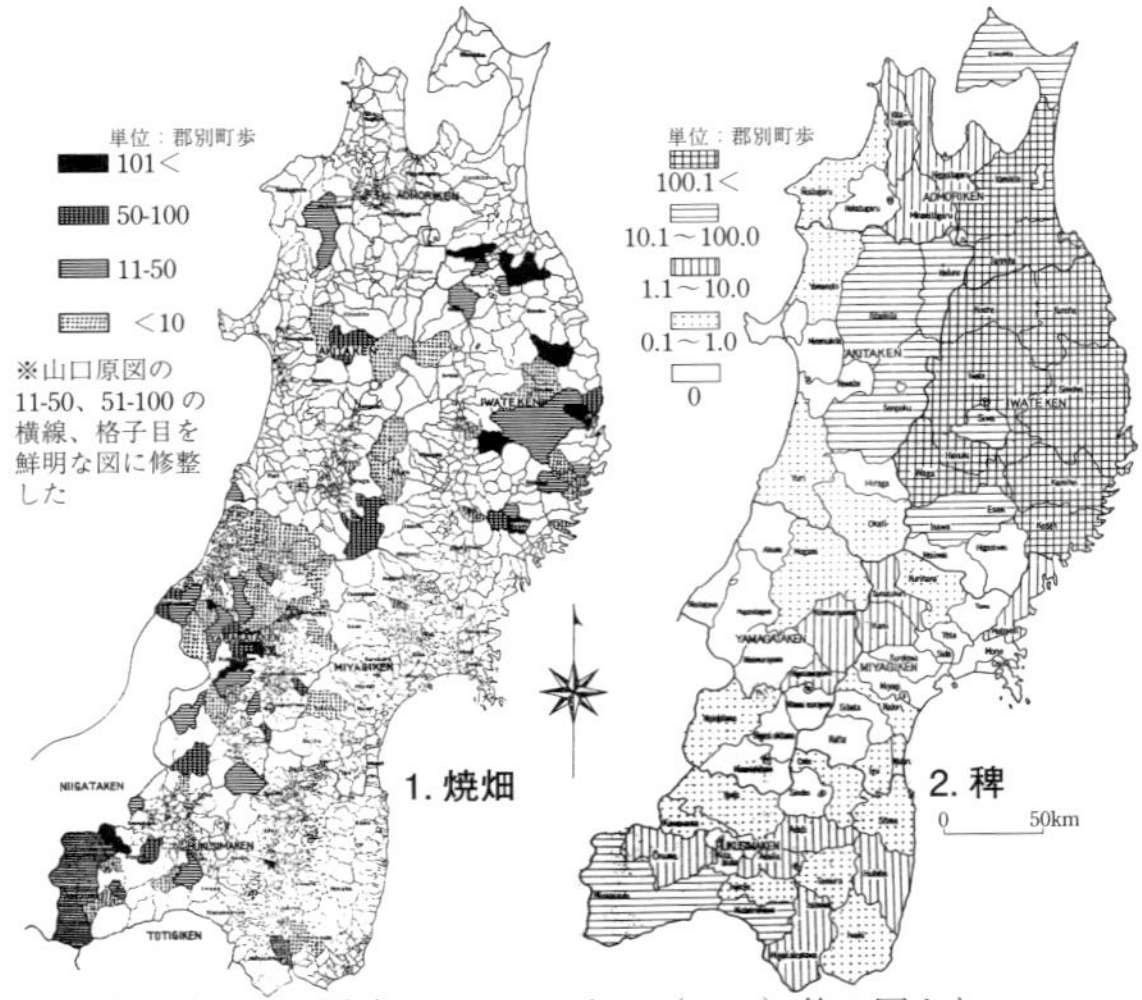

山口（1973）529頁を加工　山口（1940）第2図より

第6図　東北地方の各種畑の分布 1930年代の作付け面積

的条件が違うところや、焼いてはいけないところについては、この令を用いなくともよいといっています。草焼きをするのは正月以降ですが、これは旧暦の正月ですから新暦になおせばほぼ二月以降です。『養老律令』は奈良で書かれていますので、そのあたりの季節感での時期の規定です。したがって、冬寒く草が芽吹くのが遅い中部高地や東北地方のような地域では、この令に従わず、その土地土地の状況に合わせなさいというのです。もっとも、東北北部は古代日本国の外ですからこの令に従う必要はもともとありません。しかし草焼は、牧場の草の質を良く保つためのことですので、馬が広く飼われるようになった古墳時代中期、五世紀後半以来、日本列島内の各地の牧場で行われていた必須の作業です。しかも毎年、継続して行われたのです。

第7図を御覧ください。1は黒ボク土の分布域、2は一〇世紀に編纂された『延喜式』に記された古代の牧の分布域です。それには東北地方のことは述べられていませんので、東北地方については入間田（一九八八・一九九〇）を参考にして、中世・近世の牧場を記しました。これらによれば馬の産地は黒ボク土地帯にあります。この図の黒ボク土の分布は現代の

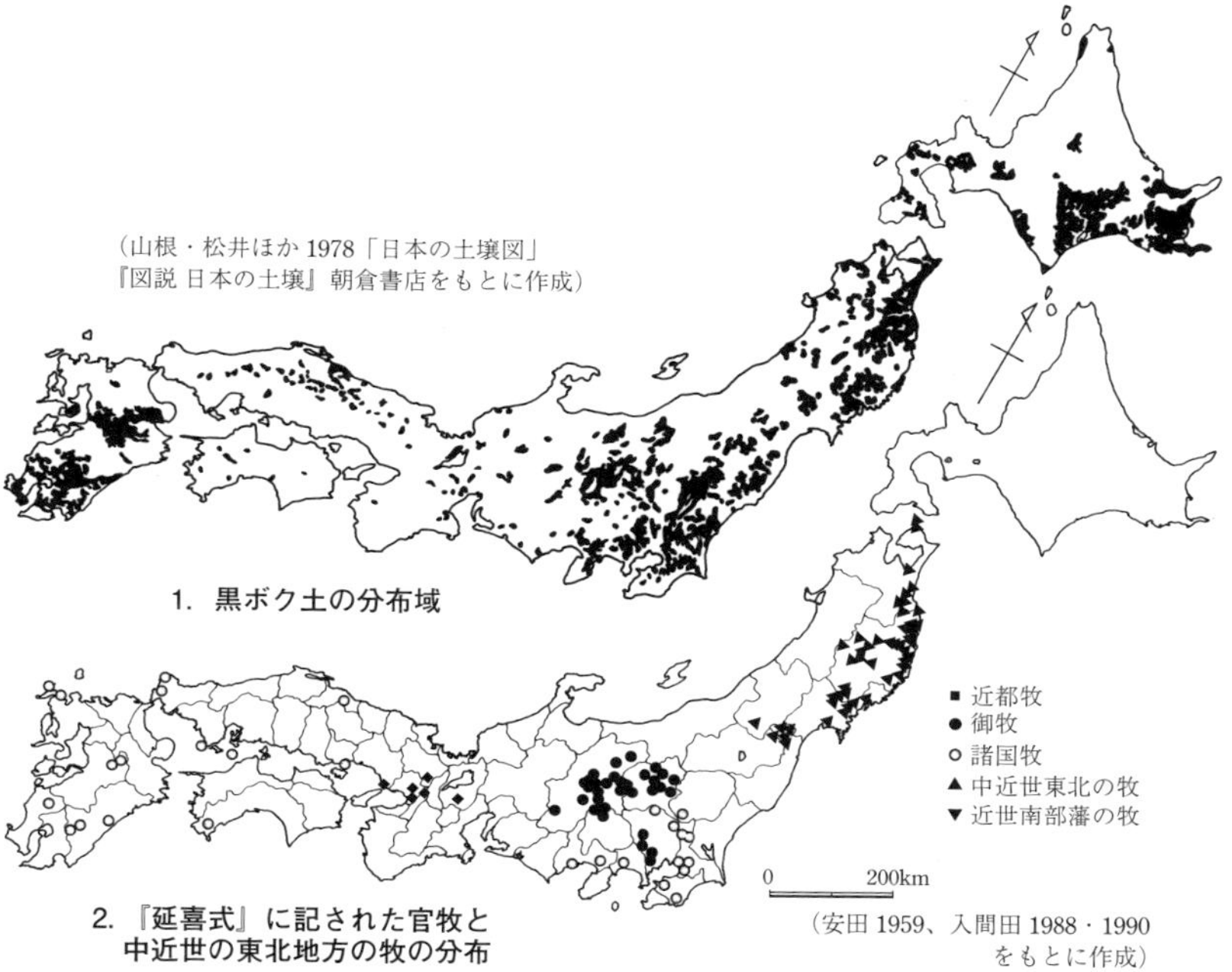

（山根・松井ほか 1978「日本の土壌図」

をもとに作成）

第７図　黒ボク土・古代の官牧の分布域の類似

ものです。しかし、さきに黒ボク土の生成条件を示した通り、その分布域は、火山灰、イネ科植物の草原、草焼きの三要素が掛け合わされて生成したのです。この草焼きの目的が馬飼であれば、黒ボク土の分布は馬飼があったことを示すことになるのです。

七〜八世紀に東北北部に移住してきた人々は、馬を飼い雑穀栽培を行っている人々であり、それは焼畑とも両立しますが、狩猟は必ずしも必要ありません。末期古墳からの馬具の出土や馬の墓の存在から、馬が飼育されていたことは確かです。そのための草焼きが毎年実施され、しだいに黒ボク土が生成したのです。ただし、それが厚く堆積するには時間がかかります。したがって、長期にわたり継続して草焼きが行われる必要がありました。

三　東北北部に誰が馬を連れてきたか

1　七〇〇年間の集落遺跡の分布の変化

七世紀以降の東北北部で馬が飼われていたことをさきに簡単に述べておきました。それでは、そこで馬飼が始まったのはなぜでしょう。どのようにして馬飼は始まったのでしょうか。それを考えるために、まず、馬を連れていた人々について明らかにしておきましょう。

東北北部の五〜一一世紀くらいまでのおよそ七〇〇年間の集落遺跡の分布の変化を見たのが第8図です。住居跡が見つかっている遺跡を集落と判断しています。三〜四世紀には、土器片や墓が見つかっている遺跡はありますから、人々がこの地域にもいたことはわかっているのですが、住居跡は見つかっていません。人間が暮らしていたのですから、住居はあったはずですが、見つからないのは、その構造や形態がずいぶん違っていたからなのかもしれません。縄文時代には東北北部一帯に竪穴住居があったのですから、三〜四世紀の暮らし方が前後の時期に比べてもかなり風変わりだったことがわかります。この時期の東北北部では定住的な暮らしはしておらず、移動生活をしていたと考えられています（石井一九九七）。本拠地は北海道にあり、必要なときだけ本州にやってきていたのかもしれません。そしてその後、五世紀後半から六世紀いっぱいは、ほとんどの地域で土器片すら見つからなくなります。

このようにほぼ誰も住んでいなかった状態の東北北部地域に、七世紀になると突然集落跡が増えはじめます。ただしそれらの集落はあまり大きくはなく、住居が二〇棟もあれば大集落でした。多くは一〇棟前後です。しかも、七世紀の早いころ集落が営まれたのは東北北部の東側ばかりでした。七世紀も後半になると鹿角市周辺といった奥羽山地にも見られるようになりますが、津軽地方のような東北北部西側の平野部に近い地域からは、そのころの集落は今のところ見

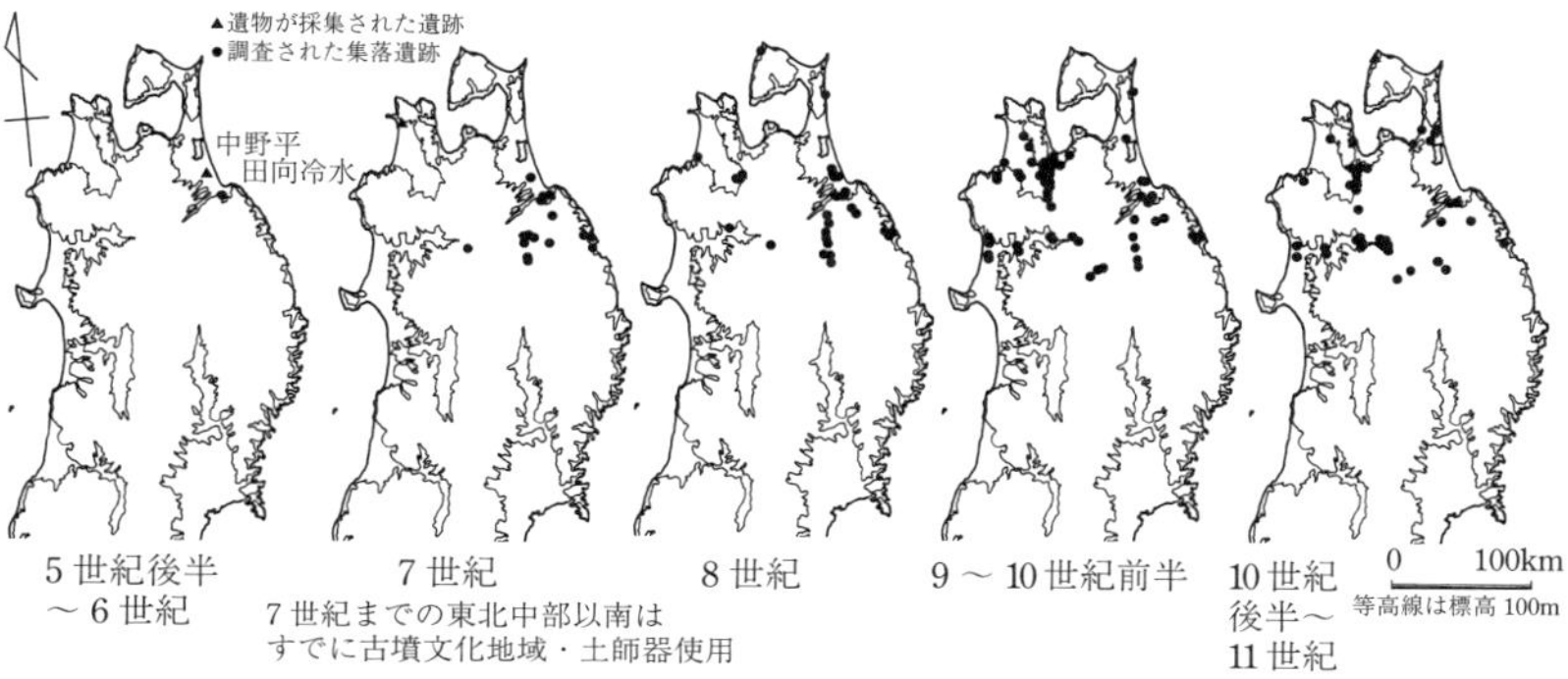

第8図　東北北部の集落遺跡分布の変遷（松本2011第13図を基本として、青森県教委2016、鹿角市教委2007、大館市教委2014を加えて作成）

つかっていません。東北北部の東側に集落が営まれるといった傾向は、八世紀前半くらいまで続きます。

しばらく経って八世紀後半になると、奥羽山地の西側にもいくらか集落が現れるようになります。それでもまだ東側地域に多い傾向は同じです。しかし、九世紀に入ると奥羽山地の西側の平野部に近い地域で集落が急激に増加します。しかも、東側に見られたものよりずいぶん規模が大きな集落が造られました。九世紀後半になると、津軽地方には一時期に五〇棟くらいの住居からなる集落がいくつも現れました。しかし、それらの集落はあまり長く続かないのが特徴です。長くても存続期間は一〇〇年ほどであり、数世代でした。九世紀に出現した集落の場合、一〇世紀初頭以前に廃棄されるものがほとんどでした。

そして六ヶ所村は、東北北部の東側にあたりますが、集落が出現したのは津軽地方などよりも後でした。古いものでも九世紀後葉ころで、一〇世紀中葉ころに造られた集落が多くあります。六ヶ所村の集落遺跡については、あとでさらに詳しく説明します。

以上、簡単に東北北部における集落の出現状況を書いてきましたが、大切なことは、一〇〇年以上の間誰も住んでいなかった地域に、それも東北北部の場合、最初、その東側に偏って突然集落が急増したということです。

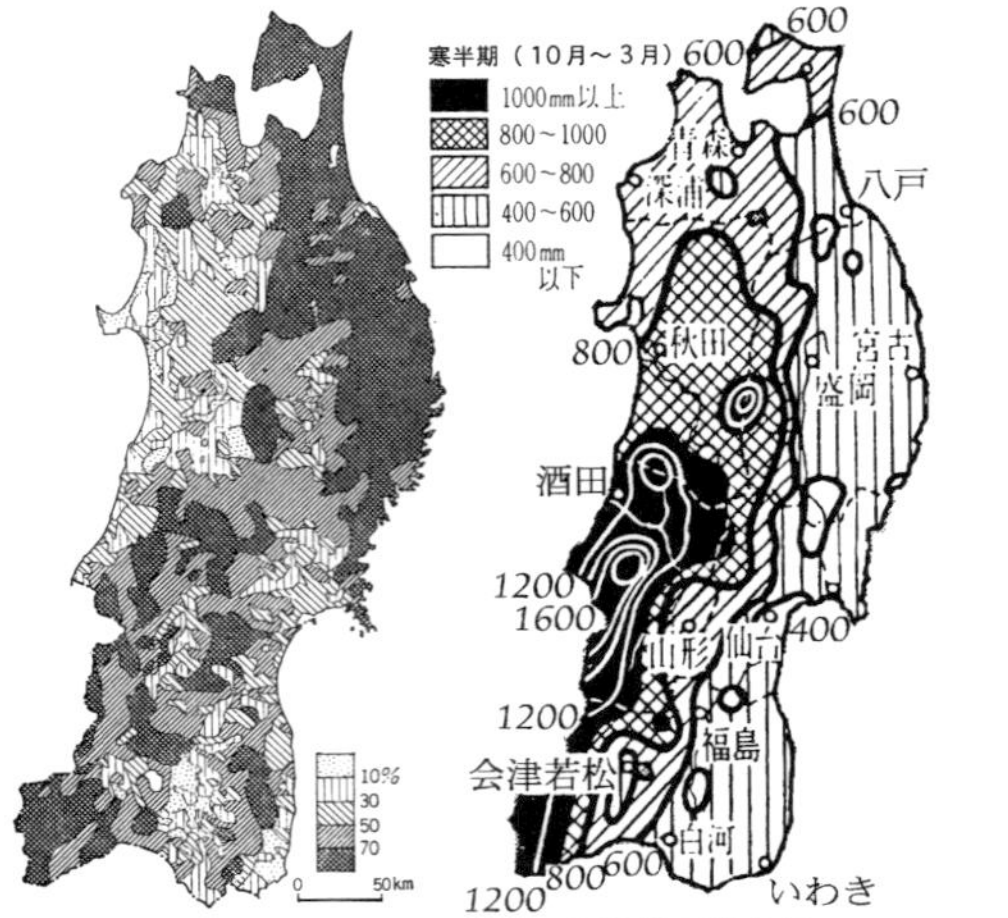

1. 水稲冷害率（1934年）
（農林大臣官房統計課「昭和8年、昭和9年群市別町村別統計書」による）
（日本地誌研究所 1975 図35より）

2. 寒半期の降水量
（1920～1950年の平均）
（岩波書店 1961：11頁より）

第9図　東北地方の気候の特徴

2　集落遺跡の分布が示すこと

五～六世紀までは東北北部全域で、八戸市田向冷水遺跡の一ヶ所以外、集落遺跡が見つかっていません。それが、七世紀に入ると、集落が急増しました。しかし明らかに東側に偏って分布しています。九世紀以降にはむしろ西側に集落が増えるので、これは発掘調査の偏りを示すのではなく、古代集落の分布の実態と考えられます。七～八世紀いっぱい、東北北部では奥羽山地よりも東側の地域に集落が造られたのです。

七～八世紀には東北北部の東側に、九世紀になると西側に大型の集落ができたのはなぜでしょうか？　これには東西地域の自然環境の違いが大きく影響しているようです。なぜなら、東側の集落を構成する住居数がだいたい二〇棟以下なのに対し、西側の集落はその倍の五〇棟ほどもあります。青森市の野木遺跡のように、およそ一五〇年間に五〇〇棟を越す住居があった集落もあります（青森市教委二〇〇一）。そして、七～八世紀の東側の集落は地形的に見ても水田が作れないような台地上が選ばれていますし、気候からみても、その地域自体が水稲耕作よりも稗などの雑穀栽培に向いています。一方、西側の集落は現在でも水田を作っているような沖積地を望む低い台地の縁辺部にあるものがいくらでもあります。もちろん、気候の面からみても、西側は水稲耕作に向いています。

第9図－1は一九三〇年代の冷害時の米の収量を示したものです。例年の収量に対する減収率が高い地域ほど濃く見

えるようになっています。濃く見える地域ほど水稲耕作不敵地ということになります。また、第6図－2も昭和初期の稗畑の面積を示したものです。濃く見えるところが畑の広い地域です。稗畑が広いということは稲作に不向きであると理解できます。これらの図から、東北北部の東側は稲作に向いていない環境だということがよくわかります。そのような環境の地域に七～八世紀には集落が急増したのです。もし水稲耕作を目的としていたのであれば、人々は、東北北部の東側の台地上ではなく、九～一〇世紀同様に西側の低地周辺を目指したでしょう。七～八世紀の人々は、水稲耕作を目的とした土地の選択をしたわけではありませんでした。

また、第10図は東北北部とその近隣の末期古墳の分布を示したものです。これらからは馬具が出土しているものもあり、これらが造られた地域には馬が飼われていたことがわかります。第9図－2は冬の間の降水量を示したものですが、東北北部の東側にはあまり雪が降りません。末期古墳が造られていた地域は、冬に野外で馬を放し飼いするのに適していることとなります。

•7～8世紀前葉の間に造営が開始された末期古墳
1　阿光坊古墳群　青森県おいらせ町
2　鹿島沢古墳群　青森県八戸市
3　丹後平古墳群　青森県八戸市
4　浮島古墳群　岩手県岩手町
5　谷助平古墳群　岩手県西根町
6　太田蝦夷森古墳群　岩手県盛岡市
7　藤沢蝦夷森古墳群　岩手県矢巾町
8　五条丸古墳群　岩手県北上市
9　猫谷地古墳群　岩手県北上市
10　長沼古墳群　岩手県北上市
11　水口沢古墳群　岩手県奥州市
12　道場古墳群　岩手県奥州市
13　縦街道古墳群　岩手県奥州市
14　長根Ⅰ遺跡　岩手県宮古市
15　房の沢4遺跡　岩手県山田町
0　100km
等高線は標高100m

第10図　7～9世紀前葉の東北北部周辺の末期古墳

次に東北北部に移住者が来て、人口が増えた時期に、なぜそのようなことがおこったのか、気候変化も眺め、少し考えておきましょう。第11図として示したのは、阪口豊さんによる群馬県尾瀬ヶ原湿原での花粉分析結果から推定した古気温曲線（阪口一九八九）と、集落の造営時期を重ねたものです。分析された当時、年代の基準とした火山灰の降下年代が現在では違っていますので、この図では新しい知見に合わせて、推定年代を加筆してあります。細い文字の数字が当初の推定年代、太い文字で「修正〇〇」となっているのが、今回読み替えた年代です。東北北部には古墳時

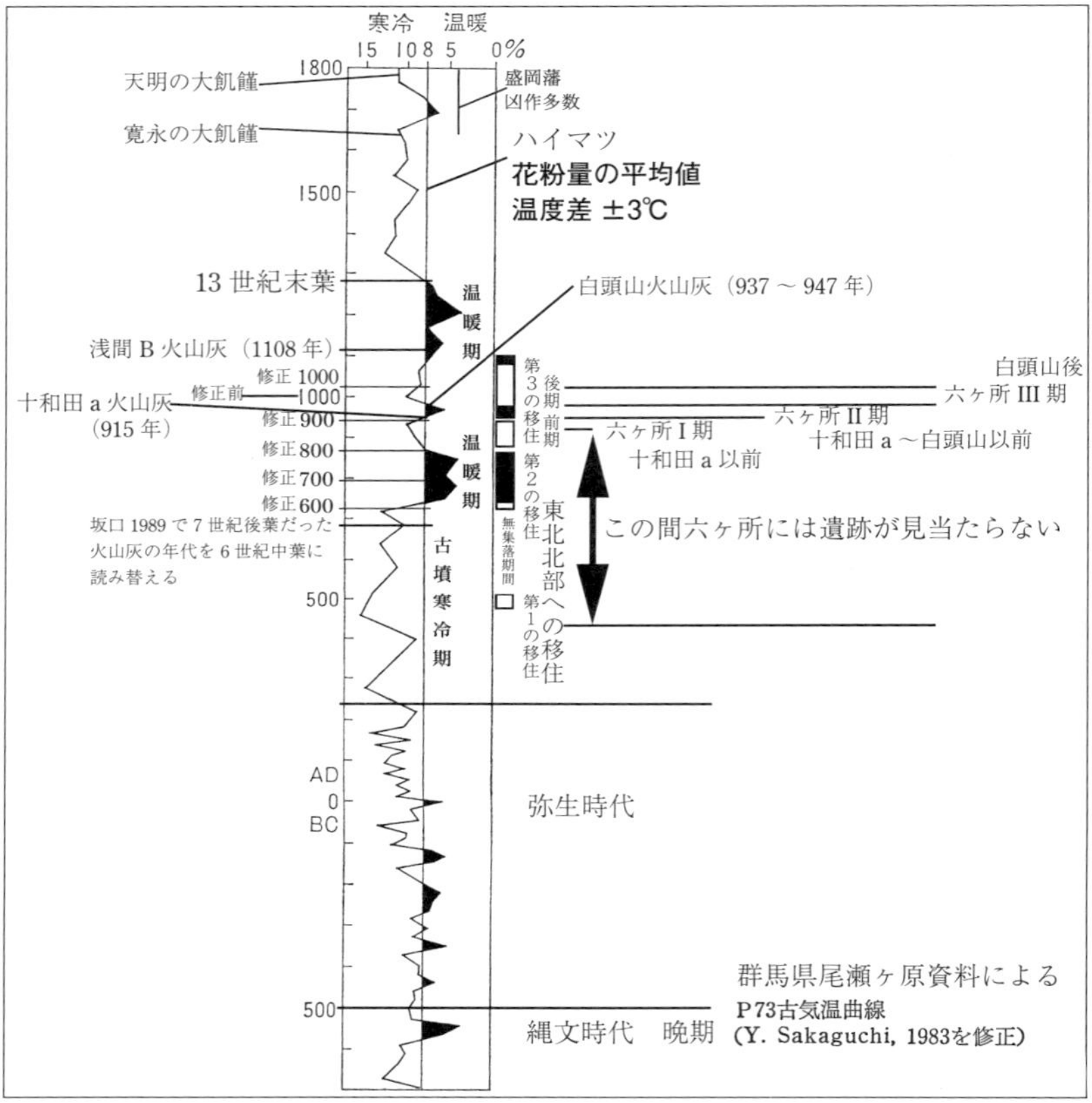

第 11 図　推定古気温曲線（坂口 1989 図 45 に加筆）

代以来、大きくみて三度の移住がありました。五世紀後葉にあった第一の移住は小規模で、継続しませんでした。飛鳥～奈良時代である七～八世紀に東側地域に集落が急増したのが第二の移住です。そして平安時代になってから西側地域に大規模集落が多数出現しますが、これが第三の移住です。第一の移住は寒冷期、第二の移住は温暖期、第三の移住は寒冷と温暖が繰り返される時期でした。ただ、縄文時代晩期から近世までの気温の変化をみると七～一三世紀までは、全体的に温暖な時期でした。とくに、「古墳寒冷期」と呼ばれる時期が終わり、暖かくなったことは確かなようです。

それでも、さきにも述べました

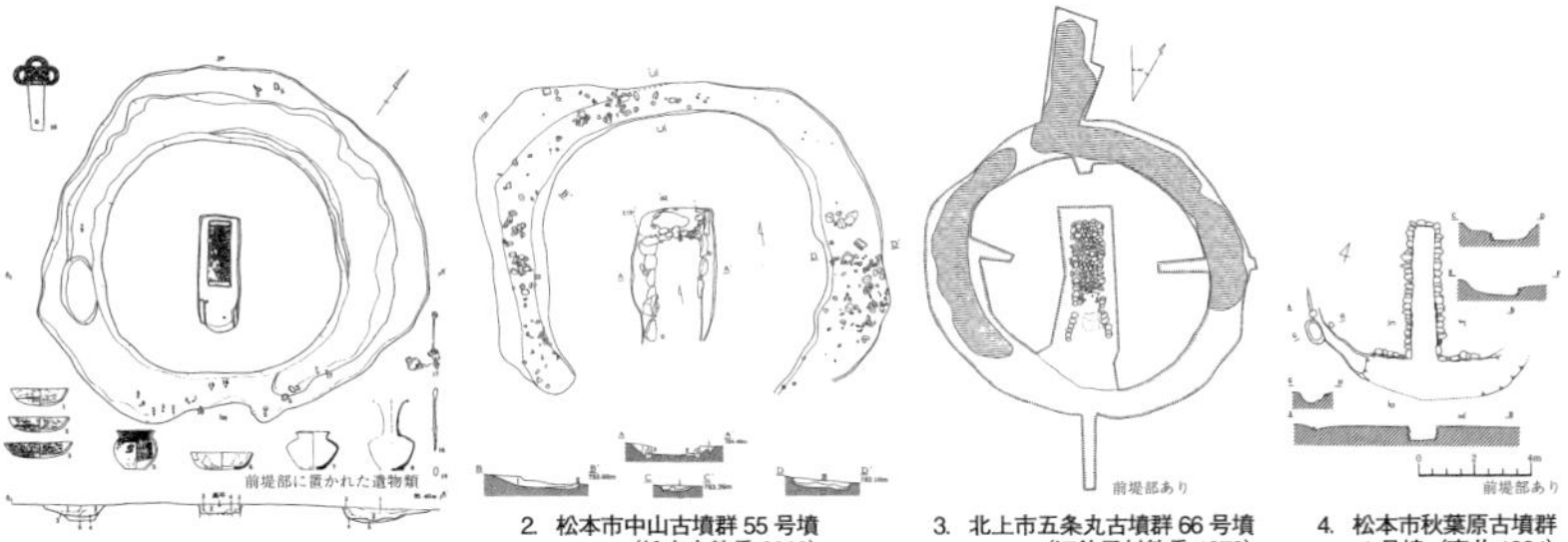

1. 八戸市丹後平古墳群 15 号墳（八戸市教委 1991）　2. 松本市中山古墳群 55 号墳（松本市教委 2003）　3. 北上市五条丸古墳群 66 号墳（江釣子村教委 1978）　4. 松本市秋葉原古墳群 1 号墳（直井 1994）

第 12 図　東北北部の末期古墳と同時代の中部高地の終末期古墳との比較

ように、七～八世紀に集落が増加したのは、夏寒冷で冬の降水量の少ない東北北部の東側でした（第9図）。地形も水稲耕作向きではありませんでした。人々は何を重視してそこを選んだのでしょう。ヒントになるのが、人々が馬を飼っていたことです。次に、馬飼に焦点を当てて、人々が東北北部の東側を選択した理由を、さらに詳しく考えてみます。

3　東北北部の馬飼も古墳文化の系統

本稿の最初に述べたように、馬を飼う文化が日本列島上に広がったのは五世紀中葉以降でした。それは古墳文化として広がったのでした。ただし東北北部の場合は、五～六世紀にはまだ馬を飼う人はいませんでした。それどころか八戸市域の一部を除いて、大部分の地域には集落もありませんでした。それなのに七世紀に入ると東北北部の東側では集落や末期古墳の出現とともに、馬が飼われるようになっていました。

これを普通に考えるならば、東北北部の馬飼の人々も古墳文化地域から来たことになりそうですが、多くの考古学研究者は東北北部に古墳文化はなかったと考えています。それは東北北部の「末期古墳」と呼ばれる古墳様の墓が、多くの古墳文化地域にある同時代の墓と少しだけ形態が異なりしかも奈良時代になっても造られ続けたこと（①）、その墓に階層社会を読み取れないこと（②）、この二点です。末期古墳は地表面から土坑を掘り、そこに棺を置き、土をマウンド状に盛ります。地表

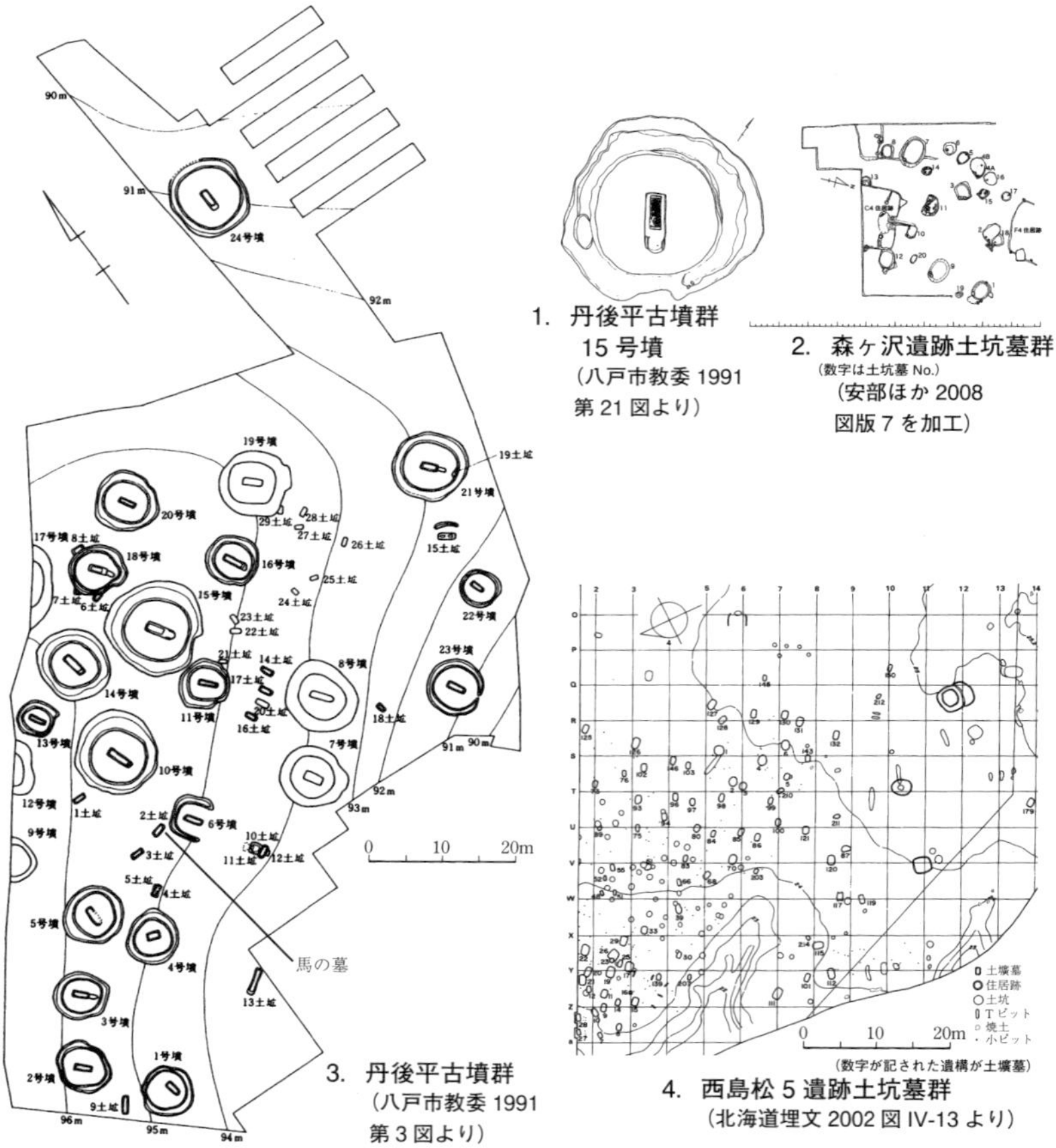

1. 丹後平古墳群 15号墳 （八戸市教委 1991 第21図より）

2. 森ヶ沢遺跡土坑墓群 （数字は土坑墓 No.） （安部ほか 2008 図版7を加工）

3. 丹後平古墳群 （八戸市教委 1991 第3図より）

4. 西島松5遺跡土坑墓群 （数字が記された遺構が土壙墓） （北海道埋文 2002 図 IV-13 より）

第13図　末期古墳と土坑墓との比較　形態と敷地面積

面から土坑を掘る点が多くの末期古墳とは異なるとされ、続縄文文化の土坑墓に由来する形態だとする意見なのですが（辻一九九六、八木二〇一〇）、このような形態の墓は終末期の古墳文化地域には、例えば千葉県域（林二〇一五）や、長野県域も存在します（第12図）。また終末期古墳が奈良時代にも継続して造られることは長野県域にも普通にみられますし、山口県の見島ジーコンボ古墳群では平安時代まで継続し、古墳様の墓が遅くまで続くのは東北北部だけに特異な現象だとはいえません（松本二〇一

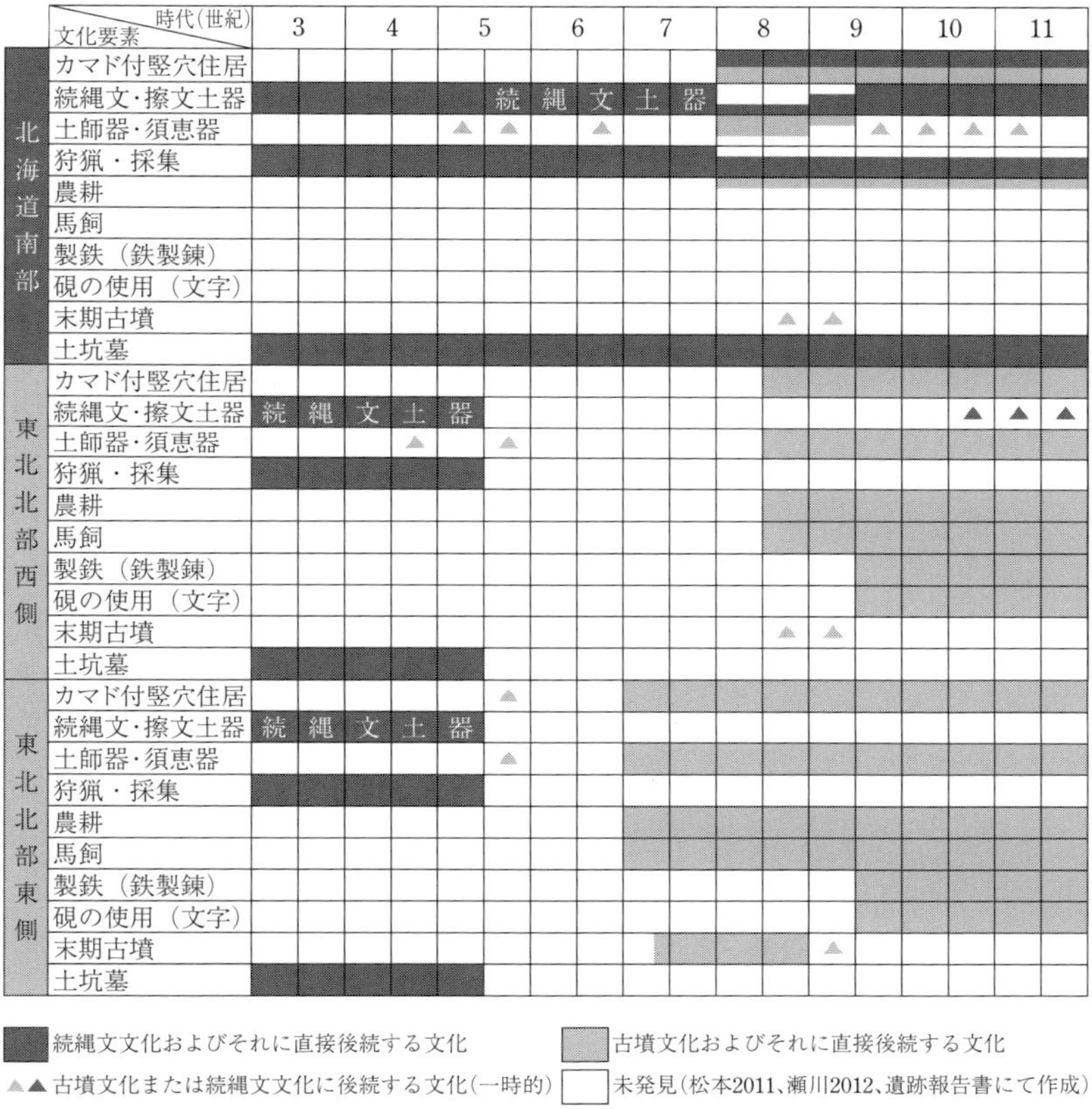

第14図　北海道南部・東北北部の文化要素の系統の変成　3〜11世紀

（松本2014表2に一部加筆、編集）

一）。

また、おいらせ町の阿光坊古墳群や八戸市丹後平古墳群には、墓の規模や副葬品の質や量に違いが明確にあり、階層化をみることは可能です（松本二〇一二）。また、それらの末期古墳と、続縄文文化の土坑墓を比べれば、一人分の末期古墳は土坑墓一〇〜二〇人分の面積を占めています（第13図）。土坑墓に埋葬される一人に対する労力と、末期古墳に埋葬される一人に対する労力には桁違いの差があります。個々の人間に対して同じような土坑墓を造っていた人々の社会が、その構造を変えずに、大きな労力を必要とする末期古墳を造ろうと考えるようになるでしょうか。あるいは、そのようなものを必要とする構造の社会に、突然変わるでしょうか。しかも、東北北部は、それ以前には一〇〇年以上にわたり、そんな墓などない地域なのです。

第14図として、東北北部から北海道南部にかけての三〜一一世紀にかけての様々な文化要素の変遷を模式図化しました。東北北部では、五世紀前半までと七〜八世紀以降とで様々な要素が突然全面的に違ってしまいます。それに対して北海道では、在地要素が継続している状態に一部の文化要素が加わり、その後、もともとあった在地の要素が再び加味されるように変化するだけです。しかも、東北北部の場合は、誰も住んでいなかった時期の後に、新文化をもつ集落が急増するのです。この点が重要です。東北北部では新しい文化が外から入り、北海道南部では接ぎ木されたのです。

東北北部で新たに始まった馬飼は、日本列島に根付いた古墳文化の馬飼でした。

四　六ヶ所村の古代の集落

1　平安時代に突然出現した集落とその特徴

六ヶ所村に集落が出現したのは平安時代になってしばらくたってからのことでした。東北北部の東側では七世紀に集落が増えはじめたのですが、六ヶ所村のあたりはそれから二〇〇年以上が過ぎ、九世紀後葉になってから、やっと人々が暮らすようになったのでした。特に一〇世紀の集落が多いようです。それまでこの地には、何世代にもわたって誰も住んでいなかったのですから、どこか別の地域から移住してきた人々が新たに土地を開拓したことになります。

誰が何の目的でやって来たのかを考えるために、最初に、集落が営まれた場所がどのような環境だったのかを見ておきましょう。第1図に示したように、六ヶ所村は下北丘陵が海岸沿いまで迫る北部と平坦な六ヶ所台地と湖沼が広がる南部に分けることができます。すべての遺跡が調査されたわけではありませんが、台地と湖沼のある南部からは数多くの平安時代集落が見つかっています。

　下北丘陵が海岸近くまで迫る北部にも、現在の泊の集落がある地域には平安時代の遺物があります。しかしここは、人々が住めるのは海に面した狭い土地だけです。おそらく海を生業の場とした人々がいたのでしょう。それに対し、南部の沼や湖に面した台地上にある集落は、海との関係よりも、広い台地上を生業の場としたことがわかります。台地上には水源がなく水田を作ることはできません。正保四（一六四七）年の南部藩の郷村帳によれば、南部藩では畑が水田よりも広く、とくに今の六ヶ所村に含まれる倉内村、平沼村、鷹架村、尾駮村には畑の記録しかありません（『六ヶ所村史上巻Ⅱ』）。しかも、六ヶ所村域に人々がやってきた九世紀後葉とは比較的寒冷だった時期です（第10図）。水稲耕作を目的に土地を選択したわけではないことは明白です。

　このあたりには九一五年、一〇世紀初頭に十和田a火山灰が、九四六〜七年、一〇世紀中葉には白頭山火山灰が降りました（早川・小山一九九八）。集落はその前後の時期に造られました。廃棄された住居跡内へのそれら二つの火山灰の堆積、火山灰降下後の住居の築造例などを用いて各集落の時期を大きく三期に分けることができます。第Ⅰ期：九世紀後葉〜一〇世紀前葉（十和田a火山灰前）、第Ⅱ期：一〇世紀前葉〜中葉（十和田a火山灰後・白頭山火山灰前）、第Ⅲ期：一〇世紀中葉〜後葉（白頭山火山灰後）です。次に、その三時期の集落の代表例を説明しておきましょう。

　第Ⅰ期集落：六ヶ所村ではもっとも古い時期の古代の集落です。家ノ前遺跡について説明します（第15図）。第Ⅰ期の住居が三棟、第Ⅱ期の住居が七棟あります。ここには住居構築時の表土が残されておらず、住居を建てるときの表土が黒ボク土であったか否かを観察することはできませんでした。住居跡が埋まる過程で「黒色土」が堆積しています（第15図‐2の1層）。これは黒ボク土と考えてよいでしょう。その下の2層は屋根材などが焼けた炭化材を含む層ですが、その上面に白頭山火山灰が降下しています。その上に「黒色土」が堆積していますから、いつ黒ボク土が生成したか、細かく年代をおさえられる例です。家ノ前遺跡には十棟の住居がありましたが、白頭山火山灰降下後に黒褐色土が堆積

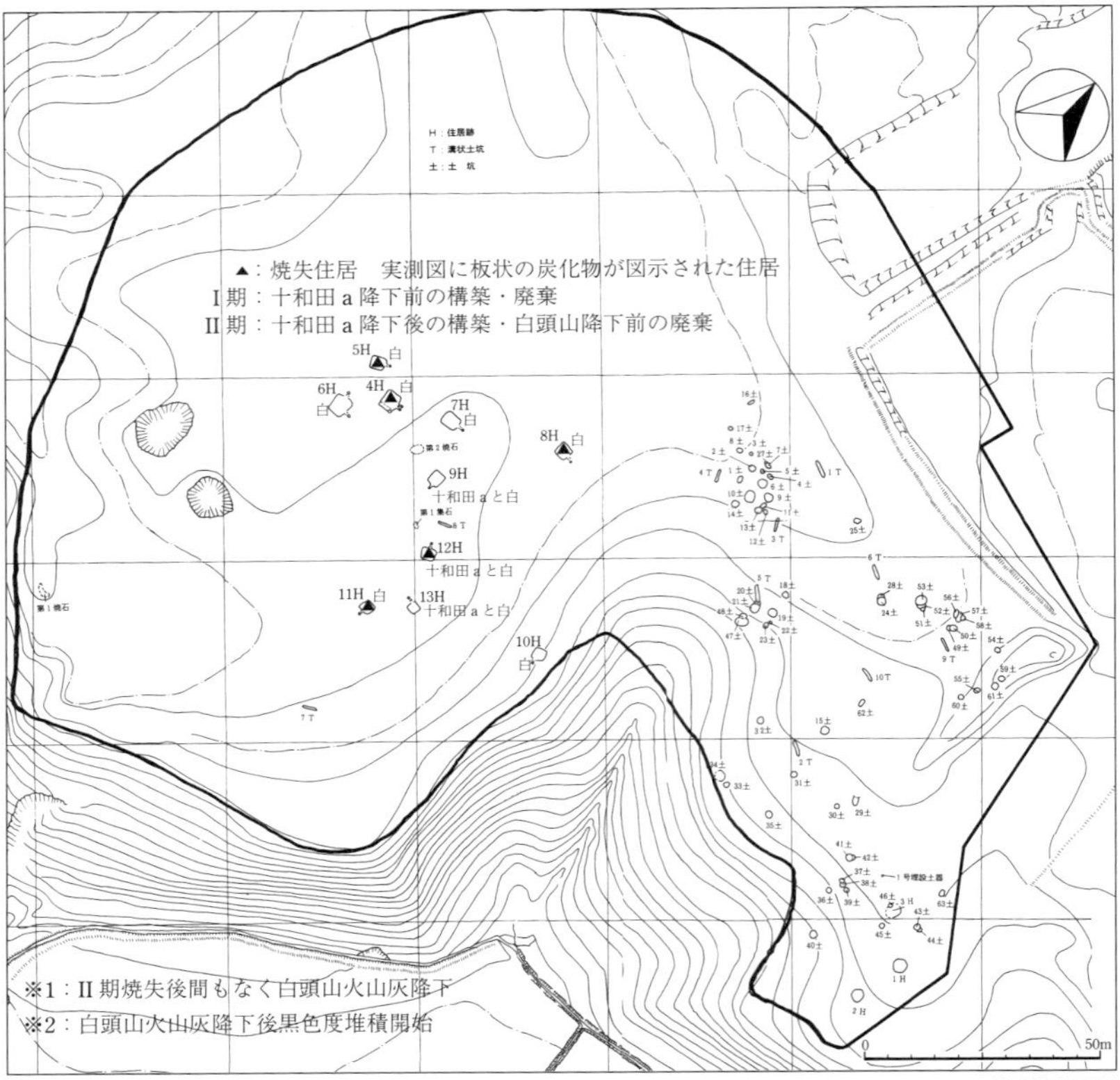

1. 住居配置図
青森県教委（1994）付図を加工

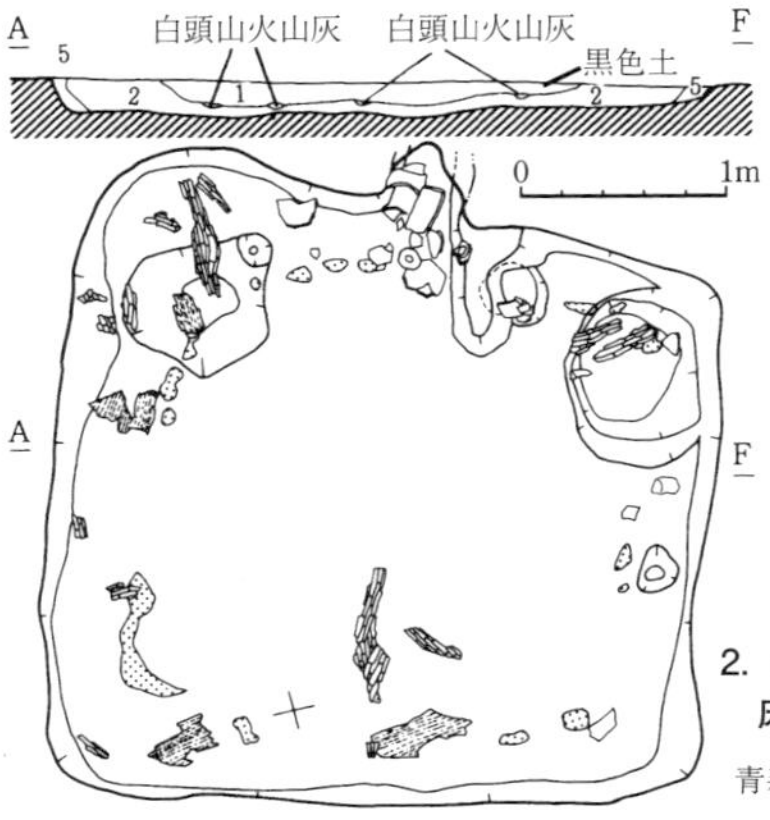

1：10YR1.7/1 黒色　炭化物微量
　2mm 大のローム粒微量
2：10YR3/2 黒褐色　炭化物少量
　ローム粒少量
5：10YR3/3 暗褐色　ローム粒多量

2. 5 号住居跡
床面上の炭化材出土状況と住居内堆積土
青森県教委（1994）第 12 図より

第 15 図　家ノ前遺跡　六ヶ所古代第 I 期～ II 期

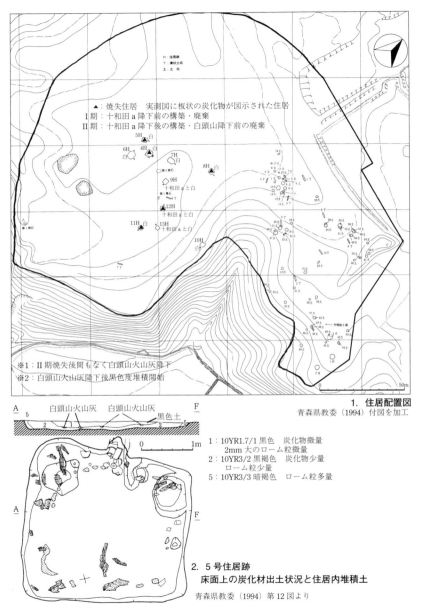

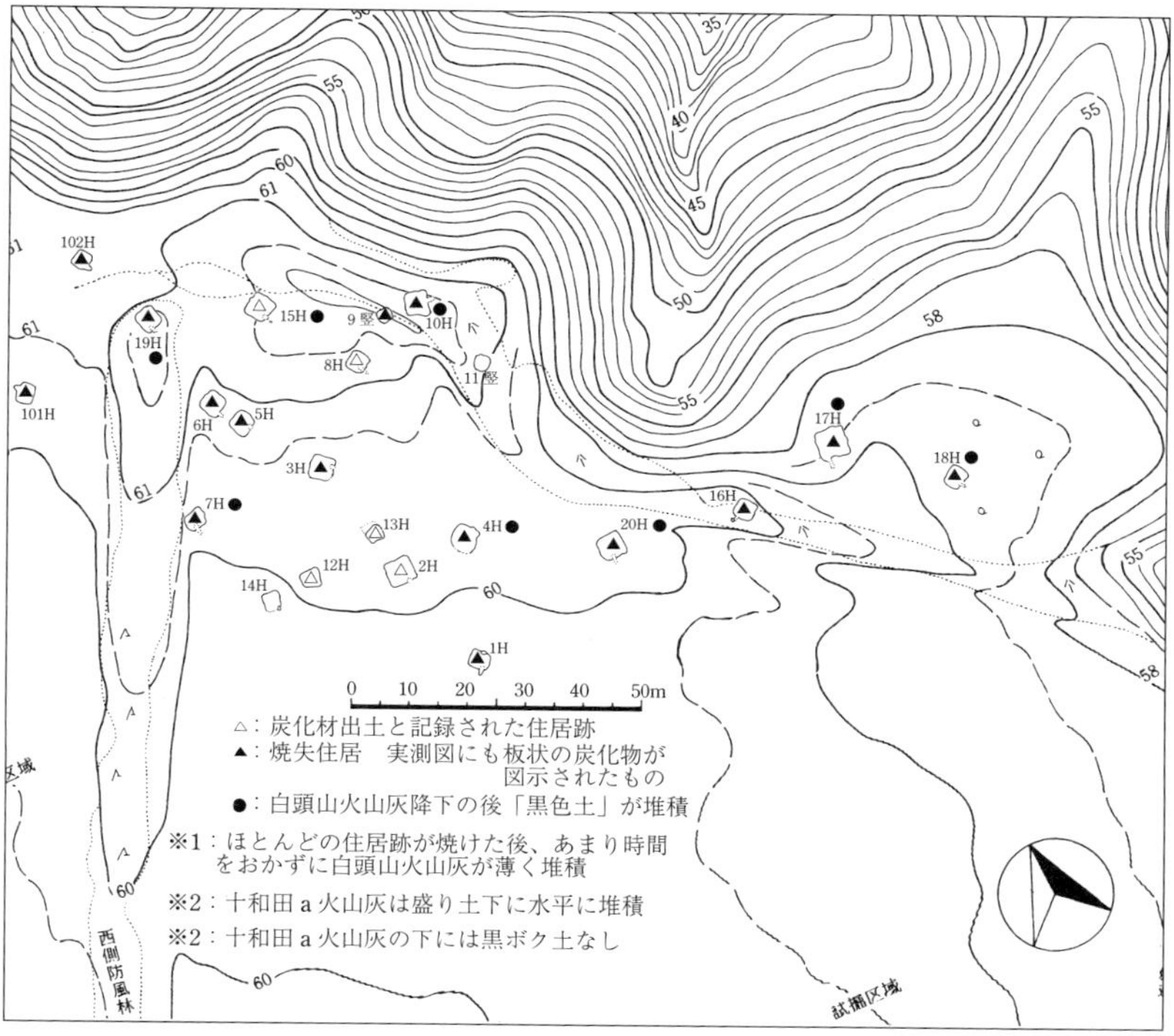

1. 住居配置図

青森県教委（1986）第9・10図を合成し文字等を加筆

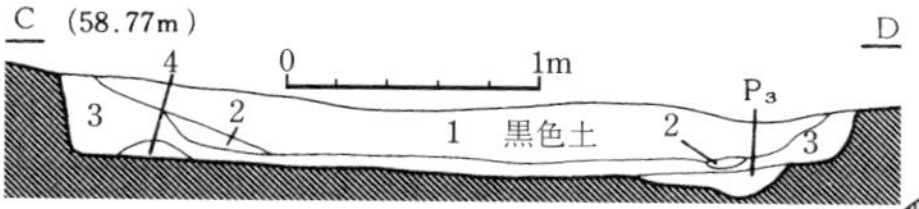

1：10YR2/1 黒色　微細な炭化物、焼土を含む
2：10YR4/4 褐色　白頭山火山灰、炭化物を含む
3：10YR3/3 暗褐色　ロームブロック、炭化物、焼土を含む
4：10YR2/2 黒褐色　微細な炭化物を含む

2. 18号住居内堆積土

青森県教委（1986）第58図を加工

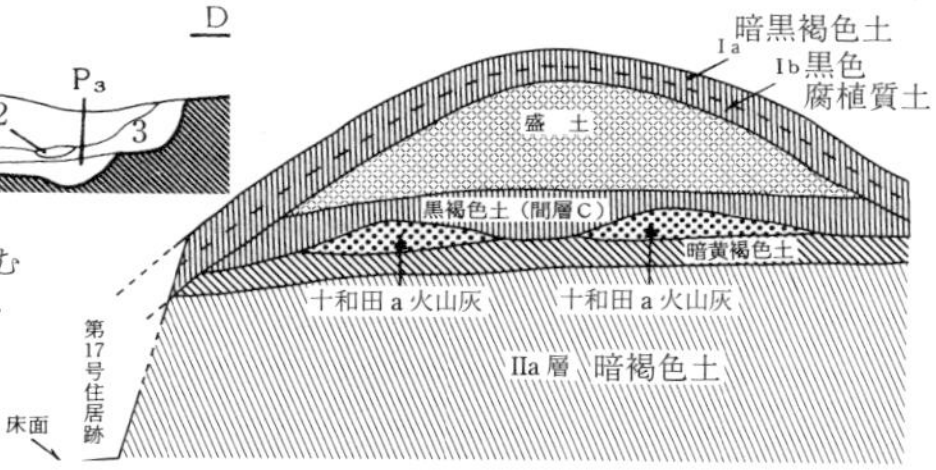

3. 17号住居跡周堤堆積土・覆土模式図

青森県教委（1986）第5図の部文字を拡大

第16図　弥栄平（4）（5）遺跡　六ヶ所古代第Ⅱ期

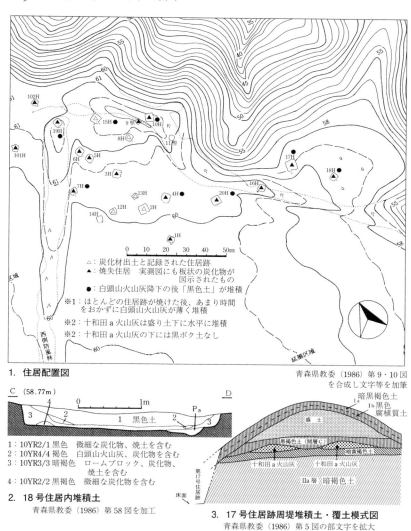

した7・9号例を除き、他の8例はすべて「黒色土」が堆積し続けました。これは第Ⅲ期の集落が営まれた時期と重なります。

第Ⅱ期集落：十和田a火山灰降下後に造られた、弥栄平（4）（5）遺跡について説明します（第16図）。第16図－3には「周堤」と書かれていますが、これは住居の竪穴部分を掘ったときの排土を竪穴周囲に盛ったときの土です。その盛土の下には十和田a火山灰が水平に堆積していましたので、当時の表土があったことになります。暗褐色土であるⅡa層の上に「暗黄褐色土」があり、その上に火山灰は積もっていました。したがって、十和田a火山灰降下前に造られた六ヶ所第Ⅰ期の集落は、この暗黄褐色土を表土としている時期に入植した可能性が考えられます。また、十和田a火山灰の上に黒褐色土である間層Cがありその上に盛土が盛られました。竪穴が掘られたときの表土がこの間層Cだった可能性があるでしょう。十和田a火山灰降下の後、一〇世紀前葉に集落を造ろうとしたとき、そこには少し黒ボク土っぽくなっていた表土があったのかもしれません。なお、第16図－2の18号住居跡の堆積土でわかるように、住居が廃棄され、白頭山火山灰が降下した後、すなわち一〇世紀後半に堆積していたのは「黒色土」でした。黒ボク土が生成していたのだと考えられます。これも六ヶ所第Ⅲ期の出来事ということになります。

第Ⅲ期集落：白頭山火山灰が降った後に造られた、発茶沢（1）遺跡について説明します（第17図）。図に示した二〇五号住居の周囲にも盛土があります。その断面図を見ると十和田aと白頭山の二つの火山灰がほぼ水平に堆積していますので、その下にはそれが降下する以前の表土が保存されていることになります。Ⅱ層となっています。暗褐色土層ですから、これも黒ボク土ではありません。住居が廃棄された後に最初のころに堆積した4層が「黒色」土です。それよりも上は黒褐色土となっています。このなかに黒ボク土が含まれるのか否かは不明です。なお、発茶沢（1）遺跡には、図示した二〇五号住居のような掘立柱付竪穴住居が九棟ありましたが、一棟がⅡ期・八棟がⅢ期です。集落はⅡ期から営まれはじめたのでした。

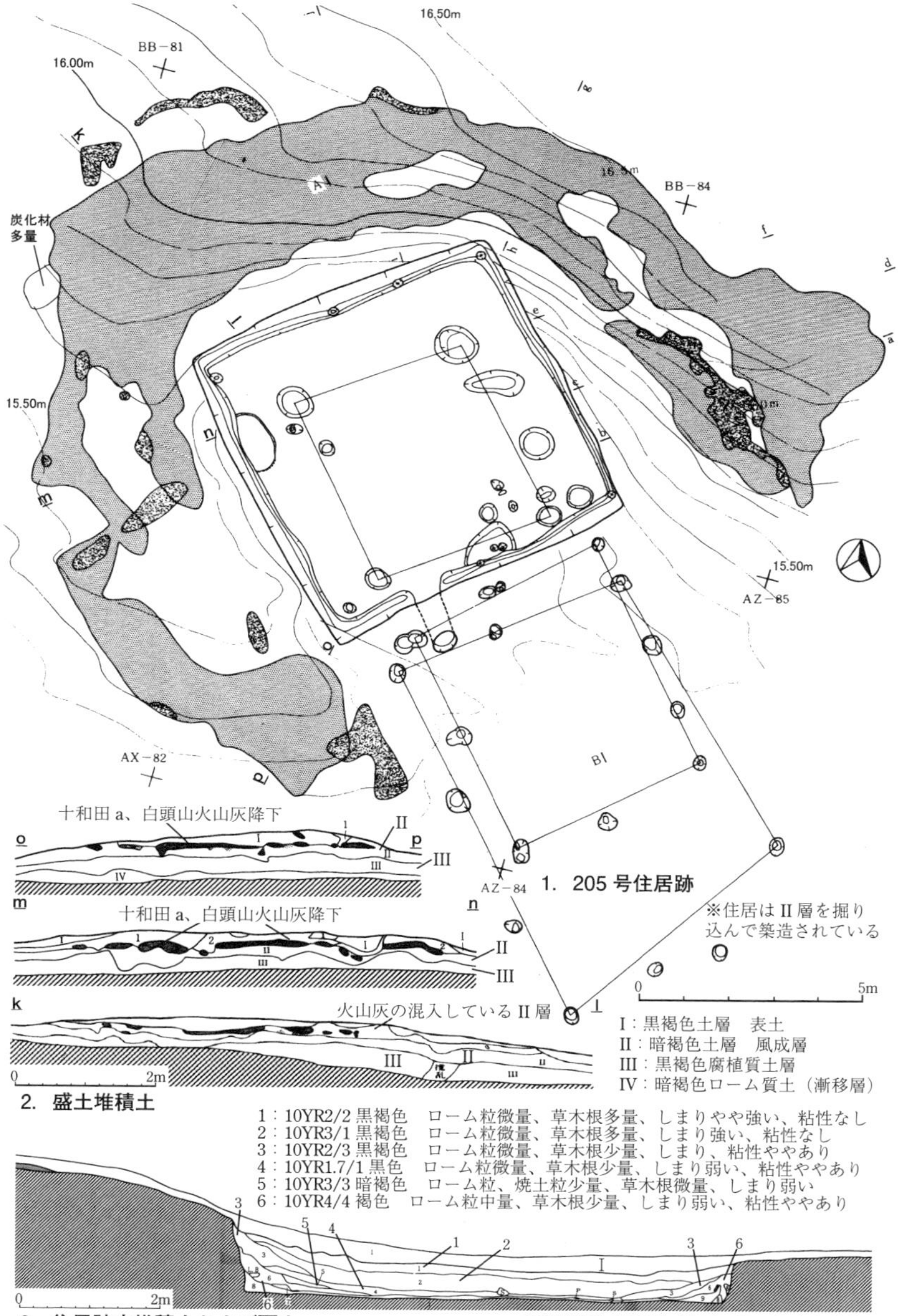

青森県教委（1985）図61・63・64から作成

第17図　発茶沢（1）遺跡205号住居跡　六ヶ所古代第Ⅲ期

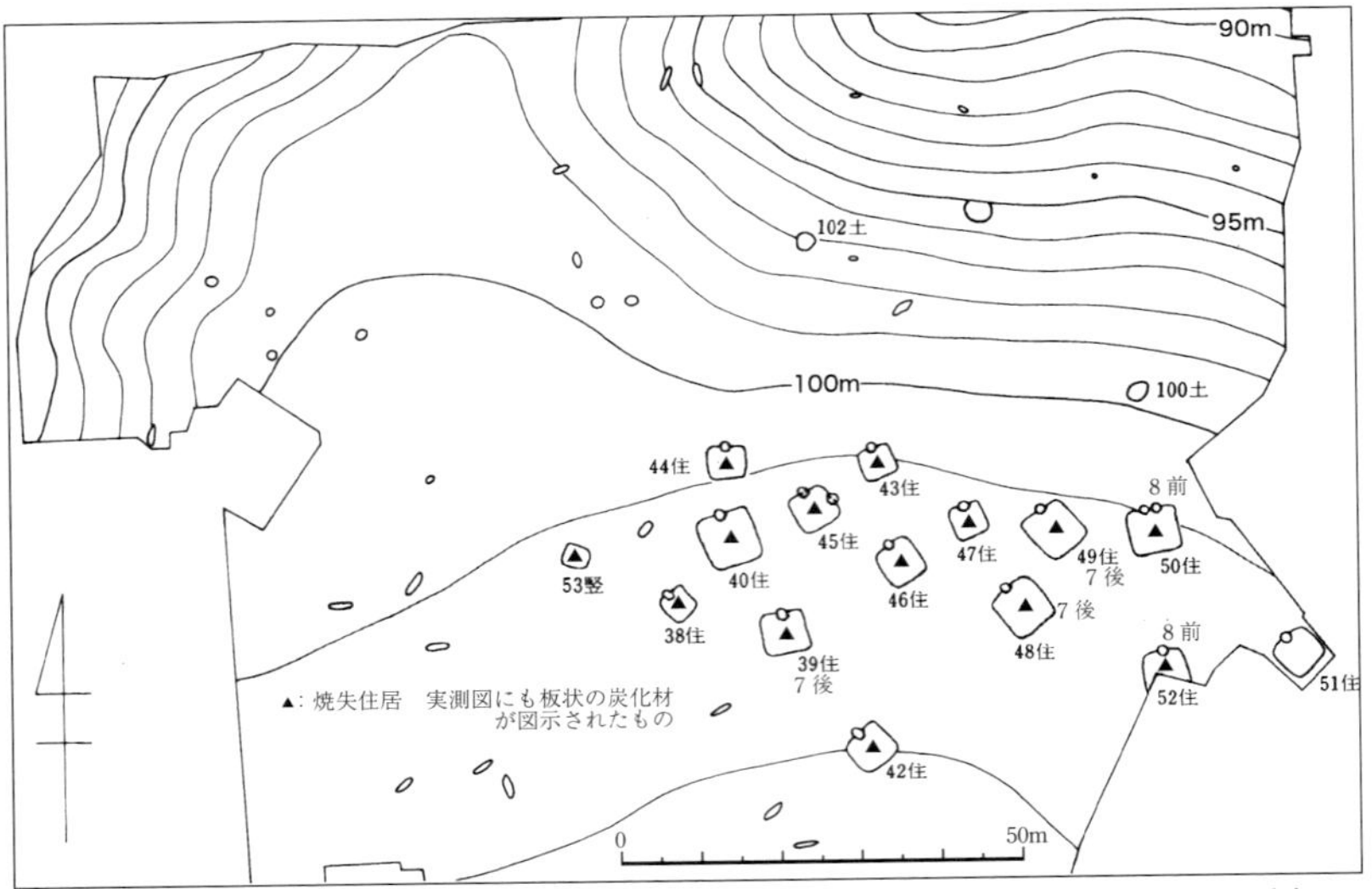

1. 住居跡配置図

八戸市教委（1988）第319図を加工

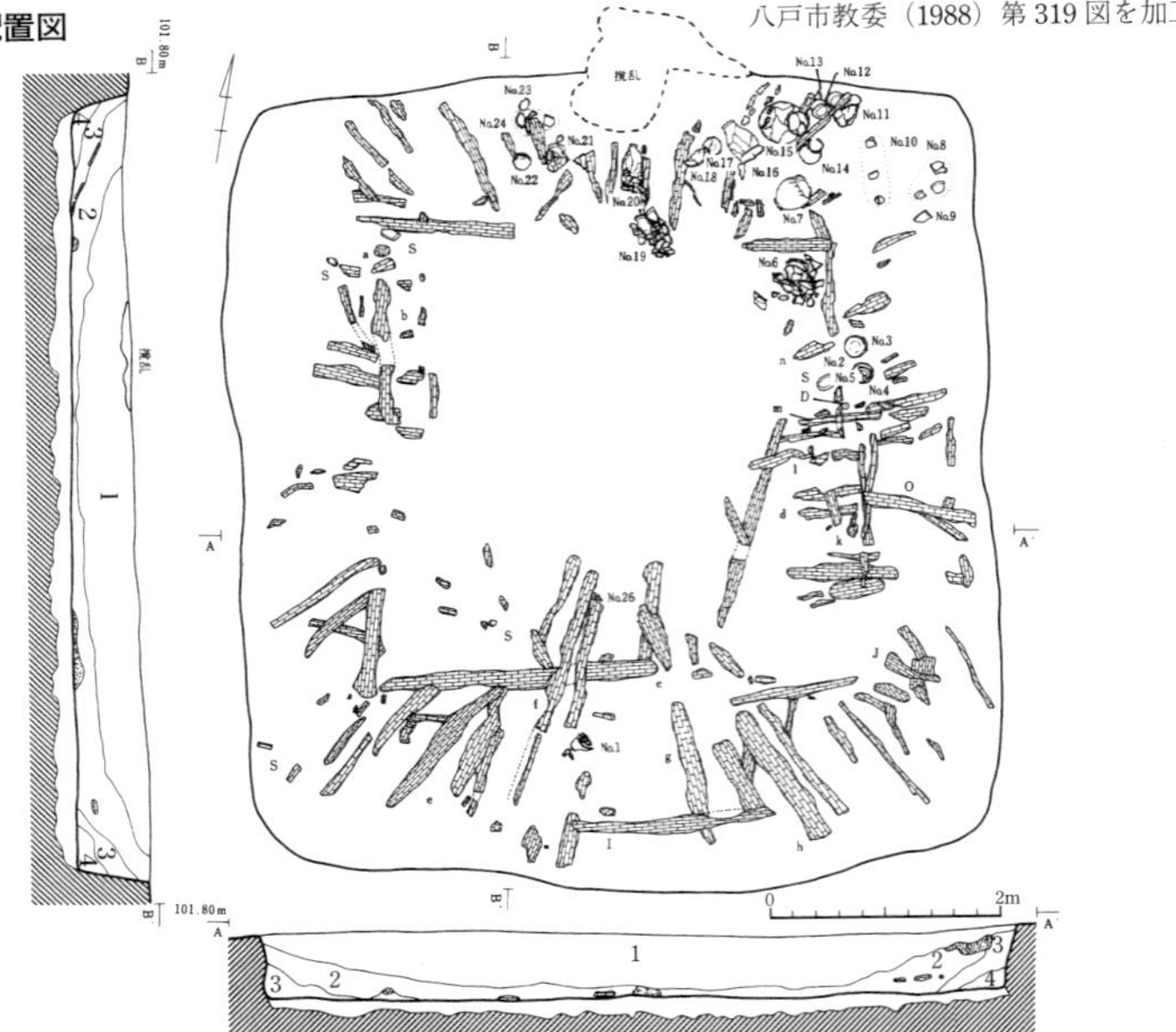

1：10YR黒色　シルト主、灰白色浮石粒含む
2：10YR2/3黒褐色　シルト主、焼土との混合土、黄褐色ロームブロック、木炭含む
3：10YR3/1黒褐色　シルト主、黄褐色浮石粒と黄褐色ローム粒を含む
4：10YR3/3暗褐色　ローム主、崩落土

八戸市教委（1988）第260図より

2. 39号住居跡　平面図と断面図

第18図　八戸市田面木平（1）遺跡　7世紀後半～8世紀前半

最後に、第Ⅰ～Ⅲ期までの集落の重要な共通点を話しておきます。焼けた住居が多いことです。第15・16図に示した家ノ前遺跡、弥栄平遺跡もそうでしたが、ほとんどの住居が焼けていますし、白頭山火山灰の入り方から見ると、一つの集落の住居の焼失時期はほぼ同じころとなります。また、どの集落も焼けていますので、集落廃絶後、その周辺を牧場とし、春に草焼きをするさいに焼失したものが多いのではないでしょうか。六ヶ所村の場合、九世紀後葉～一〇世紀の一五〇年ほどの間で、一度放棄した集落の場所に再び誰かがやってきて集落が営まれるということはありませんでした。一度牧場となると、もう二度とそこを集落とはしなかったようで、一度黒色土が堆積しはじめるとその後も継続して黒色土が積り続けたのです。それは六ヶ所村ばかりではなく、東北北部には多く見られることです。

一例として八戸市の七世紀後半～八世紀前半の集落、田面木平（1）遺跡の焼失例を示しておきます（第18図）。七世紀後半～八世紀前半の集落遺跡ですが、ここも1棟を除き、焼失しており、その後、黒土が堆積し続けました。このように東北北部の古代の集落は継続時間が短いものが多いのですが、これは、牧を営みながら、新たな牧場を探して少しずつ移動していったことを示すのではないでしょうか。次にこの点をさらに考察します。

2　人々は何を目的にやって来たか

現在六ヶ所村となっている地域には、五～八世紀までの遺跡は見つかっていません。そこに人々がやって来たのは九世紀後葉でした。それから一〇世紀いっぱいにかけて、南は小川原湖北岸から北は尾駮沼北岸の広い六ヶ所台地上に多くの集落を造りました（第20図）。長い間誰も住んでいなかったこの土地に、人々は何を求めてやって来たのでしょうか。夏にはヤマセが吹く、農耕には適していない環境です。『六ヶ所村史下巻Ⅱ』によれば、六ヶ所村で稲作が行われるようになったのは、大正末期から昭和初期にかけてでした。例えば現在の村役場があるあたりの尾駮の集落でも、それまでは水田で米ではなく稗を作っていたそうです。倉内の集落では、稲作を行うようになったのはさらに遅く戦後になっ

白色瑪瑙製銙尾　約 9cm×4.5cm

第19図　表館（1）遺跡出土石帯
（青森県埋蔵文化財調査センター所蔵）

てのことでした。それまではやはり稗作が中心でした。

九～一〇世紀の人々も水稲ではなく、稗などの雑穀を栽培していたことでしょう。また、さきに見たように、一〇世紀前葉以降に住居が造られたとき、まだ黒ボク土は堆積していませんでした。しかし、住居跡内には黒ボク土が堆積していますから、九世紀後葉以降に住んだ人々が「草焼き」をして、黒ボク土が生成されていったのでしょう。したがって、人々は「草焼き」を行うような生業を行っていたことになります。

それでは「草焼き」は、何のために行われたのでしょう。「草焼き」には、馬飼、焼畑、焼狩の三つの目的が考えられることはさきに述べました。出土遺物に狩猟具はありませんし、また六ヶ所村の台地が特に焼狩に適しているわけでもありません。一方、焼畑と馬飼いは両立が可能です。『六ヶ所村史下巻Ⅱ』に「野火 放牧場は春、火をつけて焼く。アラキは二年か三年に一回位の割合で火をつけて枯れ草を焼いた」（六二七頁）と記されています。アラキは焼畑のことです。他に『六ヶ所村史中巻』の第三章六ヶ所村における畜産業の発展の三一三頁に、『むつ小川原民俗資料緊急調査報告書第二次』に記された六ヶ所村二又地区の馬の飼育部分が転載されています。そこには「草刈り場は春、前年の枯れ草に野火をつけて焼き払っておくと、その灰が肥料となって夏から秋にかけてよい草が生えた。また野火をつけないとダニが発生するので、春には必ず野火をつけるようにした」とあります。さきに『養老律令』から引用したように、よい牧草地を確保するには「草焼き」は必須でした。九世紀後葉～一〇世紀に、稲作不適地である六ヶ所村あたりにわざわざ多くの人々が〝あえて〟

移住して来たのは、どこでもできる雑穀栽培をしに来たわけではないでしょう。それまで誰も利用していない広大な草原があった六ヶ所地域は、馬飼こそ最適な産業だったのです。

その時期、ちょうど平安京では貴族たちが競って良い馬を手に入れようとしていました。良い馬を育てるには良質なイネ科植物の生えた広い土地が必要です。馬は一日一五時間も食べ続けるのだそうです（近藤二〇〇一）。すでに飽和状態となっていた土地から離れ、まだ誰の土地でもなかった六ヶ所にやってきたのでしょう。そして、六ヶ所内でも、少しずつ、牧場を新たに広げながら、集落を移動させたのではないでしょうか。

平安京の貴族との関係を示していそうな遺物を紹介しておきます。表館（1）遺跡のC住居跡から白色瑪瑙製の石帯が出土しています（第19図）。石帯としては非常に希少な製品でした。ただし、これ1点のみの出土ですから、腰帯として用いられていたのではなく、その1点を貴重な品として授かったのでしょう。それが出土したのは、ロクロ土師器の坏が伴っていたことから、九世紀後葉〜一〇世紀前葉ころの住居だと推定できます。一〇世紀前葉は陸奥国交易馬の制度が行われはじめていた時期です（大石二〇〇一）。相内知昭さんが指摘しているように、非常に位の高い平安京の貴族から、質の良い馬の生産と引き換えに譲られたものかもしれません（相内二〇一一）。

五　六ヶ所村に馬はいつからいたか

さて、いよいよ本稿の主題について考えます。これまでに述べてきたことから、もうみなさんには、私が言うことはよくわかっていることでしょう。そうです、古代の六ヶ所村には、もちろん馬がいたのです。馬の骨も馬具も見つかってはいませんが、そういえるのです。なぜそういえるのか、それはいつのことなのか、順番にまとめておきましょう。

七〜八世紀、ちょうど飛鳥時代、奈良時代に匹敵するころ、六ヶ所村あたりには誰も住んでいませんでした。しかし、

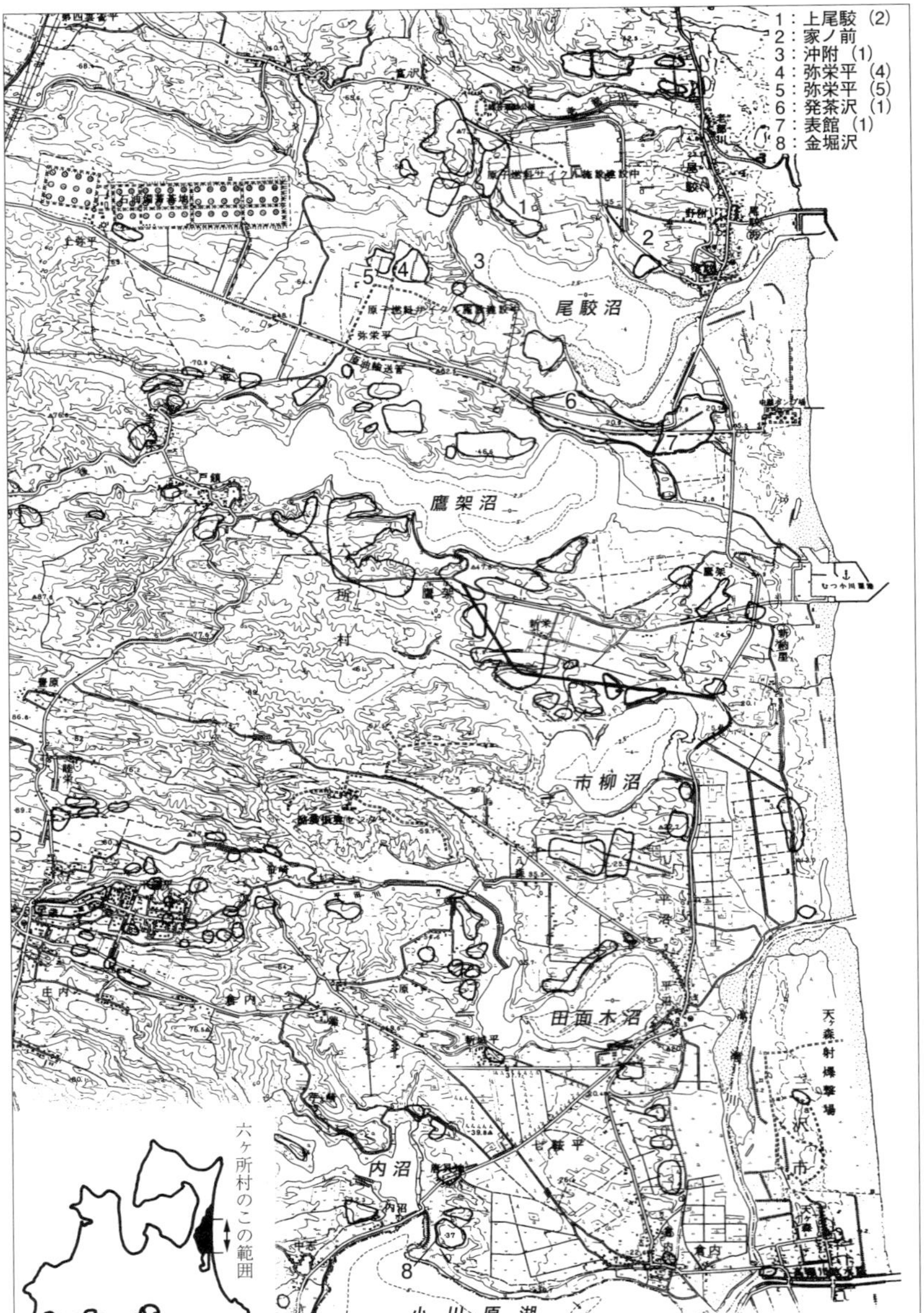

第 20 図　本稿で紹介した集落遺跡の位置（青森県教委 1998 図 1 に加筆）

平安時代が始まってから二世代くらいが経過したころ、九世紀後葉に突然集落が造られはじめました。その代表例として尾駮沼の北東岸台地上にある家ノ前遺跡があります（第20図－2）。ここには一〇棟ほどの住居が集まり、一つの集落となっていました。そこは尾駮沼を南に見下ろす標高二〇メートル代の台地の上にあり、近くに水田を造るところはありません。台地上には馬を飼う牧が広がっていたことでしょう。集落が廃棄された後、住居の窪地には黒ボク土が堆積しました（第15図－2）。この真っ黒な堆積土の存在は、集落が遠ざかり、近辺を牧草地とし、毎年春に草焼したことを物語るのでしょう。六ヶ所村は九世紀後葉以降、黒ボク土が生成する環境となったのでした。

そして、残念ながら六ヶ所村に九世紀後葉に入植した人々の集落遺跡で、埋まりきらないタイプのものが無いものですから、開拓当初、そこに黒ボク土が広がっていたのか否かを明らかにはできませんでした。しかし、一〇世紀前葉以降の集落には、埋まりきらない住居跡がいくつもあり、それらの場合、人々が竪穴住居を掘ったときの土を住居の周囲に置いたのですが、その盛土の下に当時の表土が残っていました。それを見ると、弥栄平（4）（5）遺跡のような一〇世紀前葉の家の場合も、沖附（1）遺跡や発茶沢（1）遺跡といった一〇世紀中葉以降の家の場合も（第20図－3～6）、当時の表土は黒ボク土ではありませんでした。それなのに、それらの集落が廃棄された後に、住居内の窪地に堆積し続けた土は真っ黒な黒ボク土でした（第16・17図）。

そして、埋まりきらない竪穴住居には黒ボク土が堆積し続けました。これは、平安時代以降、馬の飼育が続いたことを示すのではないでしょうか。六ヶ所村の遺跡からは馬の骨も馬具も見つかっていません。しかし、黒ボク土の存在は、馬を飼うために草焼きをしたことを雄弁に語るのです。六ヶ所村に古代の集落があった時期とは、そこで馬が飼われていた時期でもありました。九世紀後葉から一〇世紀いっぱいの出来事でした。

おわりに

東北北部には五世紀後半～六世紀にかけて、ほぼ誰も住んでいない土地が広がっていました。とくに六ヶ所村域はそのようなほぼ無住の状態が九世紀中葉くらいまで続きました。しかしその後、突然集落が出現したのです。どこからかそこに集団で移住してきた人々がいたのでした。今回は人々がどこから来たのかについては考察しませんでしたが、第Ⅱ期・Ⅲ期の人々は五所川原産の須恵器をもっています。五所川原産須恵器をもち、なおかつ馬を飼っていた人々が住んでいた地域から移住してきたのでしょう。

今回は話題にはしませんでしたがもう一つの手がかりを加えます。発茶沢（1）遺跡二〇五住居（第17図）のような掘立柱建物付竪穴住居のある遺跡があります。これは東北地方でも西側の豪雪地帯に造られました（高橋二〇〇一）。馬飼地域でも八戸市域などにはありません。そしてこの建物があるのは、五所川原産須恵器の使用地域、豪雪地帯で考えれば青森市浪岡といった津軽地方の丘陵地域や米代川流域であり、準黒ボク土地帯です（第4図）。準黒ボク土とは、火山灰地域ではないにもかかわらず人間が草焼きを行って生成した黒ボク土です。さきに第6図の焼畑の地図と合わせて考えましたが、それらの地域は焼畑の盛んな地域ではありません。おそらく馬飼が行われていたのでしょう。ただ今回は、その地域の黒ボク土が平安時代から生成していたかについては詳しくみていません。

古代の六ヶ所に馬飼の人々がどこからやって来たのかについては、今後の課題といたしましょう。古代の六ヶ所にどこから人々はやってきたのか。黒ボク土を手がかりとして、考え続けたいと思います。

謝辞

二〇一二年に「尾駮の牧」歴史研究会の相内知昭さんに講演を依頼されたことによって、遺跡、「土」から、古代の馬の飼育があったことをどう読み取るかの研究が始まりました。研究会や村のご協力も得て二〇一四年から六ヶ所村倉内地区金堀沢遺跡（第20図－8）での発掘調査も続けています。六ヶ所村の土に、古代の人々の生活の痕がよく残っていることがようやくわかってきたところです。また、最近の黒ボク土研究について宮崎大学農学部の西脇亜也教授からご教授いただきました。皆様のおかげでなんとか本論は形となりました。記して感謝申しあげます。

引用・参考文献

相内知昭　二〇一一「『尾駮の牧』の一試論―摂関期における馬の需要の意味と〝尾駮の牧〟」『東奥文化』八二号　青森県文化財保護協会　一六二－一八五頁

青森県教育委員会　一九七八『青森市三内遺跡』

青森県教育委員会　一九八五『沖附（1）遺跡』

青森県教育委員会　一九八六『発茶沢（1）遺跡』

青森県教育委員会　一九八八『弥栄平（4）（5）遺跡』

青森県教育委員会　一九八八『李平下安原遺跡』

青森県教育委員会　一九八八『上尾駮（2）遺跡Ⅱ』

青森県教育委員会　一九九〇『中野平遺跡』

青森県教育委員会　一九九四『家ノ前遺跡Ⅱ・鷹架遺跡Ⅱ』

青森県教育委員会　一九九八『幸畑（4）遺跡・幸畑（1）遺跡』

青森県教育委員会　二〇〇五『林ノ前遺跡』

青森県教育委員会　二〇〇六『林ノ前遺跡2』
青森県教育委員会　二〇一六『金沢街道沢（1）遺跡・金沢（1）遺跡・新沢（2）遺跡』
青森市教育委員会　二〇〇一『野木遺跡発掘調査報告書Ⅱ』
阿部義平ほか　二〇〇八『森ヶ沢遺跡発掘調査報告書（下）』国立歴史民俗博物館
石井　淳　一九九七「北日本における後北C_2 - D式期の集団様相」『物質文化』六三号　物質文化研究会　二三 - 三五頁
田舎館村教育委員会　一九九一『前川遺跡発掘調査報告書』
入間田宣夫　一九八八「久慈・閉伊の駻馬」『中世東国史の研究』東京大学出版会　二八五 - 三一一頁
入間田宣夫　一九九〇「稙宗の貢馬」『北日本中世史の研究』吉川弘文館　一六七 - 一九一頁
岩手県文化振興事業団埋蔵文化財センター　二〇〇二『中半入遺跡・蝦夷塚古墳発掘調査報告書』
岩波書店　一九六一『日本の地理　第二巻　東北編』
大石直正　二〇〇一『奥州藤原氏の時代』吉川弘文館
大館市教育委員会　二〇一四『川口十三森遺跡発掘調査報告書』
鹿角市教育委員会　二〇〇七『鹿角沢2遺跡』
北構保男　一九九一『古代蝦夷の研究』雄山閣
小林和彦　一九八八「李平下安原遺跡から出土した動物遺存体」『李平下安原遺跡発掘調査報告書』青森県教育委員会　四七五 - 四七九頁
近藤誠司　二〇〇一『ウマの動物学』東京大学出版会
阪口　豊　一九八九『尾瀬ヶ原の自然史』中公新書
佐藤智生　二〇〇六「青森県における防御性集落の時代と生業」『北の防御性集落と激動の時代』同成社　九三 - 一一〇頁
下田町教育委員会　一九九一『阿光坊遺跡』
下田町教育委員会　二〇〇六『阿光坊古墳群（天神山遺跡）・ふくべ（3）遺跡・十三森（1）遺跡・中野平遺跡第二〇地点』
瀬川拓郎　二〇一二「続縄文・擦文文化と古墳文化」『古墳時代の考古学7』同成社　一〇三 - 一一八頁

高橋玲子　二〇〇一「平安時代東北地方における掘立柱施設付竪穴住居について」『秋田考古学』四七号　秋田県考古学協会　一－六一頁
辻　秀人　一九九六「蝦夷と呼ばれた社会―東北北部社会の形成と交流―」『古代王権と交流1　古代蝦夷の世界と交流』名著出版
直井雅尚　一九九四「松本市安塚・秋葉原古墳群の再検討」『中部高地の考古学Ⅳ』長野県考古学会　二七七－三〇五頁
日本地誌研究所編　一九七五『日本地誌　第3巻　東北地方総論　青森県・岩手県・秋田県』二宮書房
日本地誌研究所編　一九八〇『日本地誌　第1巻　日本総論』二宮書房
八戸市教育委員会　一九八八『田面木平（1）遺跡』
八戸市教育委員会　一九九一『丹後平古墳群』
早川由紀夫・小山真人　一九九八「日本海を挟んで十世紀に相次いで起こった二つの大噴火の年月日」『火山』四三巻　四〇三－四〇七頁
林　正之　二〇一五「東北北部『末期古墳』の再検討」『古代』一三七号　早稲田大学考古学会　五三－八七頁
日高　慎　二〇〇一「東北北部・北海道地域における古墳時代文化の受容に関する一考察―古墳時代中期を中心として―」『海と考古学』四号　海交史研究会　一－二二頁
弘前市教育委員会　二〇〇一『早稲田遺跡・福富遺跡発掘調査報告書』
福田知之　二〇〇七「本州北辺の貝類出土遺跡総覧（2）―青森県における動物遺体出土遺跡―」『調査研究年報』三一号　青森県立郷土館　一－一六頁
藤沢　敦　二〇〇四「倭の『古墳』と東北北部の『末期古墳』」『古墳時代の政治構造』青木書店　二九五－三〇八頁
ペドロジスト懇談会ほか　一九九〇『百万分の一日本土壌図』
細野衛・佐瀬隆　二〇一五『第四紀研究』五四巻　五号　日本第四紀研究会　三二三－三三九頁
松井健・近藤鳴雄　一九九二『土の地理学―世界の土・日本の土―』朝倉書店
松本市教育委員会　二〇〇三『中山古墳群　鍬形原遺跡　鍬形原砦址』
松本建速　二〇〇六『蝦夷の考古学』同成社

松本建速　二〇一一『蝦夷とは誰か』同成社
松本建速　二〇一二「②東北北部と古墳文化」『古墳時代の考古学7』同成社　一一九－一三二頁
松本建速　二〇一四「考古学からみた古代の東北北部の言語」『岩手史学研究』九六号　岩手史学会　六一－八五頁
宮崎県編　一九九三『宮崎県史　資料編　考古2』宮崎県
宮代栄一　一九九五「宮崎県出土の馬具の研究」『九州考古学』七〇号　九州考古学会　一九－四三頁
百石町教育委員会　一九九五『根岸（2）遺跡発掘調査報告書』
桃崎祐輔　一九九三「古墳に伴う牛馬供犠の検討―日本列島・朝鮮半島・中国東北地方の事例を比較して―」『古文化談叢』三一号（下）　九州古文化研究会　一－一四一頁
八木光則　一九九六「馬具と蝦夷」『岩手史学研究』七九号　岩手史学会　一－二〇頁
八木光則　二〇一〇『古代蝦夷社会の成立』同成社
北海道埋蔵文化財センター　二〇〇二『西島松5遺跡』
安田初雄　一九五九「古代における日本の放牧に関する歴史地理的考察」『福島大学学芸学部論集』一〇巻一号一－一八頁
山口彌一郎　一九四〇「東北地方の稗の分布」『地理学評論』一六巻一号　日本地理学会　三八－五七頁
山口彌一郎　一九七二『山口彌一郎選集3』
山根一郎・松井健ほか　一九七八『図説　日本の土壌』朝倉書店
山野井徹　二〇一五『日本の土』築地書館
六ヶ所村史編纂委員会　一九九六『六ヶ所村史　中巻』六ヶ所村史刊行委員会
六ヶ所村史編纂委員会　一九九七『六ヶ所村史　下巻Ⅱ』六ヶ所村史刊行委員会
六ヶ所村史編纂委員会　一九九七『六ヶ所村史　上巻Ⅰ』六ヶ所村史刊行委員会
六ヶ所村史編纂委員会　一九九七『六ヶ所村史　上巻Ⅱ』六ヶ所村史刊行委員会

東北地方北部出土の石帯とその背景

田中広明

はじめに

六ヶ所村鷹架発茶沢の表館遺跡から三〇年ほど前、白く輝く石が出土しました[1]。

それは、古代の帯の先端につけた石の飾りです。この帯は、「腰帯《ようたい》」または、「石帯《せきたい》」と呼ばれました。平安時代の役人（官人）が、腰に付けた革帯《かわおび》のことです。

そもそも奈良時代の日本は、中国の隋や唐という強大な律令国家にならい、国造りを進めてきましたから、官人たちの服装や装身具も中国風となりました。衣服は色で階層が識別され、装身具や持ち物は、色や材質（金属や石）で身分が表示されました。

この表館遺跡の石帯は、三位《さんみ》または四位《しい》の参議《さんぎ》以上が、許された白玉帯と考えられます。白玉帯を付けた人々は、国政を掌る執政官たちです。彼ら貴族は、都を離れません。なぜ、その石帯が、本州島の最北から出土したのか。その謎を解くために①衣服令、②出土遺跡、③視点、④製作者、⑤使用者、⑥交易、⑦売買などから検討を加え、その歴史的背景を探りたいと思います。

この石帯の旅を究明することは、遠く東アジア世界にまで及ぶ数奇な歴史の解明につながることでしょう。

一　古代の官人と衣服規定

古代の役人（官人）には、文官や武官、女官、僧官、神官などがおりました。官人は、正一位や従八位という位階で序列化され、位階に応じた色の衣服や帯の飾り、笏《しゃく》、大刀《たち》などが決められ、一目で識別される仕組みになっていました。その細目は、『養老律令』の「衣服令《いふくりょう》」に記され、有職故実の世界で現代まで受け継がれています。

官人の衣服には、日々の公務で着用する「朝服《ちょうふく》」と、儀式のとき用いた「礼服《れいふく》」がありました。朝服（无位《むい》は「制服」）は、位階に基づき規定され、いっぽう、礼服は、皇太子、親王《しんのう》、諸王《しょおう》、諸臣《しょしん》、内親王《ないしんのう》、女王《ひめみこ》、内命婦《ないみょうぶ》、武官《ぶかん》という枠組みで細かく決められていました。また、男の文官は、冠《かん》・衣《い》・袴《はかま》・笏《しゃく》・帯《おび》・袋《ふくろ》・褶《かさね》・襪《したうず》（たび）・舃《くつ》など、また武官は武装が規定されました。さらに、女官は宝髻《ほうけい》・衣・帯・褶・襪・裙《も》・舃などが決められました。

色彩で序列化が可能となったのは、七世紀以降、染色技術が急速に発達したからです。朝鮮半島から渡来した人々によって、多彩な色の繊維製品が登場したからこそ、視覚的な識別ができたのです。まず、冠の色を紫、青、赤、黄、白、黒の六色、それを濃淡（薄）で表現し、冠位十二階としました。位階は奈良時代の初めまでに改定を繰り返しながら整えられ、初位、八位、七位から一位までを正従、上下で四分し、従五位下や正八位上とし、勤務評定（考課）を経て昇進していく仕組みでした。また、位階に見合った官職（官位相当制）が与えられました。

しかし、だれもが位階を手に入れ、順調に出世したわけではありません。官人の社会は、三位以上を「貴」、五位以上を「通貴」といい、あわせて「貴族」といいました。貴族たち、つまり五位以上の官人には、位田や職田など安定的な経済基盤が保障され、官職にも就き、その子弟は蔭位《おんい》が適用されるなど優遇されていました。この貴族と六位以下の官人の間には、大きな溝がありました。そして、それを視覚的に表現したのが衣服制だったのです。

帯に限るならば、五位以上が金銀装腰帯、六位以下が漆黒の烏油《くろつくり》腰帯とされました。烏油腰帯とは、銅地の金具に黒漆を塗った腰帯です。烏油腰帯は、文官では六位以下初位の朝服《ちょうふく》、无位《むい》は制服、武官では衛府《えふ》の志《さかん》、兵衛《ひょうえ》の主帥《しゅそち》が用いました。

その後、奈良時代の後半になると、帯の飾りを金属だけではなく、石を用いて作る「石帯」が登場します。そして、延暦一五（七九七）年、銅銭の鋳造を支えるため、金属製腰帯具の製造が中止され、石で作ることとなります（『日本後紀』）。しかし、大同二（八〇七）年、平城天皇の復古政策によって雑石腰帯を使用することが禁止されます。ところが、嵯峨天皇は、藤原仲成・薬子の政権に対抗するため、弘仁元（八一〇）年、ふたたび雑石を用いることを認めます。石の腰帯具はその後、平安時代を通じて用いられました（『日本後紀』）。

五位以上の腰帯についても奈良時代末から平安時代初めにかけて規定が変動しました。白玉帯は、『日本紀略』や『延喜式』に制限規定がみられます（史料⑤・⑥・⑦）。まず、延暦一四（七九六）年に白玉帯は、参議以上に限定されます。国家の意思決定にかかる議政官のみが、白玉帯を許されました。それが、大同四（八〇九）年、白玉帯と玳瑁帯が、五位以上に許されることとなります。五位というと大国の守が従五位上、上国の守が従五位外に相当しますから、たとえば東日本では、中国の安房、下国の伊豆・飛騨を除いた国々の国司（守）が相当します。それが、『延喜式』の弾正台式（延長五（九二七）年完成）では、再び三位以上と四位の参議に制限されています。

このように腰帯をめぐる規制は、平安時代初期の政権交代と強く結びつき変動しました。とくに五位は天皇の「御言持ち」として、任国へ下る国守となったため、別格のあつかいを受けたのです。

ところで、奈良時代に日本の人口は、六五〇万人とされています。そのうち平城京には、一〇万人余りが住み、官人は二万人、そのなかで五位以上は、一〇〇〇人でした。金銀装腰帯、白玉帯の腰帯を締めた人は、人口のわずか一パーセントもいません。その白玉帯の石飾りが、表館遺跡から出土したのです。

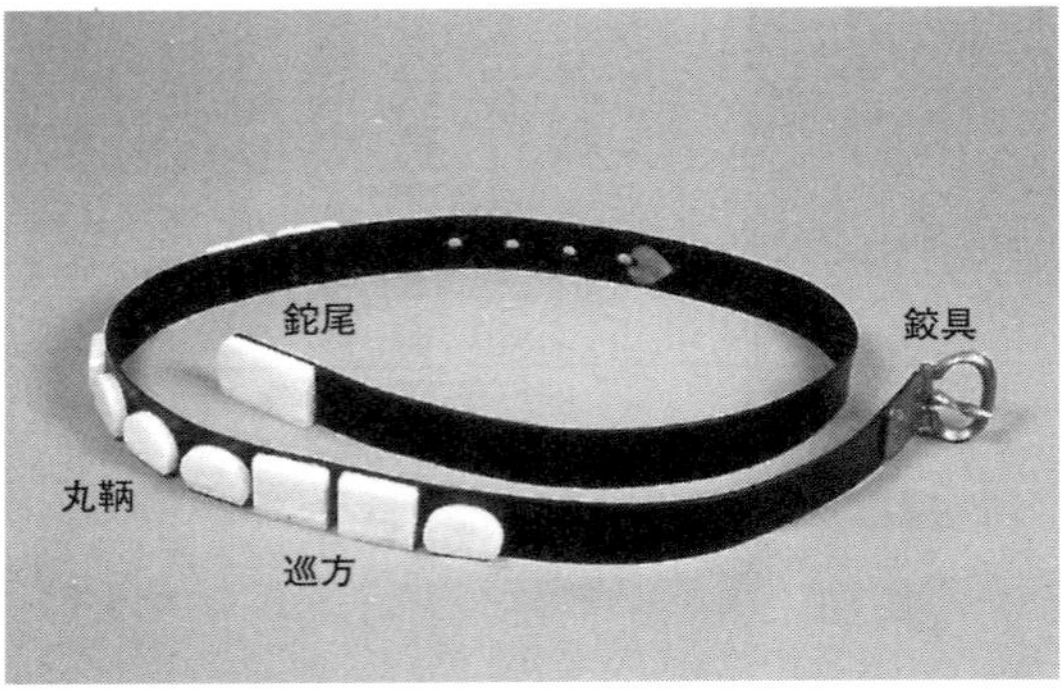

九州歴史資料館蔵　復元白玉帯

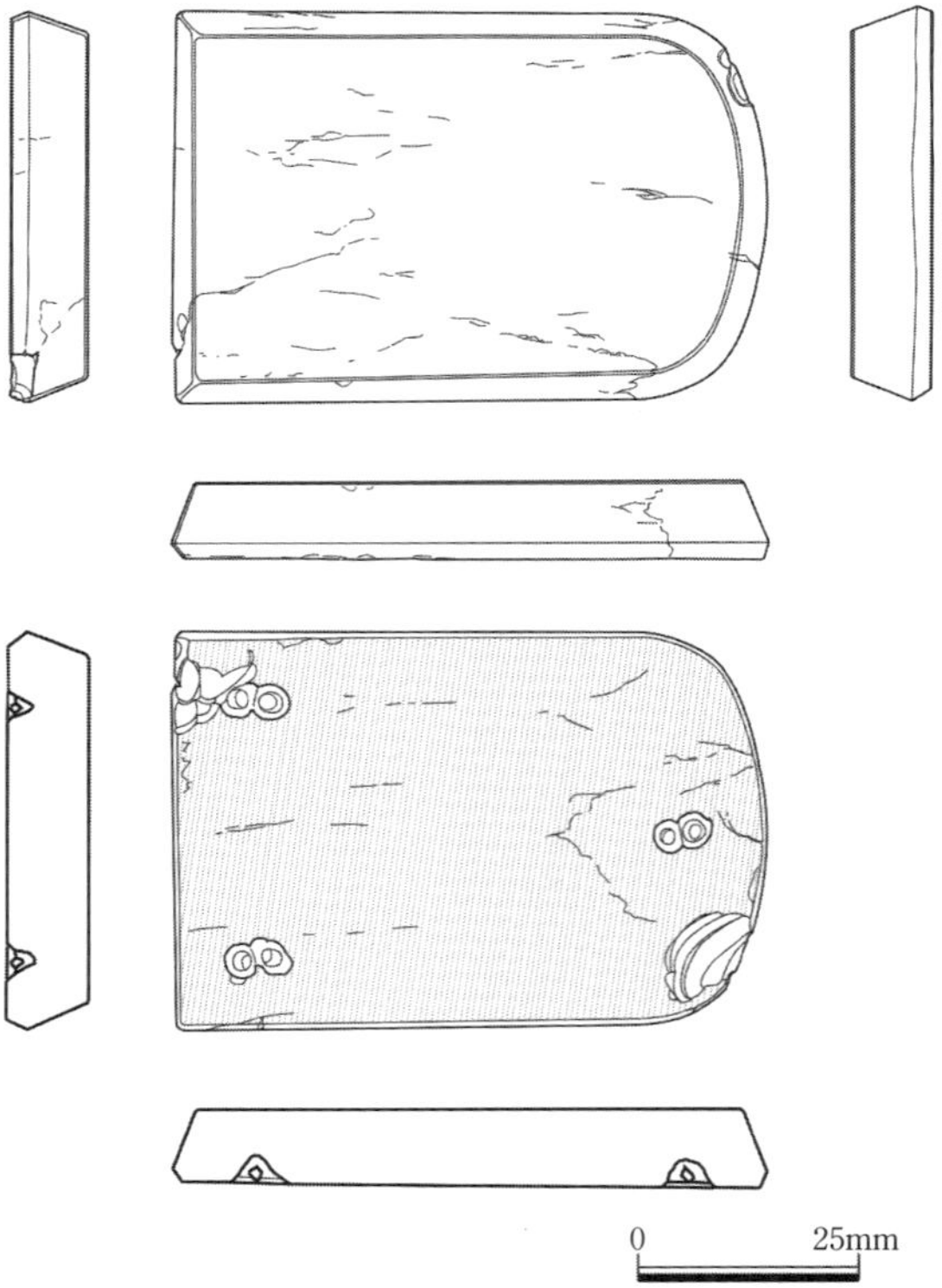

第１図　復元した白玉帯と表館遺跡の石帯
（本章末コラム参照）

二　腰帯の出土した遺跡

腰帯は、官人の住んだ邸宅、執務を行った役所（官衙）などから集中して出土します。例えば平城京や平安京、国府や郡家などの遺跡からです。しかし、それ以外のさまざまな遺跡から、腰帯具の出土が確認できます。それは、腰帯を作った遺跡（生産地）と使用が終了した遺跡（消費地）に分けられます。

腰帯の生産地（製作工房）は、平城京、平安京などで確認されています。(2) また、腰帯の補修工房は、武蔵国府跡や下総国府跡（松戸市小野遺跡）などで確認されています。いっぽう、消費地としては、官人がこの腰帯を身に付け儀式や執務にあたった官衙、保管した邸宅のほか、身に着けたまま官人とともに埋葬した墓などがあります。また、帯から外れた飾りを個人的に保有したり廃棄したり、埋納した場所も消費地です。

実は、腰帯の出土した遺跡の八割以上が、一般の集落なのです。しかも、竪穴住居跡から腰帯具が一点、単独の出土がほとんどなのです。そもそも、腰帯を官が支給し、秩満《ちつまん》（任期満了）や致仕《ちし》（依願退職）のとき、返納（回収）する仕組みが存在したなら、身体に着けたまま墓に葬られることはありません。墓から出土することは、自ら官人が調達したか、永久貸与、または下賜《かし》され、私財（私有物）としたためでしょう。ですから、東大寺や法隆寺の私財帳に寺の「私財」として腰帯が登場するのです。私財だからこそ、位階による使用の制限規定が設けられたのです。

ところで、平城京や平安京、国府や郡家には、腰帯を締めた官人が勤務していました。地方では、中央から派遣された国司、国府に出仕した地方の在庁官人、郡家の郡司、軍団の軍毅《ぐんき》などが腰帯を締めていました。官人はもとより、彼らのもとでは、雑任《ぞうにん》と呼ばれる人々が働いていました。雑任たちは、国内や郡内から任務に堪える人物が選抜され、国府や郡家などへ集められました。雑任は、彼ら郡司や国司たちと接触する機会があり、彼らから腰帯具を入手する機会も多かったはずです。

この雑任たちが、官衙から集落へ戻ることによって、腰帯具が集落（竪穴住居）へ運ばれたのでしょう。ことに腰帯具は、漆を塗った銅製品や磨いて光り輝く石製品であり、宝物としての価値が高かったのでしょう。そして、何よりも腰帯具を入手した人物は、都から下向した貴人や地方豪族の郡司と接触した証拠、象徴と考えていたことでしょう。

三　腰帯の視点

ここで、表館遺跡の石製鉈尾について、考古学的な観察視点を確認したいと思います。

まず、石で作った腰帯具の材質ですが、金属のほか石や玳瑁《たいまい》（鼈甲《べっこう》）、犀角《さいかく》などがありました。帯の革には、牛革、または馬革が用いられ、黒漆が塗られました。帯革には、帯を留める鉸具《かこ》、帯の先端に鉈尾《だび》、そして石や金属の巡方《じゅんぽう》、丸鞆《まるとも》という飾りが付けられました。

鉸具は、バックルにあたります。帯革を通した弓金具と、矢に当たる刺金《さすが》、そして帯革に板をはさみ鋲で鉸《かし》めて留めました。鉸具は、銅、または鉄で作られ、黒漆が塗られました。革帯を彩った飾りは、正方形の巡方、かまぼこ形の丸鞆、靴ベラのような鉈尾の三種です。丸鞆と巡方は、鉸具と鉈尾の間に規則的に、たとえば東大寺正倉院の腰帯のように丸鞆一、巡方二、丸鞆六、巡方二、丸鞆一の順に並べられました。[3]

なお、丸鞆や巡方には垂孔《すいこう》という透かし穴があいています。奈良時代中葉までは、裏金具にも垂孔がありましたが、その後なくなり、平安時代には、表金具からもなくなります。垂孔の形状も飾り具の半分くらい（大孔）から小型の穴（小孔）をへて、細長い穴（細長孔）に変化します。これを型式変化と呼びます。

垂孔については、古墳時代の装飾革帯をみると、その機能がよくわかります。この垂孔には、刀子《とうす》形や魚形などの飾りが吊り下げられていましたが、奈良時代になると、垂飾りがなくなり、垂孔が痕跡器官として残りました。なお、金属製腰帯具の表金具が、しだいに厚くなるのも型式変化の一つです。ある型式は、導入から時が経ち、繰り返し生産される過程の中で、根幹（骨格）にかかわらない部分が変化し、骨格だけが残るのです。(4)

また、飾り具に文様がない腰帯は、隋や唐、新羅などが採用しました。それは、新羅や日本が唐の衣服制度を忠実に模倣し、その傘下にあったこと、最先端の意匠を積極的に取り入れる柔軟性があったことの両面から評価する必要があります。

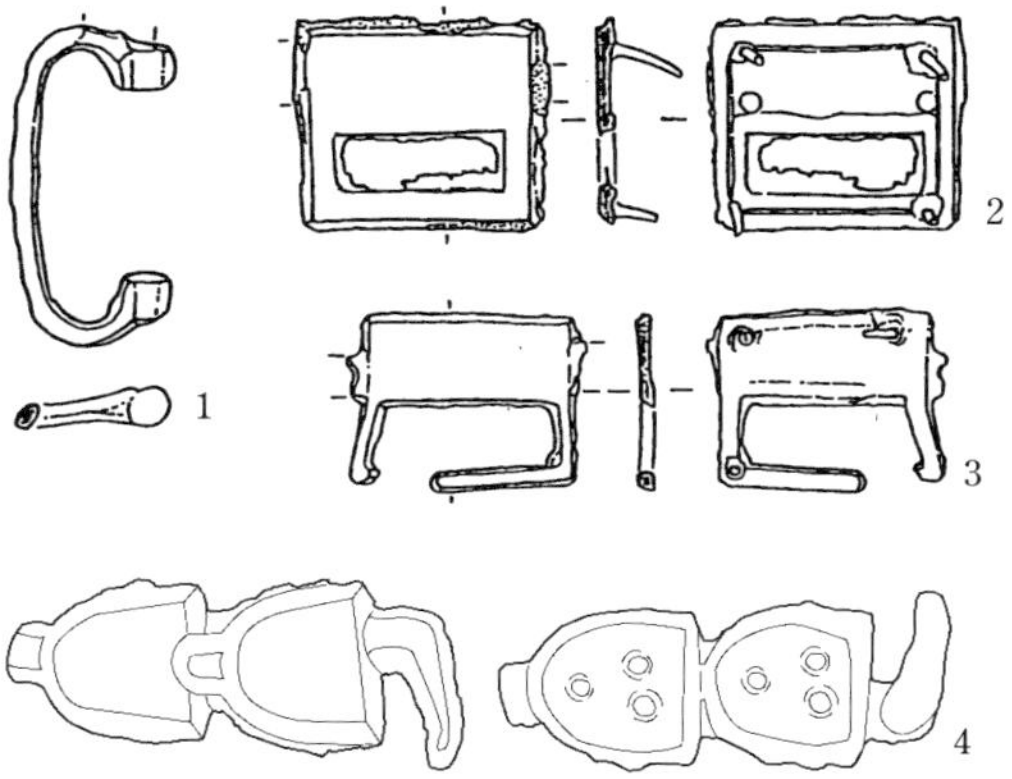

1～3　平城京跡八条三坊十四・十一坪　4 船橋遺跡
（4 は、註 2 文献の写真から作図した。縮尺不同）

第 2 図　腰帯具の未製品

ところで、中国の衣服令によると、皇帝は最上級の玉《ぎょく》を用い、官人たちは序列に従い金、銀、銅、鉄（庶人）の腰帯を用いていました。日本の養老衣服令でも五位以上は「金銀装腰帯《きんぎんそうのようたい》」を用い、六位以下初位または无位は、「烏油腰帯《くろつくりのようたい》」を用いるとされました。金銀装は、銅の地金に金メッキをした金銅製、または銀製の金具を指します。いっぽう烏油は、銅や鉄の地金に黒漆を塗った金具のことです。金具は鋳造品であり、平城京では、金具の周囲にバリの残る半製品が出土しています。これまでに鋳型の出土はありませんが、銅銭（枝銭）のように一度に複数個を鋳造したと考えられます。

なお、表金具の裏には、巡方なら四隅、丸鞆や鉈尾なら三ヶ所に脚が鋳出されます。裏金具は、同形同大で扁平に作られ、表金具の脚と合うように小さな穴があけられます。そして、表金具の脚を革帯に通し、さらに裏金具の小穴に通して余分を切断しました。頭をつぶし、鋲《かし》めて留めたのです。

金属製金具と石製具の両者を詳細に観察すると、①石製の腰帯具の側面が、金属製同様やや傾斜すること、②石製表金具の裏面は、金属製金具のバリを削って滑らかにし、面取りもされていること、③石製表金具には、外鋲で留める形式があること、そして④石製表金具の帯革への装着に金属製の裏金具を用いたことなど、石が金属の模倣をしたことがよくわかります。

そこには、雑石の腰帯具が、金属の腰帯具に取って代わるほど十分な生産量、生産技術の到達があったことを忘れてはいけません。金属から石に代わっても形態や大きさが、ほとんど変わらなかったことは驚異的な事実です。

四　腰帯の製作者

平城京や平安京には、腰帯の製作者が住んでいました。[5] それは、失敗品や作りかけの腰帯具が、平城京や平安京から出土しているからです。平城京では、羅城門跡や西市に隣接する右京八条一坊十三・十四坪[6]で作りかけの銅製腰帯具が出土しました（第2図）。腰帯具は鋳造製品ですから、鋳型に融けた金属を流し込み作ります。上型と下型の間からは、バリ（はみ出た金属）が出るのでこれを削って形を整えます。製作の途中で廃棄されたこのバリが残る金具が、出土したのです。

また、平安京でも東市近くの左京八条三坊七町や、貴族の邸宅があった左京六条三坊八町などで、石製腰帯具の未成品が出土しました。[7] 製作の途中で欠けた破片や鋸挽きで割れた破片などがみられます。平城京にしても平安京にしても、未製品が「市」の近くから出土したのは、そこが原材料の入手に都合がよかったこと、「市」の周囲に皮革工や鋳銅工、漆工などの手工業者が集住していたことから、協業が図りやすかったためと考えられます。

そのいっぽうで、貴族の邸宅から石帯の未成品が出土したことは、邸宅内に腰帯の製造工房があったことになります。おそらく、この工房は臨時に設けられ、作業が終了後は撤去されたと考えられます。貴族の邸宅と腰帯の工房について、話は奈良時代に遡りますが、平城京の長屋王邸から出土した木簡[8]が、ヒントを与えてくれます。まず、第一の木簡（史料①）には、「要帯師」二人となべ作り一人が、米六升を与えられたとあります。これは、腰帯と鍋の製作費用、または製品の買い取り価格などではなく、長屋王邸で腰帯の生産、または補修作業を行った一日の報酬として、米六升（一人当たり二升）を与えたことです。

なべ作りの鍋は、金属か土製かわかりませんが、金属とするとその生産や補修に鋳銅工人が携わっていたと考えられます。また、二人の腰帯師が作業したことから、複数の腰帯、または複数の工程にかかる作業と考えられます。

第二の木簡（史料②）は、七人の「要帯造人」が、仕丁一人とともに米一斗六升（一人当たり二升）の報酬を受けたとあります。「要帯造人」が七人で作業に当たっていました。一本の帯を七人で作ったというよりも、複数の帯を同時に生産したと考えるべきでしょう。史料①の「師」と史料②の「造人」は、上下関係、専門性の優劣などが考えられます。この木簡から貴族の邸宅では、複数の帯が同時に生産されていたことを指摘できます。

この点をさらに詳しく説明するのが、第三の木簡（史料③）です。この木簡に「□□（油帯ヵ）造人」とあるのは、烏油腰帯の製作者のことです。前述のように烏油腰帯は、六位以下の官人が用いた腰帯です。当然、長屋王邸には、正二位左大臣となった長屋王のほか六位以下の人々も居住していました。こちらも烏油腰帯造人が七口とあり、史料②の木簡も七人でしたから腰帯の生産者集団は、七人で活動をしていたのかもしれません。

もともと腰帯の生産者は、国家がかかえる技術者でした。おそらく、大蔵省の典鋳司《てんちゅうし》や漆部司《ぬりべし》、鍛冶司《たんやし》などに属し、天皇または内廷にかかわる供御物の生産に当たった人々と考えられます。彼らは、長屋王（家）などの発注を請けてその邸内に設けられた工房で腰帯を生産しました。なお、長屋王邸からは、木製の腰帯具（丸鞆、鉈尾）が出土しました。

これは、「様《ためし》」という発注見本です。釘や飾り金具などの規格品を作るとき、大きさや形を統一するために作られました。

ところで、平安時代の石帯については、『延喜式』の「内匠寮式御帯条《たくみりょうしきおんおびじょう》」(史料④)が、雄弁に物語ります。同条には、瑪瑙の腰帯に必要な材料と、その作業に携わる人の数(労働量)が書かれています。材料には、馬のなめし革、腰帯を縫う糸、拭くための布、帯革の芯に入れた苧麻《からむし》、革を張る縄用の麻、接着用の練ったもち米、革を鞣《なめ》すための油、塩、糟《さけかす》、黒く染めるための酢、漆、炭、腰帯の飾り石となる石材、砥石用の鉄、鉸具や裏金具、または表金具を緊結する針金を作るための銀が記されています。それから、腰帯製作にかかわる員数が、工(工人)と夫に分けて書かれています。「工」は革工、石(工)、銀(工)などの専門工人、「夫」はそれ以外の単純作業に当たる人々です。漆塗りや革張り、染色などの作業が割り振られたのでしょう。

注目したいのが、「銙具石一顆。方四寸切レ石料大坂沙《おおさかすなご》一石。鉄三廷半。」の表記です。ここには、飾り石の原材料である石と研磨の磨き粉、そして研磨台となる鉄の板が書かれています。材料の石は、方四寸。おそらく幅×長さ×高さが、それぞれ一二センチメートルある石、ここでは瑪瑙です。一二センチメートルというのは、鉈尾の長さを基準としたのでしょう。この母岩から巡方や丸鞆、鉈尾を切り出すわけです。

石製腰帯具の裏側をみると、平行した縞模様がみえます。これは、母岩から腰帯具を切り出したときについた痕跡です。切断後、腰帯具の表面、または側面などをさらに大坂沙で丁寧に磨き仕上げました。「大坂沙」は、金剛砂《こんごうしゃ》または柘榴石《ざくろいし》と呼ばれる研磨剤です。この「大阪沙」をもちいて玉石を初めて磨いた人物が、『続日本紀』に登場します。天平一五(七四三)年九月丁巳条に「免二官奴斐太一従良。賜二大友史姓一。斐太始以二大坂沙一治二玉石一之人也。」とある大友《おおともの》史《ふひと》斐太《ひだ》のことです。斐太は官奴《かんぬ》とありますから大蔵省のかかえる技術系官人(雑工)であったと考えられます。

なお、風化した柘榴《ざくろ》石が、奈良県と大阪府の境にある二上山《にじょうざん》の麓で取れることから、「大坂沙」と呼ばれたのでしょう。現在でも奈良県香芝市《かしば》には、砥石や研磨剤をあつかう大和製砥所という会社があります。

さて、石製腰帯具には潜《くぐ》り穴と呼ぶ穴が、巡方なら四ヶ所、丸鞆や鉈尾なら三ヶ所つくられます。この穴に銀の針金を通して金具の根元で括《くく》り付け、さらに針金は帯革を貫き銀の裏金具に出して切断し、突き出た部分をたたきつぶして帯革に留めました。雑石の腰帯具は、銅製の針金と銅製の裏金具が用いられました。

ところで、表館遺跡の石帯は白色の瑪瑙製ですから、内匠寮か貴族の邸宅か特定はできませんが、平安京で作られたことは確かです。白色の石材が用いられていることから、「白玉帯」の鉈尾と考えられます。この「白玉帯」の白玉が、どのような種類（質）の石だったのか。それを特定することは困難ですが、ここでは白色で光沢のある石と解釈しておきたいと思います。

なお、「白玉」といえば、『延喜民部省式』「交易雑物条《こうえきざつぶつ》」の志摩国交易雑物に千顆《か》の「白玉」とあります。この「白玉」は、真珠のことです。真珠のような輝きをもった白メノウや石英、大理石などが、「白玉」だったのでしょう。

五　白玉帯の使用者

ここで、白玉帯の使用者について考えてみたいと思います[9]。

白色の石材（白玉）で作られた石帯は、平安京のほか、多賀城跡（宮城県多賀城市）、武蔵国府跡（東京都府中市）、山城国府跡（京都府大山崎町）、大宰府跡（福岡県太宰府市）などから出土しています。都や国府の跡から出土することは、使用した人が議政官（貴族）か国司の守であったからです。その白玉帯が、どのような経緯によって青森県六ヶ所村の表館遺跡へたどり着いたのでしょうか。そのヒントを北海道余市郡余市町の大川遺跡[10]から出土した金銅製の巡方に求めたいと思います。

大川遺跡は、余市川の河口に営まれた港湾集落です。縄文時代から近代にかけて連綿と形成されました。とくに中世から近世にかけては、オホーツク海の文物をめぐり、日本海沿岸の人々が往来し、盛んな交易を繰り広げました。その出土遺物のなかに二点の腰帯具がありました。一点は銅製の丸鞆、もう一点は金銅製の巡方です。擦文《さつもん》時代（平安時代）に埋没した遺物です。型式学的には、丸鞆が八世紀末から九世紀初頭、巡方が八世紀前半から中葉の製品と考えられます。これは、大川遺跡の人物が、腰帯具をもった人物（日本の官人）と接触し、交換や贈与、略奪といった手段で獲得した宝物（威信財）だったのでしょう。その証拠は、巡方の上部にあけられた不釣り合いな二つの穴です。この穴にひもを通して首飾りとしたか、衣服に縫い付けたのです。

いっぽう、金銅製腰帯を直接締めた人は、五位以上の官人です。五位以上の人物を推定するならば、陸奥国府（多賀城〈宮城県多賀城市〉）や出羽国府（秋田城〈秋田県秋田市〉）の国守が、最も近い場所に赴任していました。両国の国司は、国家を代表して蝦夷との交易を認められていましたが、私的な交易を行い、私富を蓄えたことから、たびたび禁制が出されました[11]。

また、『続日本紀』養老四（七二〇）年正月二三日条には、渡島津軽津司《としまつがるつし》の諸君鞍男《もろのきみくらお》たち六人が、日本海沿岸の津を渡り北海道、そして靺鞨《まっかつ》国（沿海州の国）へ渡ったとあります。その津の一つが、大川遺跡だったと考えれば、諸君鞍男のような人物を通じて、金銅製腰帯具が余市町へたどり着いたと考えられます。

津は、日本国の官人と蝦夷の人々との接触の場所であり、交易の窓口でした。国家が交易を独占していることを宣言するためにも、交易という舞台に登場する人物は、国家を代表する衣装、すなわち朝服を着用して出席していたはずです。表館遺跡の白玉帯もそうした場で賜与されたのかもしれません。あるいは、表館遺跡の人物が、国司や鎮守府将軍を通じて平安京に上り、そこで貴族から白玉帯を賜与されたのかもしれません。

六　海を越えた腰帯

つぎに海を越えた腰帯について二、三紹介したいと思います。

まずは、青森県八戸市の丹後平《たんごたい》古墳群[12]から出土した鉄製の腰帯です。丹後平古墳群は、いわゆる「末期古墳」という七世紀末から八世紀に築造された古墳群です。その二九号墳の周溝から日本の「養老衣服令」に規定のない鉄製腰帯が出土しました。この腰帯の持ち主、すなわち古墳の被葬者が、儀式に参列し、執務を行っていたとすれば、それは、唐の官衙ということになります。唐の衣服令には、鉄製腰帯が庶人の腰帯と規定されているからです。だから、丹後平二九号墳にかかわる人物が、この鉄製腰帯を唐朝から賜与されたと考えられるのです[13]。

賜与の契機は、おそらく遣唐使でしょう。古墳の築造年代や腰帯具の型式からすると、大宝二（七〇二）年の第八回遣唐使か、養老元（七一七）年の第九回遣唐使あたりが考えられます。とくに第九回遣唐使は、白村江の戦い以降、途絶えていた国交を回復するため、五五七人もの人々が派遣されました。唐に残留した者を考慮しても相当の数の人々が、日本へ帰国したと考えられます。

群馬県伊勢崎市の多田山一二号墳から出土した唐三彩の陶枕《とうちん》や、その近くの多田山一五号墳[14]から出土した鉄製腰帯を持ち帰った人物も、丹後平二九号墳の人物と同様と考えられます。ただし、多田山一二号墳は、七世紀後半に築造された古墳であり、八世紀後半におそらく追善供養のために副葬された遺物ですし、多田山一五号墳の鉄製腰帯具も多数の鉄釘、焼土、炭化物とともに、横穴式石室の前庭土壙に掘られた小穴に埋めた遺物です。そのため古墳の被葬者には、直結しない遺物です。

おそらく、多田山一五号墳の鉄製腰帯具は、腰帯を締めた遺体を木棺に納めて火葬にしたのち、骨片は蔵骨器に納め、

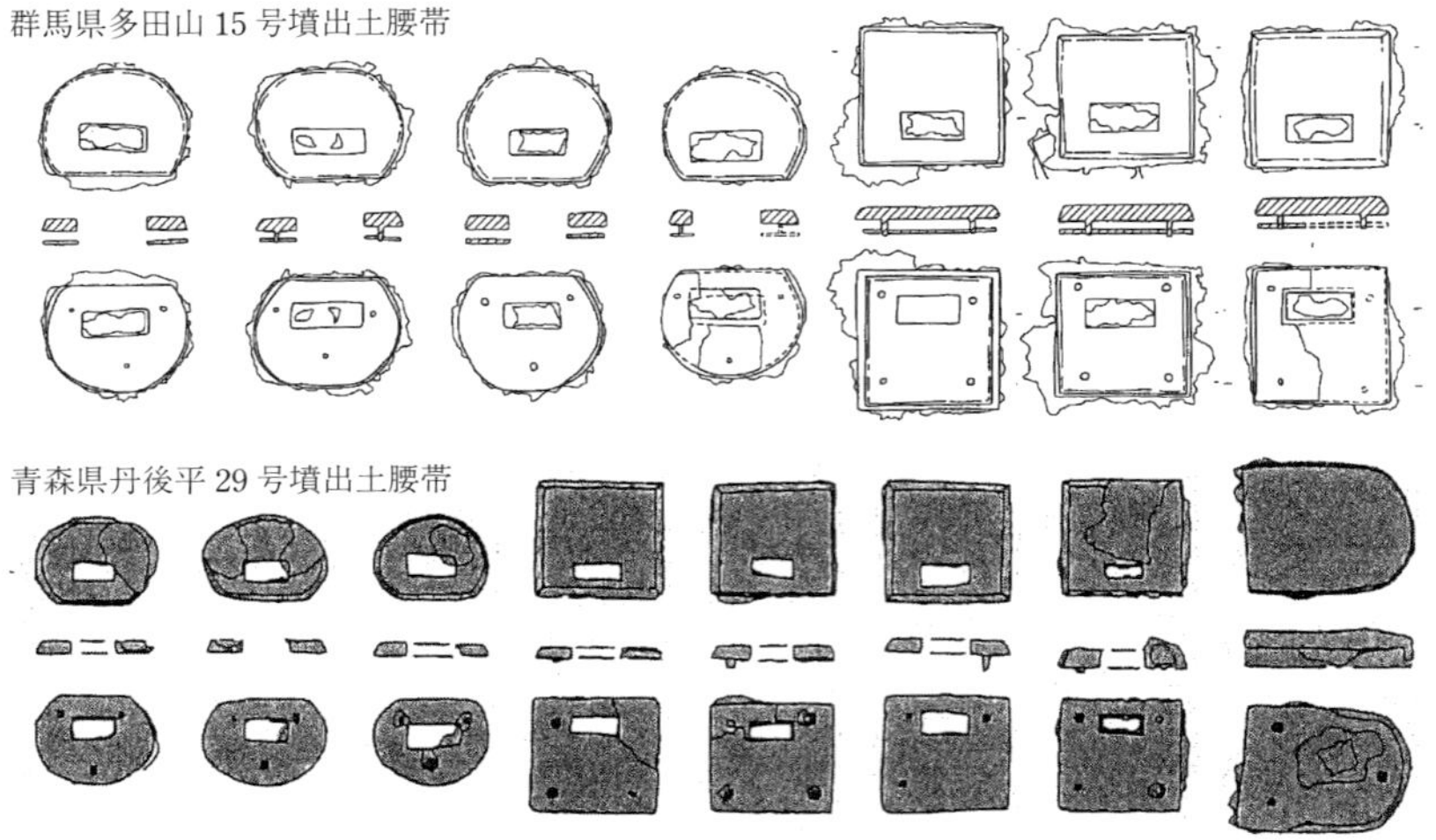

第 3 図　鉄製の腰帯

残りの鉄製品を焼土とともに土壙に埋納したと考えられます。取りも直さず、陶枕と鉄製腰帯が同じ古墳群から出土したということは、唐に渡った人物が唐朝の儀式に列席し、大陸の文物を土産として持ち帰ったと考えられます。

なお、中央アジアから北東アジアの渤海《ぼっかい》や契丹《きったん》、遼《りょう》、突厥《とっけつ》などでは、帯金具の形状が巡方や丸鞆にちかいのですが、表金具の表面に細かな唐草文や宝相華《ほうそうげ》文、獅子文などをレリーフした金銅製の金具が用いられました。[15] また、唐の皇帝は、獅子文や龍文などのレリーフを施した白玉帯を用いました。滋賀県高月町（現長浜市）井口遺跡[16]からは、獅子文をレリーフした巡方一点が出土しました。唐の白玉帯と考えられます。

七　腰帯の売買

最後に、腰帯の売買について、逸話を二、三紹介したいと思います。

『日本後紀』弘仁元（八一〇）年九月乙丑条（史料⑧）には、烏油腰帯から雑石腰帯への転換が述べられたあと、「臣等商量、雑石易レ得、造賣多レ人」とあります。[17] つまり、雑石は手に入りやすく、腰帯具を作って売る人が多い。そのため、官人たちは市で入手しやすかったとあります。市では雑石、または雑石の腰帯（具）が売買されていたことから、国家は生産者や販売者を独占していなかったことがわかります。

また、『今昔物語集』には、腰帯の加工、売買が、都で行われていたことのわかる話が二つあります。

第二六巻第一二話では、能登国鳳至《ふげし》郡の鳳至の孫（郡司の子弟）が、海岸で「通天の犀の角」で作られた帯が入った桶を拾い、能登守に進上したとあります。犀角は、サイの角です。能登守は、この帯を関白へ進上し、関白は、「多くの帯の中に加えて置かれ」ました。関白は、白玉帯や玳瑁帯のほか、多数の腰帯をコレクションしていたのです。それらは、賜与の対象にもなりました。

さらに、第二〇巻第四六話は、能登国の国司が、海岸に流れ着いた粗作りの犀角を都へ持ち帰り、都で犀角帯とし、大もうけしたという話です。この話では、能登国には犀角帯の加工技術がなく、「帯造り」の工人は平安京にいたこと、粗作りした犀角から巡方の帯一腰と丸鞆の帯二腰を作ったこと、巡方帯が三〇〇〇石、丸鞆帯が一五〇〇石、合わせて六〇〇〇石で売ったとあります。

なお、原材料となった犀角は、「震旦《しんたん》」（中国）の交易品と語られています。平安時代、犀角は、麻疹《はしか》の解熱剤として、中国から輸入されていました。また、鼈甲《べっこう》の材料となる玳瑁は、石垣島や黒島などの南島諸島に生息する海ガメです。石帯の石材は、『倭名類聚抄』に紀伊石（那智黒か）、出雲石（瑪瑙、水晶）、淡路石（御影石の玉石）などがあることや、石帯の未製品が出土した平安京左京八条三坊七町では、メノウや石英、黒曜石などが原材料として用いられていたことから多様であったことがわかります。たとえば、帯作りの工人が自ら各国で採集したり、国司や郡司、調庸の民などが地方で採取や獲得したりして、石材を都に持ち込んだと考えられます。

また、帯作りの工人は、各地の国府をめぐり石帯の補修に携わっていたことが、武蔵国府関連遺跡五五六次[18]の事例からわかります。同遺跡の竪穴住居跡M三四―SI四三からは、少なくとも五条（種類）以上、単独九個（種）の石製腰帯具が出土しています。武蔵国府で石帯を補修するため、各種の補完用部品を準備していたのでしょう。彼らは、各地の国府を渡り歩き、注文に応じて石帯を補修し、新しい原材料を探索、あるいは採集していたのです。

まとめ

表館遺跡から出土した石帯は、平安時代の貴族が着けた白玉帯です。その貴族の石帯が、どのような経緯で六ヶ所村へたどり着いたのか。その答えは単純ではありませんが、ここでは、交易に深くかかわる人物が、陸奥国や出羽国の国守を介在して接触した折に獲得したと考えました。

その背景を探るために、まず石帯をめぐる法や制度、腰帯の出土した遺跡の特徴、考古学的な観察視点など研究の骨格を明らかにしました。そして、石帯は官人が、古代の衣服制に則って腰に締めた革帯（腰帯）であったこと、出土遺跡は、官衙や墳墓（古墳）のほか、集落遺跡から出土すること、細かく観察すると製作の工程や道具の復元などができることを述べました。また、腰帯を作った人々は、貴族の邸宅や東西市の隣接地に工房を設けていたことを木簡や腰帯具の未製品の出土から明らかにしました。そのうえで、白玉帯の使用者や海を越えた腰帯、都で売られた腰帯の逸話を二、三紹介しました。

表館遺跡の白玉帯には、本州島最北部と平安京にかかわるこれまで語られなかった数奇な歴史が、確かに存在していました。平安時代の東北北部は、文献史料に基づく歴史的な情報が少ないだけに、ロマンがかき立てられます。しかし、軽々にほかの歴史的事象と結びつけ過大な評価をしたり、実証性の乏しい論を展開したりすることは、慎まなくてはいけません。

とはいっても、白玉帯は、表館遺跡に暮らした人々が、豊かな自然とともにはぐくんだ歴史の一幕に、都から訪れた人との接触があったことの証に相違ありません。表館遺跡のこの歴史的事実は、今後、東アジア世界をにらんだ新たな歴史を編む重要なカギとなることでしょう。

参考史料

史料①「・要帯師二人奈閉作一人米六升　」
　　・受　小治田御立　十月廿一日　□万呂　書吏　」（『長屋王家木簡』）

史料②「・要帯造人七口　仕丁一口米一斗六升
　　・受　卜部万呂　八月十四日大嶋書吏　」（『長屋王家木簡』）

史料③「・　□□〔油帯ヵ〕造人七口
　　・六升　八月十四日　」（『長屋王家木簡』）

史料④「瑪瑙御腰帯一条六道。料。馬革一条長七尺。廣六寸。縫料生絲一分。拭料調布五寸。入二革脈《すじに》一料苧小一両。張レ革縄料麻小七両。黏《ねやし》料米一合。作レ革料油一合。鹽三合。糟三升。染料酢一合。漆三勺。炭五升。銙具石一顆。方四寸切レ石料大坂沙《おおさかすなこ》一石。鉄三廷半。裹并鈌料銀大六料。長功一百七十五人。革工七人。石七十二人。銀十五人。夫八十一人。中功二百四人小半工一百九人大半。夫九四人半短功二百卅三人小半。工一百廿五人小半。夫一百八人。（『延喜式』十七内匠寮）

史料⑤「延暦十四年十二月丙子、聽二参議已上著一白玉帯一。」（『日本紀略』十三桓武）

史料⑥「大同四年五月癸酉、聽三五位已上通二用白木笏一、其白玉玳瑁等腰帯者、亦依二延暦十五年正月十八年正月両度格一、自餘禁制一如二常例一。」（『日本紀略』十四嵯峨）

史料⑦「凡白玉腰帯、聽二三位以上及四位参議著用一。」（『延喜式』四十一弾正式）

史料⑧「弘仁元年九月乙丑、公卿奏言。（中略）去大同二年八月十九日、下二弾正臺一例云、雑石腰帯、畫飾大刀、及素木鞍橋、獨射犴韋鹿澡罷皮等、一切禁断者、臣等商量、雑石易レ得、造賣多レ人、至二于著用一、亦復難レ損、銅銙具者、以レ漆塗成、動易二剥落一、今難易各異、價値是同、（中略）伏願雑石及毛皮等、悉聽レ用レ之（後略）」（『日本後紀』二十嵯峨）

註

（1）青森県教育委員会　一九七三『むつ小川原地区民俗資料緊急調査報告書』青森県埋蔵文化財調査報告書第三集

（2）都城《とじょう》以外の遺跡では、大阪府藤井寺市の船橋遺跡があげられる。同遺跡は、河内国府の推定地でもあり、鋳銅所が置かれた可能性も考えられる。一部の国府、たとえば長門や周防などでも銅銭や銅製品を生産していることから、腰帯の生産も担っていたかもしれない。秋山浩三は、枝銭のように二点の鉈尾が連続した半製品を紹介している。この資料は、馬具の帯先金具の可能性も残る。

秋山浩三　二〇〇二「大阪府の銙帯」『銙帯をめぐる諸問題』奈良文化財研究所　一九〇－二一〇頁

（3）たとえ一点の腰帯具であっても、官人の墓から出土した一条《ひとそろえ》の腰帯や東大寺正倉院に保管されている御物などに基づいて、全体像や装着方法、配列などが推定できる。巡方の横幅が、革帯の帯幅に相当し、鉸具《かこ》の板幅や鉈尾の縦幅が同じだからである。つまり巡方が一点、出土すれば、腰帯全体が復元できるのである。

（4）田中広明　二〇〇二「腰帯具の変遷と諸問題」『銙帯をめぐる諸問題』奈良文化財研究所　五五－七四頁

（5）松村恵司　二〇〇二「銙帯金具の位階表示機能」『銙帯をめぐる諸問題』奈良文化財研究所　三七－五四頁

（6）奈良国立文化財研究所　一九八九『平城京右京八条一坊十三・十四坪発掘調査報告』学報第四六冊

（7）平尾正幸　二〇〇二「平安京の石銙生産」『銙帯をめぐる諸問題』奈良文化財研究所　一四一－一五五頁

（8）史料①から③は、奈良文化財研究所の「木簡データベース」から引用した。

（9）川尻秋生　一九八九「白玉腰帯について―延暦十五年正月五日官符に関する一試論―」『千葉史学』第一五号

（10）余市町教育委員会　一九九〇『一九八九年度　大川遺跡発掘調査概報』

（11）八木光則　二〇〇二「蝦夷と銙帯」『銙帯をめぐる諸問題』奈良文化財研究所　七五－八八頁

（12）八戸市教育委員会　二〇〇二『丹後平古墳群』八戸市新都市区域内埋蔵文化財発掘調査報告書第一三集

（13）中川あや　二〇〇二「中国出土の腰帯具―日本出土資料との比較を中心に―」『銙帯をめぐる諸問題』奈良文化財研究所　一〇五－一二八頁

（14）深沢敦仁　二〇〇四『多田山古墳群　今井三騎堂遺跡・今井見切塚遺跡　古墳時代編』群馬県埋蔵文化財調査事業団

(15)伊藤玄三　一九八八「新羅渤海時代の銙帯金具」『法政史学』第四〇号　法政大学史学会
(16)滋賀県教育委員会　一九八一『国道三六五号線バイパス工事に伴う埋蔵文化財概要報告書―高月町井口遺跡―』
(17)亀田博　一九八三「銙帯と石帯」『考古学論叢』関西大学考古学研究室
(18)府中市教育委員会・府中市遺跡調査会　一九九九「武蔵国府関連遺跡五五六次」『府中市埋蔵文化財調査報告書第二三集』

コラム・表館遺跡の石帯

表館遺跡の石帯は、澄んだ白色透明の石材です。表面は、鏡面のようによく研磨され、光が反射します。しかし、全体に透き通った白色ながら、長辺方向に墨で糸を引いたような斑紋が数条みられます。弘前大学の柴正敏教授（理学博士）にご教示をいただき、この石が珪質岩、または石英であることがわかりました。もとより、古代の文献に登場する白玉帯の「白玉」が、現代のどのような鉱物に相当するのか。また『延喜内匠寮式』にある瑪瑙御玉帯の「瑪瑙」が、仮に白色の瑪瑙としても現代のメノウと一致するのか。その判断は、とても難しいといえます。

ところで、表館遺跡の石帯は、腰帯の先端に付けた鉈尾です。幅四七ミリメートル、長さ六八ミリメートル、厚さ九ミリメートルの大きさです。先端に向かい弧状となり、ほんのわずかに幅が狭くなっています。側面をみると上面から七ミリメートルに稜線があります。

鉈尾の幅が四七ミリメートルですから、革帯の幅や鉸具の横幅、巡方の横幅も四七ミリメートルといえます。また、巡方の縦幅は、それよりやや小さいので四六ミリメートルほどでしょう。さらに、丸鞆は横幅がやや大きいことから、四八ミリメートルほどと考えられます。おそらく、巡方と丸鞆が、たとえば鉸具の後に丸鞆一、巡方二、丸鞆六、巡方二、丸鞆一、そしてこの鉈尾の順に帯革に並んでいたのでしょう。

この鉈尾の裏面には、等間隔に三ヶ所の潜り穴があけられ、穴のなかに黒色の金属片が詰まっていました。潜り穴は、径三から四ミリメートル、漏斗状に貫通した穴です。ここに金属の針金を通してくぐったあと、革の帯と裏金具を通し、針金の先端を叩いて留めていたと考えられます。通常は、銅線を用いますが、この鉈尾に残る金属片は、黒色であることから銀線かもしれません。そして、裏金具も銀製と考えられます。

さて、この石製鉈尾は、裏側も比較的丁寧に仕上げられています。細い線状痕が、平行して確認できます。この線状痕は、母岩から鉈尾を鋸で切り出した痕跡です。この母岩からは、巡方や丸鞆が複数個ずつ、切り出されました。通常は、もっと粗い線状痕なのですが、やはり、表館遺跡の石帯は、丁寧に仕上げられていました。

なお、金具の先端と帯側の一部が、欠損しています。先端の欠損は腰に付けたとき、どこかに衝突したのでしょうか。しかし、帯側の欠損は、この鉈尾を帯革に付けたまま発生しません。この鉈尾が、帯革から外れてからできた欠損と考えられます。

ところで、この鉈尾の年代は、長さと幅の比率から平安時代の九世紀末から一〇世紀ごろと考えられます。

最後に、この鉈尾の資料調査にあたって、青森県埋蔵文化財調査センターの川口潤様・秦光次郎様には、大変お世話になりました。記してお礼に代えさせていただきます。

東北地方北部出土の緑釉陶器とその歴史的背景

高橋照彦

はじめに　―平安時代の焼物の概要―

表題に掲げております緑釉陶器《りょくゆうとうき》は、平安時代、主に九世紀～一一世紀前半頃に使われた焼物の一種です。名前の通り、緑色の釉薬《ゆうやく》、ガラス質の上薬《うわぐすり》が施されている点に特徴があり、日本で作られた高級な陶磁器です。

同じ時代の焼物としては、肌色や赤褐色の土師器《はじき》や、灰色を呈した硬質の須恵器《すえき》が一般的なものです。土師器は、各地で作られていますが、須恵器は生産地が限られています。現在の岩手県（陸奥国《むつのくに》北部）や秋田県（出羽国《でわのくに》北部）では、城柵官衙《じょうさくかんが》と呼ばれる、城と役所とを兼ね備えたような地域支配の拠点となる遺跡の周辺で須恵器が多く生産されたようです。それらに対して、同じ時期の青森は、いわゆる蝦夷《えみし》（以下、エミシ）[1]の居住地であり、日本の律令国家の枠外に位置しますが、平安時代になると、青森西部の五所川原周辺を中心に盛んに須恵器の生産がされるようになります。

それらの土師器や須恵器は素焼《すや》きの製品ですが、ガラス質の釉薬を施したものは施釉陶器《せゆうとうき》と総称されています。平安時代頃の国産の施釉陶器は、大きく二種に分けられます。一つは、灰釉陶器《かいゆうとうき》です。これは、草木を焼いた灰を原料とし

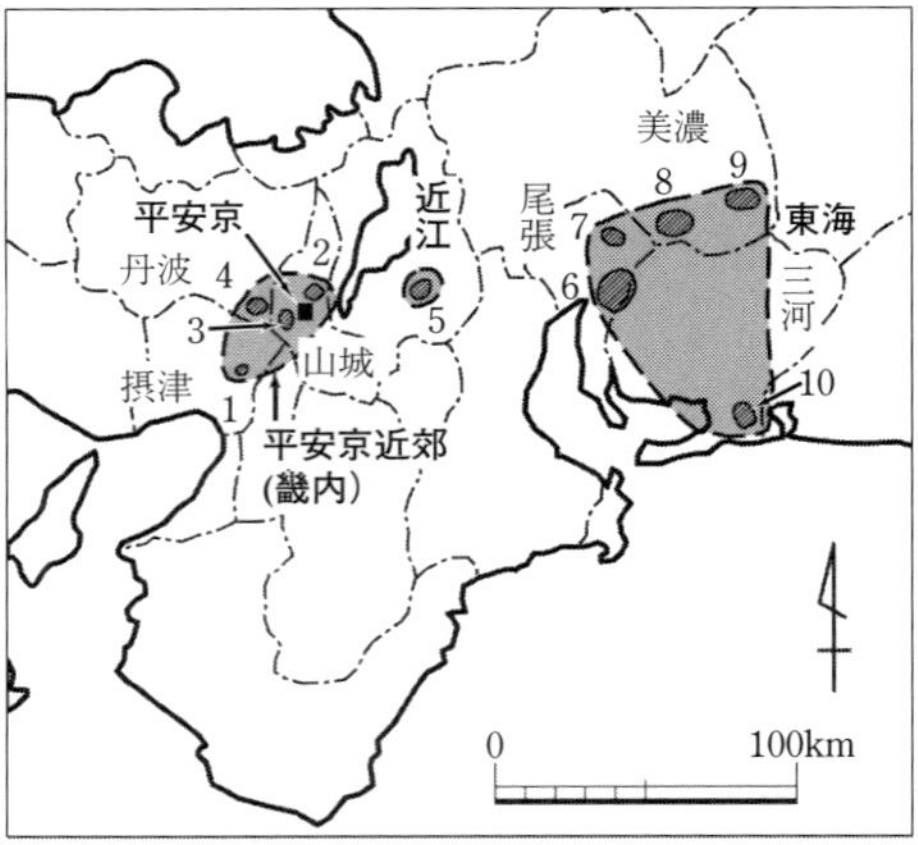

平安京近郊（畿内・京都）：1. 岸部　2. 洛北（岩倉・西賀茂）　3. 洛西　4. 篠
近江：5. 近江東南部（水口・布引山）
東海：6. 猿投　7. 尾北　8. 多治見（東濃）　9. 恵那（東濃）　10. 二川　縮尺 1/5,000,000

第1図　緑釉陶器主要生産地の位置

た釉薬が施され、一〇〇〇度を超える高温で焼かれています。それに対し、最初に掲げた緑釉陶器は、一度素焼きをした後で、鉛を主原料とする釉薬を施し、再び焼成します。二度焼きをする必要があることや、鉛などの原料産地が山口県などに限られていることからも、手間暇や原料費を要する焼物であり、日本国内で作られた陶器のなかでは最上級品に相当します。

　話を進めるための基礎知識として、緑釉陶器の概要を確認しておきますと、その生産地は大きくみて四つの地域に集中しています（第1図）。一つは、平安京の周辺、一般に平安京近郊、畿内もしくは京都などとも呼ばれています。その地域内でも主には三つの地域で緑釉陶器が盛んに作られています。京都府南部の山城国では、平安京の北の洛北《らくほく》窯、平安京の西の洛西《らくさい》窯、山城国から西北に丹波国では篠《しの》窯があります。洛北は平安京遷都直後からの産地で、後に洛西、さらに遅れて篠窯が成立します。それらと並ぶ大生産地が東海地域で、尾張国の猿投《さなげ》窯、尾北《びほく》窯、美濃国の東濃《とうのう》窯（多治見《たじみ》・恵那《えな》）、三河国の二川《ふたがわ》窯などがあります。三つめは、平安京近郊と東海の間に挟まれた近江国で、近江東南部の水口丘陵周辺に集中しています。篠窯などよりも少し遅れて緑釉陶器の生産を開始しており、製品の製作技術としては、東海の系譜を引くものです。残るのは、山口県の防長《ぼうちょう》窯ですが、東日本ではその製品がほとんど出土しません。全国各地で土師器や須恵器が作られているのと比べると、緑釉陶器の生産地は非常に限定されています。なお、灰釉陶器は、近江などでも生産がされていますが、遠江などを含めて主に東海の各所で作られています。灰釉陶器の生産地は緑釉陶器よりも限られているのですが、生産量は緑釉陶器よりもはるかに多く、かなりの量産品であったということができます。

一　青森県出土の緑釉陶器・灰釉陶器

以下ではかなり細かな話になりますが、まずは東北地方北部から出土した緑釉陶器にどのようなものがあり、製品の時期や産地、用いられた消費遺跡などにどのような特徴があるのかを紹介していきます[2]（第2・3図）。

青森県では、一九八〇年代に灰釉陶器の出土が初めて知られるようになりました。それは、「尾駮の駒」の歴史フォーラムの開催地、六ヶ所村（尾駮《おぶち》）にある沖附《おきづけ》（1）遺跡の出土品です（第2図－7）。現在までのところ日本最北端で出土した施釉陶器になります。灰釉陶器はある程度の量産品だとはいうものの、この地にはそれを所持できる有力な人物がいたことを如実に物語るものでしょう。この点の背景は、この話の最後でも改めて少し考えてみます。

上記の一方で、青森県内出土の緑釉陶器については、一九九八年の全国的な出土地の集成においても未確認の状況でした[3]。その集成では、全国で緑釉陶器出土遺跡が二三〇〇ほどあり、岩手県が一一遺跡、秋田県が三遺跡ですから、東北地方北部は全般に少ないといえます。ところが、二〇〇〇年代に入ってから、初めて野辺地町にて緑釉陶器の出土が報告され、二〇一二年の集成では三遺跡となりました。そして、二〇一七年現在では少なくとも六ヶ所の遺跡からの出土が確認されています。おそらく今後も増加することと思います。緑釉陶器は、これまで日本の律令制による国家支配が及んだ地域にしか確認されないと漠然と考えられていたのに対し、青森県内までも高級品の緑釉陶器がもたらされていたことが判明し、そのことを再評価していく必要があります。

青森県での緑釉陶器出土例を具体的にみていきますと、現状で製作時期が一番古いものは、おいらせ町の中野平《なかのたい》遺跡出土品です（第2図－1）。これは、体部の中ほどに稜をもって屈曲する椀（稜椀《りょうわん》、私が椀Eと呼んでいる器形）[4]の破片です。全体の形は、11に示すようなものです。淡い黄緑色の釉が全面に施され、内面には濃緑色の釉で描く、いわゆる緑彩《りょくさい》の技法により文様を描いていています。破片でわかりにくいですが、半截《はんさい》花文、つまり花を半分に切ったような文様を描いています。緑彩の技法は、岩手県でも13の事例などはありますが、全体の緑釉陶器からすれば非常に珍しい部類に属します。一破片のみの出土にもかかわらず、その一点に特殊な装飾が施されていることからすれば、優品が選ばれて青森に

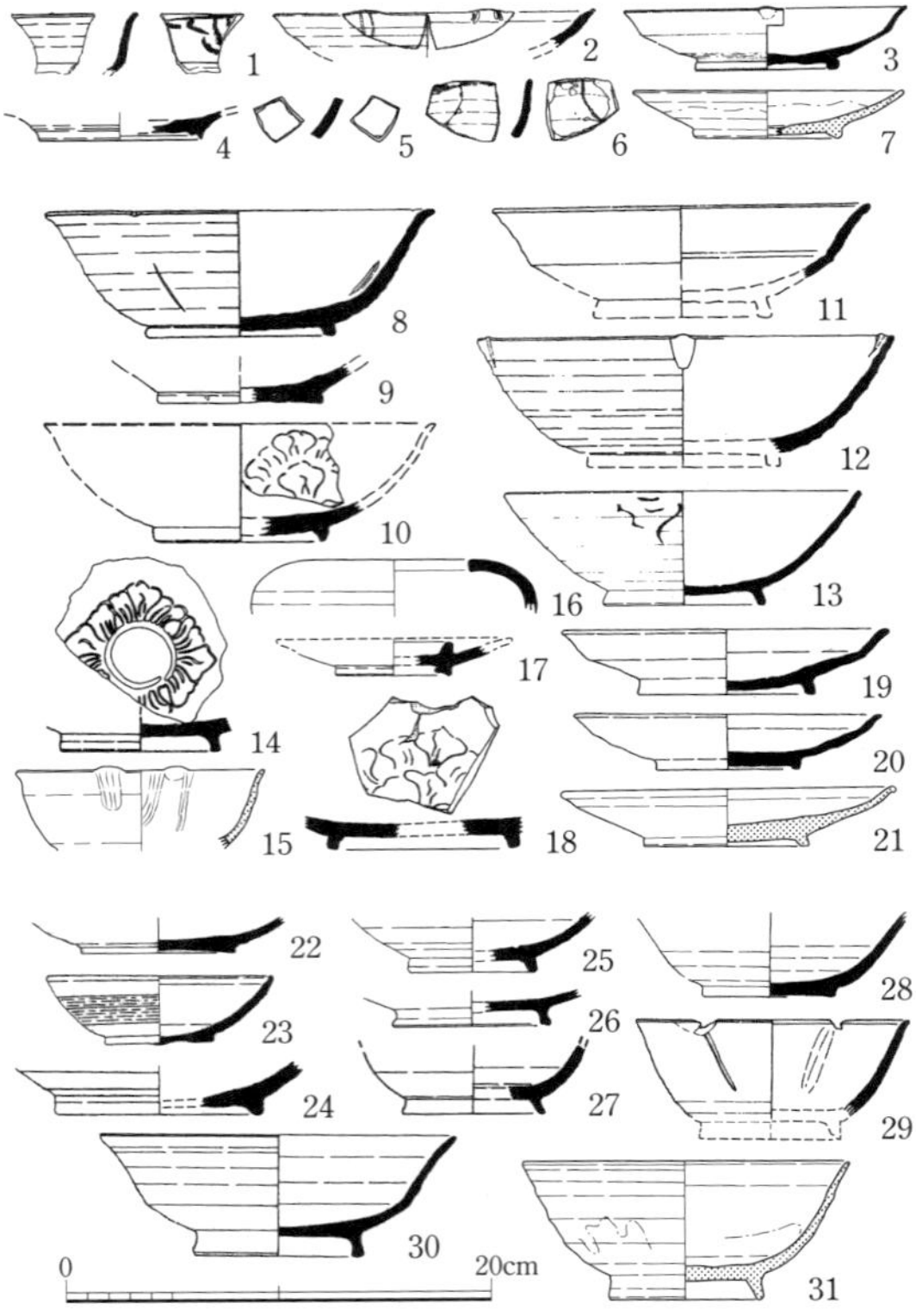

1～7：青森県（1：中野平、2：新田（1）、3：平畑（1）、4：熊野堂、5：上野、6：二十平（1）、7：沖付（1））。
8～21：岩手県（8～15：胆沢城、16：河崎の柵擬定地、17：中半入、18：竹花前、19・20：八幡、21：白井坂Ⅰ・Ⅱ）。
22～31：秋田県（22～26：秋田城、27：大鳥田Ⅰ、28：厨川谷地、29：上ノ山Ⅱ、30：川端山Ⅲ、31：小林）。
7・15・21・31：灰釉陶器、それ以外は緑釉陶器。縮尺1／6。
※　図は横からみたもので、右が断面と内面、左が外面。小破片は中央に断面、右に内面、左に外面（1・4・6）。底部内面の俯瞰を上に配置しているものあり（10・14・18）。

第2図　東北地方北部出土の施釉陶器

もたらされたことになります。13の出土地は、胆沢城《いさわじょう》と呼ばれる陸奥国の鎮守府《ちんじゅふ》であり、律令国家としては北端の一大拠点ですから、その地で緑彩の製品が用いられていることは不思議ではありません。後でも触れますが、おいらせ町には、そのような律令国家の拠点となんらかの接点をもつ人物がいたのでしょう。

次の事例（2）は、青森市の石江《いしえ》遺跡群と包括されているなかで、新田《にった》（1）と呼ばれる遺跡から出土した皿です。これも小破片ですが、釉の色としては黄色みが強く、九世紀に多い色調です。口縁端部には、指で変形を加えた、いわゆる輪花《りんか》の技法がみられます。輪花とは、口縁部や体部に、指での押圧やヘラなどでの切り込みを施して、上からみると花形状に変化を加える装飾手法です。この輪花手法は、緑釉陶器では九世紀末頃（例えば12）や一〇世紀後半頃に流行しています。

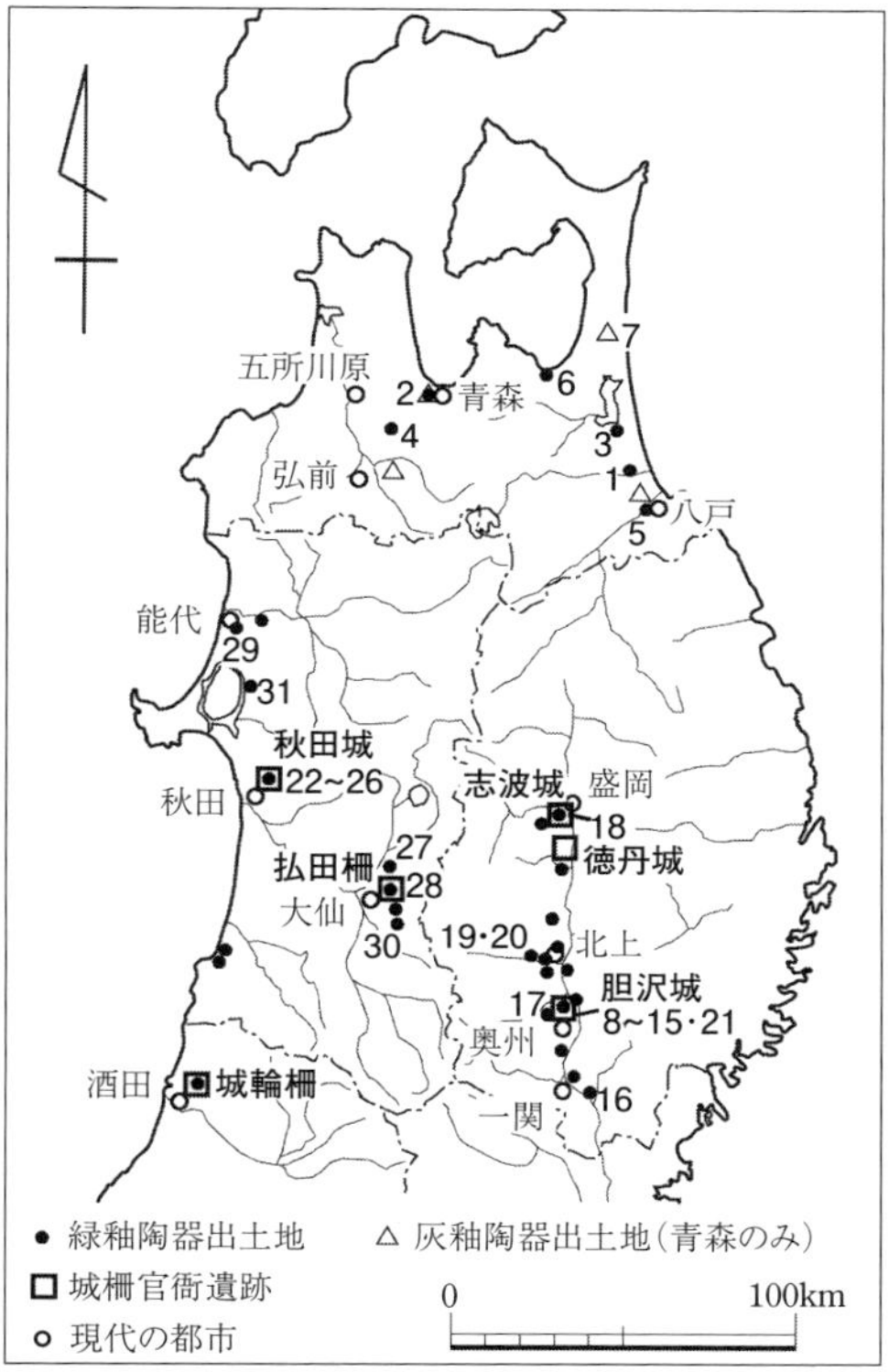

数字は第2図の遺物番号と対応。縮尺 1/4,000,000。

第3図　東北地方北部出土緑釉陶器の分布

この2の場合、輪花の内面側に爪形状の圧痕が明瞭に残るところに特徴があります。製作者の個人的な癖の可能性もありますが、例えば近江の春日北《かすがきた》二号窯や六号窯[5]などでは、内面の押圧輪花に沿って同様の圧痕がみられます。上記の窯の輪花椀は、東海系の輪花椀（九世紀末頃に流行する椀F）の系譜を引いています。ただ、椀Fでは一般的に全面にミガキを施すのに対して、この2では口縁部の外面にナデ痕が残っています。やや粗雑化した新しい傾向が認められるという点では、近江の窯の製品と通じるかもしれません。春日北二号窯や六号窯は一〇世紀前半頃の窯ですので、年代的にはそれを前後する時期に、東海あるいは近江で作られた可能性があると考えておきます。ともかくも、青森では出土総数がきわめて少ないにもかかわらず、先の緑彩に加え、輪花技法が施された製品も出ていることになります。

次の3は、三沢市の平畑《ひらはた》（1）遺跡出土の皿です。その遺跡は、小川原湖《おがわらこ》に南接する姉沼《あねぬま》の南東に位置します。この緑釉陶器については、別稿(6)でも述べましたので、詳細はそれを参照していただきたいと思いますが、ごく簡単にまとめておきます。3に示した皿は、口縁部に押圧の輪花をもち、しかも体部には屈曲をもつ稜皿にあたります。稜皿（皿E）と輪花皿（皿F）はもともと別の器形だったのですが、それらが融合したような形状です。

特徴的なのは、その高台の製作手法で、削り出し高台という手法で作られている点です。先ほどの灰釉陶器をはじめ、東海や近江の製品は基本的に紐《ひも》状にした粘土を貼り付けて高台を作ります。それに対して、この個体は高台部分を突出させて成形した後に、半乾きの状態で高台に当たる突出部分の内外をカンナとも呼ばれる、先が直角に曲がった小刀のような道具で削って仕上げます。この手法は、平安京近郊の窯で用いられるものであり、胎土などをふまえると、丹波、現在の京都府亀岡市にあった篠窯跡群の製品の可能性が高いものです。

このような皿は、製作時期が新しくなると縮小する傾向があるのですが、篠窯の製品と比較すると、3は前山《まえやま》二・三号窯の操業時期、一〇世紀前半頃の製品に相当します。この遺跡では九一五年に噴火を起こした十和田a火山灰の降下直前の層から緑釉陶器が出土しており、一〇世紀初めにはもたらされたことがわかります。

平畑（1）遺跡では、この皿以外にも多くの小破片が出土しています。上記とは別に二個体以上の稜皿と、三個体以上の稜椀、小型の碗、それから皿の口縁部の左右両端を上方向に折り曲げられた耳皿と呼ばれる皿などが認められます。それらを観察すると、いずれも胎土や色調などが共通しており、同じ平安京近郊窯の製品であるとみてよいものです。

先に挙げた緑釉陶器はすべて東海系のものでしたが、この遺跡からの出土品はいずれも平安京近郊産のものになります。東日本では一般に、地理的な関係もあって東海産の緑釉陶器が多数を占めていますので、平安京近郊産の緑釉陶器がまとまって多器種にわたり出土していることは、特筆される現象でしょう。この背景も後で触れます。

4は、近年出土したもので、八戸市の熊野堂《くまのどう》遺跡出土の底部片です。高台が残存しており、その下端部が、段状をなしている、いわゆる有段の貼り付け高台です。この種の高台は、これまで近江産の特徴とされてきました。しかし、このような有段高台の製品は、三河の二川窯や丹波の篠窯でも生産していることが明らかになってきたため、この形状だけでは厳密には産地が特定はできません。ただ、大きく括って近江系と呼べるもので、時期的には一〇世紀後半頃のものと判断できます。この5の個体は、一口に有段高台といっても、段状の部分を工具で削って成形している点が特徴であり、限られた窯場で作られたものと推測されます。いつの日か、その細かな産地も明確になるものと期待されます。

5は、青森市、といっても旧浪岡町に当たりますが、上野《うえの》遺跡の出土品です。緑釉陶器椀の体部片です。器表面はミガキで平滑にされているようです。白色を呈する軟質の胎土に、鮮やかな濃緑色の釉を施しており、釉にはムラがみられます。釉調などからみて、報告されているように東海（美濃）産の一〇世紀になる可能性が高い製品です。

青森出土の緑釉陶器の最後は、上北郡野辺地町にある二十平《はたちたい》（1）遺跡出土の椀です（6）。灰白（淡黄灰）色で、やや軟質の胎土に、鮮緑色の釉が厚く施されています。口縁端部に釉だまりがみられ、倒置して焼成されたもので、末期の緑釉陶器ではしばしばみられる焼成方法です。体部の内湾度が強く、一〇世紀に一般的な深手の椀と復元できます。器表面には、釉下にナデ調整が残り、とりわけ特徴的なのは、ロクロ成形に伴い器表面の凹凸が顕著に残ることです。釉調や施釉方法ならびに器形などからみて、明らかに一〇世紀以降の製品であり、器表面の粗雑さからすると、一〇世紀末から一一世紀に入ったぐらいの最末期の近江あるいは東海産と推測されます。

以上、青森県出土の緑釉陶器について、細かく一点ずつの特徴を確認してきました。まず分布を確認してみると、かなり散在的に出土している点に特徴がありそうです。ただし、あえていえば、青森県でもむしろ東の地域のほうにわずかながら出土が多いようです。先ほどみたように、一般には緑釉陶器が一片しか出土しないような場合がほとんどですが、平畑（1）遺跡では数点が出土していることなどからも、東側に分布の中心を指摘でき、その地に入手の中核となる勢力があったと推測できます。また、製品の産地からみると、全般には東海あるいは近江の製品が多いようですが、平安京近郊のものも平畑（1）遺跡ではまとまっています。時期別にみれば、一〇世紀以降のものが多い点が指摘できそうで、現状では九世紀中頃以前の製品が確認できません。これらの点は後で他地域と比較します。

灰釉陶器は細かく触れませんでしたが、上記の他に各所から出土しています。須恵器に紛れて抽出されていない可能性もありますが、緑釉陶器と比較してみると、遺跡数や出土点数はさほど変わりません。関東地方など東日本では、圧倒的に灰釉陶器が多いことからすると、高級品の緑釉陶器が選ばれて持ち込まれているといえそうです。出土灰釉陶器の製作時期については、九世紀後半頃から一〇世紀代のもので、緑釉陶器とほぼ同じ頃に持ち込まれていたとみられます。その出土地の分布が分散的であることも緑釉陶器とほぼ共通しています。

二　岩手県・秋田県出土の緑釉陶器・灰釉陶器

次に、岩手県、かつての陸奥国北半の状況をみていきます。岩手県内で群を抜いて施釉陶器が出土しているのは、陸奥国の鎮守府《ちんじゅふ》が置かれた胆沢城《いさわじょう》です。なかでも政庁の南東部の東方官衙地区では、約五〇〇点ときわめて多数に上ります。ところが、東方官衙地区以外をみれば、政庁域や外郭線周辺では数点程度で、偏りが著しい現況です。比較の意味で秋田側を先に触れておくと、最北の古代城柵で、出羽の柵として設置された秋田城跡では七〇点、同じく城柵の払田《ほったの》柵《さく》では三〇点を超える程度です。城柵官衙遺跡への集中度が高いのですが、胆沢城は格段の様相を呈しています。とりわけ東方官衙地区では、特殊な用途などで多数の施釉陶器が保管されていたのでしょう。なお、東方官衙地区出土の緑釉陶器と灰釉陶器の比率をみれば、三：二程度と算出されています。一般に東日本では灰釉陶器の出土数が緑釉陶器より圧倒的に多いため、その点でも東方官衙地区の特殊性を垣間見ることができます。この背景も後述します。

胆沢城出土の緑釉陶器をより具体的に確認してみます。かつて平安京近郊（京都・山城）産が多数を占めると報告され、いまもその見解が引き継がれている場合がありますが、現在の知見では、ほとんどが東海産と判別できます（8・10～14）。平安京近郊産は、九世紀前半に遡る円盤状高台で軟陶の資料（9）など、ごくわずかです。筆者が判別した結果でいえば、椀皿類の底部残存品では、東海産：平安京近郊産＝一九個：三個、すなわち東海産が八六・三％で、口縁部などの破片や椀皿以外の器種を含めれば、ほぼ九割が東海産と推測されます。また、年代的には九世紀のものがほとんどになります。一〇世紀以降として確実なものは、東方官衙地区以外で出たもので、灰釉陶器の輪花椀（15）程度しかありません。東方官衙地区での九世紀代の施釉陶器の集中とその後の急速な衰退が明らかです。

胆沢城の緑釉陶器の様相で特筆されるのは、全国でも出土量が少なく、分布も限られている九世紀中葉以前とみられる東海産品（8）が含まれている点です。質的にも特殊な一群と評価できます。九世紀に下るものでも、陰刻《いんこく》（10・14）や緑彩（13）による文様が施された個体が目立っています。椀皿以外の器種は図示していませんが、香炉《こうろ》や手付瓶《てつきへい》など各種のものが認められる点でも、やはり一般の集落遺跡との様相差を指摘できます。

岩手県内の胆沢城以外での様相を瞥見しておくと、全国的にみて珍しい資料として、今の岩手県の南端、一関市（旧川崎村）の河崎《かわさき》の柵《さく》擬定地出土品が挙げられます（16）。出土品は、胎土が黄褐色の軟質（軟陶《なんとう》）で、緑色の釉を薄く施したものです。器形としては小壺として報告されていますが、小片ながらも、竈あるいは風炉と呼ばれる茶釜を沸かす道具に類品がありますので、その種の特殊品に当たるのでしょう。飲茶関係の道具が確かだとすれば、八世紀末の長岡京期を前後する頃に製作された緑釉陶器と判断されます。茶を飲む風習はこの時期に日本に初めて中国・唐から伝わったと推測されるので、そのような外来文化の一端が真っ先にこの地まで伝わったことになります。

この出土遺跡は、天喜五（一〇五六）年の前九年の役で知られる河崎の柵の所在地とされていますが、それよりも前から存在した遺跡であり、和同開珎や蕨手刀《わらびてとう》なども出土しています。河崎の柵となる前に、宝亀一一（七八〇）年に築城が建議されたという覚鱉城《かくべつじょう》が置かれたとみる説もあります。覚鱉城かは確証がないですが、胆沢城や志波城へとエミシ支配を北上させていく桓武朝前後の時期に、律令国家側の拠点であったことを、上記の遺物は示しています。先述の胆沢城では、九世紀前半の嵯峨朝以降に大量の施釉陶器が流入しますが、その直前の桓武朝段階にも、この一関市あたりの拠点に畿内系文化を波及させようとしていたことが、緑釉陶器片からもうかがい知れると思います。

現在の奥州市、旧水沢市で、胆沢城にも近い集落遺跡として、例えば白井坂《しらいざか》Ⅰ・Ⅱ遺跡では、九世紀前半頃の灰釉陶器が出土しています（21）。全国的にはまだそれほど供給がなされていなかった時期の製品であり、胆沢城での九世紀前半に遡る緑釉陶器や灰釉陶器の出土とも対応した状況が、周辺集落にも及んでいます。さらに同じ奥州市の中半入遺跡では、おそらく九世紀中頃ぐらいの緑釉陶器の托《たく》も出土しています（17）。托とは、椀などを載せる受け皿となる器で、そのような特殊品もやはり胆沢城周辺の集落から出ていることは、この地域の特殊な状況を示しています。

盛岡市の竹花前《たけはなまえ》遺跡出土の緑釉陶器は、底部内面に陰刻の花文を施したものです（18）。同種の陰刻文は、胆沢城からも出ていますが（10）、九世紀後半頃に猿投窯の鳴海《なるみ》地区などで作られているタイプのものです。陰刻の文様をもつもの自体は数量的に限られていますので、盛岡市内で少数しか出土しない緑釉陶器に陰刻製品が含まれている点からすれば、ここでも選別が働いて持ち込まれたことは確かでしょう。

この竹花前遺跡は、律令国家の最北端側の城柵である、盛岡市の志波城《しわじょう》に近い遺跡です。ただ、延暦二二（八〇三）年に建造された志波城は、洪水などもあって弘仁二（八一一）年には築造が始められた、矢巾町の徳丹城《とくたんじょう》へと移転したとされています。志波城そのものは一〇年ほどと短期間のうちに官衙の機能が失われますが、九世紀後半であっても、志波城の付近には高級緑釉陶器が供給される集落があったことになります。なお、現状の緑釉陶器の出土は、岩手県でも盛岡よりも北の地域や太平洋沿岸部に確認ができません。その点からすると、より北の青森のほうが逆に出土が目立ちます。青森の地に高級品をより入手する人物が出てきたことを示しており、注目に値するところです。

岩手県内の最後に、志波城・徳丹城と胆沢城との間に位置する、現在の北上市付近をみておきます。この付近でも、緑釉陶器は比較的集中して出土が確認できます。例えば、北上市の八幡《はちまん》遺跡では、かなり残存状況の良い皿二点が確認されています。山城産と報告されていましたが、19は明らかに貼り付け高台で、体部中位の屈曲部の稜も明瞭ですので、東海産と考えるべきでしょう。底部内面には、圏線がめぐっており、輪花皿（皿F）の文様と稜皿（皿E）の器形があわさったようなものです。この形態は、九世紀後半代の黒笹《くろざさ》九〇号窯式に一般的なものですが、この個体には一〇世紀に一般的な濃緑色の斑点状の釉が認められ、むしろ一〇世紀に入った製品とみるほうがよさそうです。もう一方の20については、削り出し高台で、底部外面を施釉しないタイプの稜皿（皿E）になります。篠窯などで一般的なもので、前山二・三号窯などに認められる一〇世紀前半頃の製品になります。

当初の報告では、19・20もともに猿投窯と対比して黒笹九〇号窯式に当てられ、その当時の年代観により一〇世紀前半とされていました。その窯式は現在では九世紀後半とされているため、位置づけを少し変える必要が出ています。ともかくも、この時期の平安京近郊窯産の緑釉陶器は、胆沢城ではほとんど認められません。ですから、胆沢城などの城柵官衙を通した物資の移動ではないとみるべきでしょう。北上市の付近は城柵官衙が設置されていない地域でもあり、城柵官衙の政庁などが衰退するなかで、この地で独自の流通ルートから入手していたことも想定しておく必要がありそうです。この点は、青森の平畑（1）遺跡出土の平安京近郊窯製品を考えるうえでも示唆に富む現象です。

それでは、続いて秋田県、出羽の状況をみてみます。青森よりも大幅に出土量が多いものの、岩手と比べるとかなり遺跡数も出土数量も少なくなります。秋田県内の消費遺跡の中心となるのは、城柵官衙遺跡の秋田城や払田柵《ほったのさく》などです。

秋田城をみておくと、九世紀前葉ならびに中葉では、削り出し高台をもつ平安京近郊窯産のもの（22～24）を確認できます。22は軟質の焼き上がりを示す、いわゆる軟陶で、円盤状高台を有しており、九世紀前半に遡ります。また、23は蛇《じゃ》ノ目《め》高台で、口縁端部が内湾するもの（椀D）です。九世紀中葉に盛行する形態です。24のように輪高台のものは、九世紀後半などやや新しい時期に盛行するものですが、全面施釉で軟陶でもあるため、やはり九世紀中葉頃の製品と判断することができます。このように、九世紀中葉以前には、平安京近郊産が少なくありません。ところが、25・26はいずれも東海産とみられます。25は底部内面に圏線があり、おそらく輪花椀（椀F）で、九世紀後半頃、26は細めの高台を有して九世紀末から一〇世紀に入る時期の製品と推測されます。九世紀後半以降は東海産が圧倒的に多数を占めるといえそうです。このような時期的な産地の変化は、東日本の遺跡一般でも認められるところです。

同様のような様相は、城柵以外の遺跡からもうかがうことができそうです。払田柵跡にも近く、その関連の祭祀遺跡とされている美郷町の厨川谷地《くりやがわやち》遺跡では、平安京近郊窯産の九世紀中頃の緑釉陶器が出土しています（28）。ところが、その後の時期の緑釉陶器は東海産が増えます。大仙市の小鳥田《ことりだ》Ⅰ遺跡出土の27は深手の椀（椀G）で、高台も細く高いものとなり、一〇世紀頃のものです。美郷町の川端山《かわばたやま》Ⅲ遺跡出土の30は、九世紀後半以降に盛行する稜椀ですが、体部の稜より上半が伸びており、一般には一〇世紀に多くなる器形です。能代市の上《うえ》ノ山《やま》Ⅱ遺跡出土の29は、口縁端部に切り込みの輪花が入った椀（椀Ⅰ）となり、一〇世紀中葉から後半のものです。東海では東山《ひがしやま》七二号窯で椀Ⅰが出土しており、近江では杭原《くいばら》窯などに類品の出土が多く、東海産あるいは近江産の可能性が高いものになります[7]。

また一方で注目されるのは、一〇世紀中頃以降の29が、能代市の出土品だという点です。灰釉陶器でも、三種町の小林遺跡において、一〇世紀後半あるいは一一世紀に下るとみられる椀が出土しています（31）。両遺跡は、最北端の城柵である秋田城よりもさらに北の地に位置しています。また、大仙市の小鳥田Ⅰや美郷町の川端山Ⅲ遺跡は、払田柵がある横手盆地内の遺跡ですが、払田柵よりは少し離れた位置に立地しています。このように、一〇世紀以降の製品が城柵遺跡周辺以外の地域から出ている点は、岩手県でも北上市の事例と類似するところです。その一方で、出羽側では陸奥とは異なり、律令支配を超えた北方の地域での出土が一〇世紀以降でも散見される点は特筆すべきところです。

岩手・秋田両県の事例を振り返ると、施釉陶器の出土遺跡数やその数量は、青森よりも大幅に多いことがわかります。ただし、それらの多くは、城柵官衙遺跡やその周辺に集中しています。その時期も九世紀代が中心となります。青森県ではむしろ分散的で、一〇世紀以降のものが大半を占めるのとは対照的です。青森県でもわずかながら出土する九世紀代の事例は、緑彩などの特殊品であることも考え合わせれば、先にも述べましたが、城柵官衙遺跡周辺との関係の下で、遺物がもたらされた可能性があるでしょう。しかし、岩手・秋田両県において時期を一〇世紀以降に限ると、城柵での出土数は大幅に減少していくのに対し、むしろそこから離れた地域での出土が目立ってきます。官衙との直接的な関係を離れた形での流通が徐々に進んでいくのでしょう。青森県での出土例では一〇世紀以降の事例が少なくないことからすれば、それらの多くは城柵官衙とは離れた流通の延長に位置付けることが適切と思われます。もちろん、小片だけでは判断に限界はありますが、青森の様相も岩手・秋田両県での消費動向と整合しています。

三　東北地方北部における緑釉陶器の流入背景

東北地方北部での緑釉陶器の出土をみてきましたが、最後にその背景や要因などを少し考えてみます。本書の主題は青森東部域ですが、それ以外の地域から詰めていくことにしましょう。まず、東北北部で緑釉陶器の出土量が圧倒的に多いのは、何度も述べた通り、城柵官衙遺跡です。ここで注目すべきは、緑釉陶器は平安宮で執り行われる国家的饗宴でも使用される容器だったという点です。例えば元日節会《がんじつせちえ》と呼ばれる宮中の饗宴では、儀式の最初に三節御酒《さんせちのみき》の酒杯《さかづき》として緑釉陶器が用いられています。宮内ではさらに高級な食器として金銀器《きんぎんき》や朱漆器《しゅしっき》なども存在しており、緑釉陶器は金銀器には及ばないものの、諸儀礼で重要な存在であったことが推測されます。一方、各国衙の中心施設である国庁において、儀制令《ぎせい》の元日国司条にみえるように、元日には天皇への朝拝《ちょうはい》を行い、その後は国司の長官により国府や郡の役人とともに饗宴が催されました。地方官衙での饗宴で用いた食器の実態は、厳密には不明ながらも、宮内と同様に緑釉陶器がその場を彩る大きな役割を担っていた可能性が高いでしょう。

ここで注目されるのは、陸奥の鎮守府になる胆沢城の例です。胆沢城では、政庁のすぐ南東側に位置する東方官衙南地区において、多量の施釉陶器が出土した点は先に述べた通りですが、その地区のすぐ南は、鎮守府内での饗宴などで食事の用意を担当する府中厨屋《くりや》にあてられています。政庁と厨の双方に近接した東方官衙南地区では、先に触れたように、府内の饗宴などで使われる容器類を保管・管理していたと推測するのが穏当と考えています。そして、厨で作った料理を盛り、政庁付近などで使われた食器類が、破損などのために保管施設の近くである東方官衙南地区北半の低湿地に破棄されたと推測されます。この他、城柵官衙周辺の祭祀遺跡からの出土例は、城柵外の律令的な祭祀などの際に用いられていた可能性を示し、そのような公的な用途が地方に緑釉陶器をもたらす一要因として重要だと考えます。

陸奥国では、国府が置かれた宮城県の多賀城でも、施釉陶器が多く出土しています。ただし、現状からすると胆沢城では多賀城にも勝る格段の出土量を示しています。その背景には、胆沢城が地理的にみて律令国家としては陸奥国北端近くであることが無視できないでしょう。先にも触れましたように、桓武朝の時代に志波城はすぐにその南の徳丹城に移されましたが、それも間もなく、弘仁六（八一五）年には徳丹城の鎮兵五〇〇人が廃止され、さらに南の胆沢城に兵が集められる結果となります。九世紀には、胆沢城が北端の城柵として、より重視されることになったのです。

またその時期には、エミシ支配のために北へと進出する軍事的な強硬路線からの方針変更が固まり、城柵において国家的な饗宴、エミシの饗応が推進されました。この文化面からのエミシの懐柔策への転換期として、上に挙げた弘仁六年前後は重要だといえます。そして、そのまさに同じ年は、緑釉陶器（史書では「瓷器」）の生産においても新たに技術伝習が成功し、その工人が取り立てられた記念的な年でもあります（『日本後紀』弘仁六（八一五）年正月丁丑（五日）条）。その実態としては、尾張や長門の緑釉陶器生産が開始し、新たな唐風の器形も作られていくとともに、国家的な饗宴などに使用されていくことと関連するものとみなされます。そのような時代背景のもと、緑釉陶器などの饗宴の容器が国家的な施策を受けて、胆沢城にいち早く、しかも大量にもたらされていたことが推測されるのです。

もちろん、緑釉陶器類は城柵官衙のみならず、周辺の集落からも出土しており、すべてが公的な機能を有しているわけではありません。平安京ではほぼどの地点でも緑釉陶器が出土しており、公的用途にとどまらない多量の緑釉陶器が都市的な需要を満たしていました。各地では国府市などを介した物資流通が想定されていますが、この岩手や秋田でも城柵官衙周辺を結節点とするような交易網のなかで、たとえ少量だとしても、より広い範囲で緑釉陶器が広がっていったことがうかがわれます。このようなありかたは、他の地域とも共通する律令国家内の普遍的とも評すべき物資の動きです。先にエミシの懐柔への変化を記しましたが、城柵周辺域での緑釉陶器類の普及そのものは、中央文化の波及という点でも律令支配の側からも歓迎すべき方向性だったのでしょう。

そのようななかで、律令国家の枠外ともいえる青森県などの様子は、どのように考えられるのでしょうか。まず、青森では緑釉陶器類が散在的な分布となるのは、岩手や秋田の城柵官衙のように集中的に施釉陶器が持ち込まれている律令国家的な拠点が存在していないことからは、比較的理解しやすい状況です。その一方で、城柵官衙遺跡などから出土するのと同様の装飾を施した緑釉陶器類が青森県内から出土している点にも注意が必要です。文献史学の成果(8)としては、城柵官衙などではエミシの朝貢とそれに対する饗給というような、服属儀礼の装いをまといつつ、実質的な交易が行われていたことが明らかにされています。そのような交易を通して、緑釉陶器も都ぶりを示す、あるいは珍奇な文物の一つとして青森県域の遺跡に個別的にもたらされたことも想定されるはずです。

ただし、すべての緑釉陶器が城柵官衙を介していたと考えるべきではありません。とりわけ一〇世紀頃になると、城

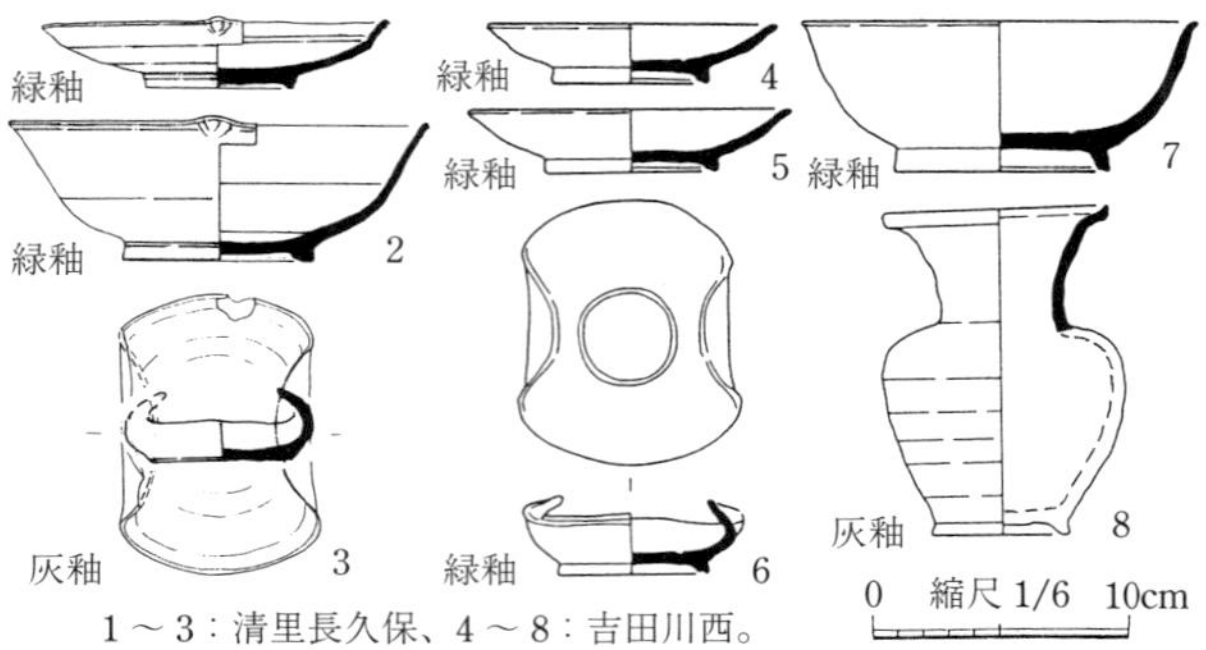

1～3：清里長久保、4～8：吉田川西。

第4図　東日本の墓出土の施釉陶器

柵官衙での施釉陶器の出土量が急減する一方で、城柵以外の各所での出土が増えていきます。官衙を中心とした施釉陶器の流通が、徐々に広範なネットワークに移るのでしょう。エミシへの饗給が一〇世紀初頭ないし前半にはその役割を終えるという指摘も加味すれば、より私的な動きのなかで青森での出土を捉えることが不可欠だと考えています。

ここで、施釉陶器の出土様相の時期的な変化も改めてみておきますと、青森県では九世紀中葉以前の緑釉陶器の出土が少ないことが確認できます。この時期は施釉陶器の生産量自体も少なく、青森以外でも官衙を中心に限定的な消費様相を示しています。この点は、全国的状況からも逸脱するものではありません。ただし、そのような九世紀後半からの増加といった時期的な変動については、青森内での在地的な状況も無視できません。青森を含め東北北部全体では、九世紀後半から一〇世紀初頭にかけて集落が急増すると指摘がされています。当然ながら、施釉陶器を受容するに見合った、青森県内での受け手の成熟が背後に存在したと考えるべきでしょう。

この点は文献史料からも断片的に様相を知ることができます。例えば、九世紀後半にはエミシに「富饒酋豪」（『日本三代実録』貞観一五（八七三）年一二月二三日条）が存在したことが文献史料からも知られている通りです。しかも、この時期以降には、王臣家と呼ばれる中央の貴族や国司など地方官衙の役人と各地の富豪層が広く私的な交易活動を展開していたとされ、エミシのなかにも国を越えて活発に往来していた者がいたといわれています。岩手や秋田などにおいて緑釉陶器類が官衙以外への集落などへ拡散していくなかで、青森県域の富裕層が私交易を進めていき、高級食器を手に入れる者が出てきたとしても不思議ではないでしょう。

ここで改めて注目したいのは、平畑（1）遺跡です。その遺跡では、少なくとも四器種で八個体分もの平安京近郊窯産の緑釉陶器がまとまって出土しており、他の遺跡とは産地の構成も数やバラエティも異なっています。先にも述べたように、岩手や秋田、さらには東日本全般でも、緑釉陶器は東海産が全体の八割程度を示しています。その一方で、平安京内では逆に平安京近郊窯産が八割以上を占めています。このことからすると、平畑（1）遺跡出土例が岩手や秋田で無作為に入手されたものとするには偏りが大きく、特殊な経路での入手があったとみるべきでしょう。エミシのなかには、はるばる平安京までやってくる者もいたとされていますので、そのような人物が都で緑釉陶器を入手していたのかもしれません。そうでないとしても、より平安京と結び付きのある人物からの入手を考えたほうがよいでしょう。

一般の集落遺跡では、多様な流通の結果としての廃棄が集積するために、このような産地構成の偏りが存在することは多くはありません。そのため、まとまった使用状況がうかがえる資料として墓からの出土品に着目してみます（第4図）。例えば群馬県の清里長久保《きよさとながくぼ》遺跡では、平畑（1）遺跡と同様の前山二・三号窯段階の篠産かとみられる緑釉陶器の椀と皿が出土しています。周辺遺跡と比較してみますと、当該期の東日本全般に東海産などが多いなかで、椀皿ともに平安京近郊産であるのは特異な現象です。これらの緑釉陶器がなんらかの特殊な入手によるもので、墓主にゆかりの品であったために、墓に持ち込まれたのかもしれません。同様のことは、長野県の吉田川西《よしだかわにし》遺跡の墓においても、鏡などの希少な遺物とともに、近江産の緑釉陶器の椀・皿（二点）・耳皿が一括して納められていました。このような事例も、先の清里長久保と似た状況でしょう。多様な流通経路はあるでしょうが、一般の流通とは異なる形で一括して持ち込まれることもあり、遠距離間の交流が確実に増えていたという史実の一端を垣間見ることができます。

このような点は、その他の考古学の事例としても、ある程度の裏付けを与えることができそうです。まず、本書所収の田中広明さんのご論考にもありますように、青森県六ヶ所村の表館遺跡などでも石帯が出土している点は、もちろん律令国家支配の政治的な領域を越えた動きの存在を示しています。[9] 土器類からみても、例えば八世紀後半から九世紀前半にかけての三八上北《さんぱちかみきた》（青森県東部南半）などでは、岩手県の奥州市（旧江刺市）に位置する瀬谷子窯など陸奥北半の窯からの須恵器が流入していたものと指摘されており、陸奥国側との物資の交易などが想定されています。[10] その一方で、九世紀代には津軽の五所川原窯や出羽などの日本海側からの須恵器も青森東部までもたらされています。

土師器についても、甕には地域色が顕著であり、岩手県などの陸奥型甕や秋田県などの出羽型甕、青森県などの北奥型甕などが知られています。[11] そのうちの陸奥型甕は、九世紀前半から中葉には、青森県内でも太平洋側では奥入瀬川以南で、散在的には津軽でも出土します。一方の出羽型甕は、九世紀中葉から後半を中心に現在の青森県全域で出土するようになります。このように時期的な変動は、九世紀後半代の施釉陶器の分布において、岩手北部では志波城以北に希薄になる一方で、出羽ではむしろ北方とのつながりを示すように九世紀から一〇世紀にかけて北に伸びていることとも連関する状況かと判断されます。ともかくも、青森から南の岩手や秋田側との交流が常に存在したのです。

それらの一方で、もともと青森県域ではロクロを用いない北奥型と呼ばれる土師器の甕が認められる点は、独自の地域性をもってきたことを示します。また、北海道とつながる擦文土器の存在などは、北海道側との交流も物語っています。つまり、考古資料として残存しないがために全貌を捉えることは難しいのですが、上記のような諸地域の結節点としての青森地域は、当然ながら交易などの活動において重要な役割を果たしたことは想像に難くありません。そのような交易活動の富が、緑釉陶器などを持ち込む要因になったと考えることができるでしょう。

富の源泉となるもの、緑釉陶器を入手する際の対価となるものは、種々の想定ができます。例えば衣比須布《えびすめ》、すなわち昆布は、三陸沿岸から北海道に産出するものとされ、一〇世紀中葉の『和名類聚抄』などにもその名を認めることができます。ただし、三陸海岸では現状では緑釉陶器の出土が集中するわけでもないようですし、平畑（1）遺跡も沿岸部というわけではありませんので、どれだけ重視すべきか、やや疑問になります。

ひとまず青森東部域に絞ってみれば、毛皮など北海道からの特産品をより南にもたらす役割も無視できませんが、本書の主題でもありますように、青森東部は良馬の供給地として重要です。延喜五（九〇五）年に奏上されたという『古今和歌集』にみえるように、一〇世紀前半には尾駮の駒が知れていました。陸奥国交易馬も、延喜一六（九一六）年が初見とされていますが、この時期の陸奥での交易に馬が重要であったことは明らかです[12]。また一方で、『類聚三代格』巻一九禁制事、延暦六（七八七）年正月廿一日太政官符によれば、エミシから馬を盛んに入手しようとする王臣や国司などがいたことも間違いはありません。このようななかで、平畑（1）遺跡ではエミシの有力層が、平安京の王臣などと直接つながることで、平安京近郊窯の緑釉陶器等を入手していたことも充分に考えられます。馬を代表格として青森で調達される諸物資が南の地域との重要な交易対象になり、青森に拠点をもつ人物が富を蓄積して勢力をもってくる姿など、この地域の歴史像の一端が実物資料からみえてくるのではないでしょうか。

以上、細かな内容に終始して、尾駮の駒を直接的に示すような話ではありませんでしたが、今後、考古学的に当該地域の生活や歴史的な動向がさらに明らかになることを期待し、私の話を終わりたいと思います。

註

（1）蝦夷（エミシ）は、その出自が在地であるか否かは問わずに、その地の居住民という意味で用いておく。

（2）歴史フォーラムでは、青森県の事例に焦点を絞り、また概説的な話に重点を置いたが、本稿では東北北部の主な出土緑釉陶器について個別の産地や年代などについての私見を加えた。実見していない資料も多く、不正確さを残すが、これまでとは評価が異なる部分も少なくない。なお、関係資料に関しては、とりわけ青森市教育委員会の木村淳一氏に非常にお世話になり、全面的なご教示を受けている。また各県の出土事例の集成に関しては、岩手県文化振興事業団の村田淳氏の成果に負うところが大きい。資料実見などでも、他に多くの方々にお世話になった。この場を借りて厚く御礼を申し上げたい。なお、掲載の実測図は、他の類例などを勘案して部分的に修正した。村田淳　二〇〇四「岩手県内出土の緑釉陶器―出土事例の集成と若干の検討―」『岩手考古学』第一六号。村田淳　二〇〇九「岩手県内出土の灰釉陶器―事例集成と基礎的検討―」『岩手県文化振興事業団埋蔵文化財センター紀要』ＸＸⅧ。村田淳　二〇一〇「岩手県における平安時代施釉陶器の性格（1）」『岩手県文化振興事業団埋蔵文化財センター紀要』ＸＸⅨ。村田淳　二〇一二「東北地方出土の平安時代施釉陶磁器集成―青森県・秋田県―」『岩手県文化振興事業団埋蔵文化財センター紀要』ＸＸⅪ、ほか。

(3) 愛知県陶磁資料館・五島美術館　一九九八『日本の三彩と緑釉―天平に咲いた華』（展示図録）。

(4) 高橋照彦　一九九五「緑釉陶器」『概説　中世の土器・陶磁器』真陽社ほか。以下の細分器形の名称も同文献などによる。

(5) 平井美典・堀真人　二〇一二『春日北遺跡―甲賀市水口町春日―』滋賀県教育委員会・滋賀県文化財保護協会。

(6) 高橋照彦・長尾正義　二〇一〇「三沢市平畑（1）遺跡から出土した緑釉陶器について」『青森県埋蔵文化財調査センター研究紀要』第一五号。

(7) 齊藤孝正　一九八七「猿投窯東山地区における灰釉陶器の様相―東山七二号窯出土遺物を中心として―」『名古屋大学総合研究資料館報告』№三。林　修平　二〇一三「春日杭原窯跡」『甲賀市史』第五巻甲賀市史編さん委員会、ほか。

(8) 鈴木拓也　一九九八「陸奥出羽の調庸と蝦夷の饗給」『古代東北の支配構造』吉川弘文館。蓑島栄紀　二〇〇一「古代の陸奥・出羽における交易と交易者」『古代国家と北方社会』吉川弘文館、ほか。

(9) 青森県教育委員会　一九七三『むつ小川原開発予定地域内埋蔵文化財試掘調査概報』昭和四七年度。

(10) 藤原弘明・佐藤智生・蔦川貴祥　二〇〇七「須恵器の生産と消費（青森県）」『北方社会史の視座　歴史・文化・生活』第一巻、清文堂出版、ほか。

(11) 伊藤博幸　二〇〇四「陸奥国の「出羽型甕」―その史的意義」『岩手考古学』第一六号。伊藤博幸　二〇〇六「陸奥型甕・出羽型甕・北奥型甕―東北地方の平安期甕の製作技法論を中心に―」『陶磁器の社会史』桂書房、ほか。

(12) 大石直正　一九八八「奥州藤原氏の貢馬について」『中世東国史の研究』東京大学出版会。平川新　一九九〇「奥羽と馬―北日本の交易と流通　序説　その2―」『東北大学教養部紀要』第五四号、ほか。

挿図出典ならびに関係文献

第1図　筆者作成。
第2図　1：おいらせ町教育委員会　二〇一三『中野平遺跡第33・34・35地点　下谷地（1）遺跡』
2：青森市教育委員会　二〇一〇・二〇一一『石江遺跡群発掘調査報告書　石江土地区画整理事業に伴う発掘調査』Ⅱ・Ⅲ
3：高橋照彦・長尾正義　二〇一〇「三沢市平畑（1）遺跡から出土した緑釉陶器について」『青森県埋蔵文化財調査センター研究紀要』第一五号
4：（青森県）八戸市教育委員会　二〇一八『熊野堂遺跡第6地点―売市第二地区長根線整備工事に伴う発掘調査報告書―』
5：青森県教育委員会　二〇〇八『上野遺跡　県道五所川原浪岡線交通安全施設整備事業に伴う遺跡発掘調査報告』、岡本洋　二〇一〇「青森市上野遺跡の緑釉陶器」『maibun-net.あおもり』No. 007、青森県埋蔵文化財調査センター・青森県公立発掘調査機関連絡協議会
6：野辺地町教育委員会　二〇〇七『二十平（1）遺跡　個人住宅建築に伴う遺跡発掘調査報告』
7：青森県教育委員会　一九八六『沖附（1）遺跡』
8・9・11～13：（岩手県）水沢市教育委員会　一九八四『胆沢城跡―昭和五八年度発掘調査概報―』
10：（岩手県）水沢市教育委員会　一九八五『胆沢城跡―昭和五九年度発掘調査概報―』
14：（岩手県）水沢市教育委員会　一九七八『胆沢城跡―昭和五二年度発掘調査概報―』
15：水沢市教育委員会　一九九六『胆沢城跡―平成七年度発掘調査概報―』
16：岩手県文化振興事業団埋蔵文化財センター　二〇〇一『河崎の柵擬定地発掘調査報告書』
17：岩手県文化振興事業団埋蔵文化財センター　二〇〇四『中半入遺跡　第二次発掘調査報告書』
18：岩手県教育委員会　一九七九『東北縦貫自動車道関係埋蔵文化財調査報告書』Ⅰ
19・20：岩手県江釣子村教育委員会　一九八四『江釣子遺跡群　―昭和五八年度発掘調査報告―（八幡遺跡）』
21：岩手県文化振興事業団埋蔵文化財センター　一九九六『白井坂Ⅰ・Ⅱ遺跡発掘調査報告書』
22・25：秋田市教育委員会秋田城跡調査事務所　二〇〇〇『秋田城跡　秋田城跡発掘調査概報』平成一一年度

23：秋田市教育委員会秋田城跡調査事務所　一九九九『秋田城跡　秋田城跡発掘調査概報』平成一〇年度
24：秋田市教育委員会秋田城跡調査事務所　一九八五『秋田城跡　秋田城跡発掘調査概報』昭和五九年度
26：秋田市教育委員会秋田城跡調査事務所　二〇〇七『秋田城跡　秋田城跡発掘調査事務所年報』二〇〇六
27：秋田県教育委員会　二〇〇五『小鳥田Ⅰ遺跡　県営ほ場整備事業（中仙南部地区）に係る埋蔵文化財発掘調査報告書』
28：秋田県教育委員会　二〇〇五『厨川谷地遺跡』
29：秋田県教育委員会　一九八六『上の山Ⅱ遺跡第二次発掘調査報告書　国営能代開拓建設事業埋蔵文化財発掘調査』
30：美郷町教育委員会　二〇〇八『町内遺跡詳細分布調査報告書』
31：秋田県教育委員会　二〇〇二『小林遺跡』Ⅱ（平安時代・中世編）
第3図　註1村田淳論文を参照のうえ、筆者作成。
第4図　1～3：群馬県埋蔵文化財調査事業団　一九八六『清里・長久保遺跡』
4～8：長野県埋蔵文化財センター　一九八九『中央自動車道長野線埋蔵文化財発掘調査報告書』（塩尻市内その2）

コラムI　むつ湾東岸域（野辺地地区）の環濠集落 ―〝二十平（1）遺跡〟を中心として―

瀬川　滋

六ヶ所村行政区の西側に隣接する野辺地町は、むつ湾東岸域を帯状に抱え込む地勢を呈しています。野辺地町管内で昨今における緻密な遺跡分布調査や多発した発掘調査により、平安時代の遺跡について豊富な情報が報告されてきました。それらの情報を基に当地域に分布する平安時代の情勢を簡略に述べます。野辺地町管内の平安時代の集落の概要把握は平成9年度から実施された下北半島縦貫道路建設事業にに伴う発掘調査による調査報告が重要な情報源になっています。当該調査は野辺地町の前庭部にあたる、むつ湾東岸域に面する中高位段丘面を主に調査対象地としています。当地域は以前より平安時代の遺跡密集地として周知されていましたが、代表的な遺跡としては環濠を有する明前（1）遺跡（明前館）、蟹田（3）遺跡や海岸域の集落跡である有戸浜遺跡などが挙げられます。発掘調査ではこれら周知の遺跡以外の新発見の遺跡が対象となり、改めて当地域における平安期の遺跡密集度を認識する結果となりました。発掘調査による新発見の遺跡の中で最も注目される遺跡として向田（35）遺跡が挙げられます。当調査では狭い範囲の調査区でありながら竪穴住居跡が約八〇件検出されています。集落は丘陵の斜面地を雛壇状に削平し、そのテラス状の平場に住居を配置する構造で、斜面段丘状住居区の背後に展開する丘陵頂部の平場には区画溝（柵）で囲まれた住居区と環濠で囲郭された首長層と考えられる居住空間が配置されます。このような集落内での階級層を明確に示した居住空間のパターンは、大規模防御性集落として注目される、八戸市林ノ前遺跡に類似します。また向田（35）遺跡からは二十平（1）遺跡出土の緑釉陶器のような遠隔地からの搬入品と考えられる遺物として北宋銭やガラス玉が出土しています。また、蟹田（11）遺跡も新発見の環濠集落です。当環濠集落は明前（1）遺跡環濠集落、蟹田（3）遺跡環濠集落とは同谷の侵食丘陵に配置展開しており、三連の複郭状を呈しています。このような複郭状の景観は集落構成員の増員（移住者）により、複合的集落構造に進展したものと考えられます。

野辺地町管内における平安時代の集落構成の変遷概要は昨今の調査活動により、かなり鮮明化してきました。しかし、当地域では平安時代以前の古代期（古墳時代、奈良時代）の遺跡は全く発見されておらず、まるで無人地帯の様相です。平安時代の一〇世紀前半代になると、有戸鳥井平（4）遺跡などに見られる住居数が数件単位のコンパクトな集落が希薄な分布状態で丘陵地に点在します。そして、一〇世紀中葉から後半代になると爆発的に人口が増大し、明前（1）遺跡、向田（35）遺跡、二十平（1）遺跡などを代表とした環濠を有する集団化した大規模集落が構成されます。環濠集落は主に中位な段丘丘陵地に配置展開します。

二十平（1）遺跡の調査では、この大規模化していく集落の変遷過程が環濠の築造工程から観察されました。濠はB－Tm火山灰（AD九四六）の堆積層と先発構築された一〇世紀前半期と考えられる竪穴住居跡を断ち割って構築されています。また濠内の壁から検出された土留め施設と考えられる板材（ヒバ）からも、九七二年とする伐採年代が示されました。集落の年代観は出土した製塩土器にも認められます。製塩土器は平内町大沢遺跡の調査（青森県二〇〇五野村）において出土した製塩土器をB－Tm降下火山灰層を基軸層として段階的な変遷が試みられ、製塩土器の型式分類が成されています。その型式分類年代観と二十平（1）遺跡出土の製塩土器の対比では、一〇世紀前半代とする製塩土器と一一世紀代とする土器が符合します。このような事例から二十平（1）遺跡の集落は一〇世紀初頭期に先発構成され、一〇世紀中葉以降に環濠が築かれ、防御性環濠集落の様相に変化し、大規模集落を構成します。集落は百数十年の間営まれ、一一世紀中後半に終焉を迎えます。環濠に囲郭された住居空間は住居の建て替えや盛土、削平整地が幾度も繰り返され、激しい重複状況を呈しています。これらの状況から環濠内の土地利用には厳格な規制が加えられていることがうかがわれます。このような集落における秩序の保全は首長層を中心とした階級制度が確立していたと考えられます。遠隔地との交易交流を示した縁釉陶器や複数発見された祭祀宗教に関連する錫杖状鉄製品などから相当な勢力を固持した集団と想定されます。大集落の生活を支える食糧としては、多量に検出された炭化米が挙げられます。環濠集落沿辺の湿地帯の調査では一〇世紀後半代に構築された水路状遺構や土壌分析はできませんでしたが、水成堆積層中には水田耕作層に擬似する堆積層が観察され、水田耕作の可能性が示唆されました。また、遺跡の目前に展開するむつ湾からは、豊富な魚介類、側縁を流れる野辺地川からはサケ、マスなどの大型遡上魚の捕獲が期待されるでしょう。食糧源となる、むつ湾との関係は塩の生産においても密接です。製塩土器の出土量は近接する他の遺跡と比べて圧倒する量で、塩の生産は当集落の主要な産業として長年にわたって継続操業されたと考えられます。昭和五七（一九八二）年の青森県教育委員会による『青森県の中世城館』の調査報告においては、二十平（1）遺跡は五連の郭で構成されている大規模な館跡とされていますが、発掘調査区から約一、二キロメートル離れた継続丘陵地の露頭部からも平安時代の住居跡が数軒発見されています（獅子沢（5）遺跡）。これら平安時代の遺跡分布状況から、二本木川と御手洗瀬川に挟まれる低位段丘上の平場には総延長約一・五キロメートル前後の規模にわたって集落が展開するものと想定され、野辺地管内に点在する環濠集落跡とは別格な性格、規模を保有します。

野辺地町管内に密集する平安時代の環濠集落の様相からは、この地域を共有の拠点とする意思疎通の働いた集団の大移動によって構成されたのは間違いない情勢です。

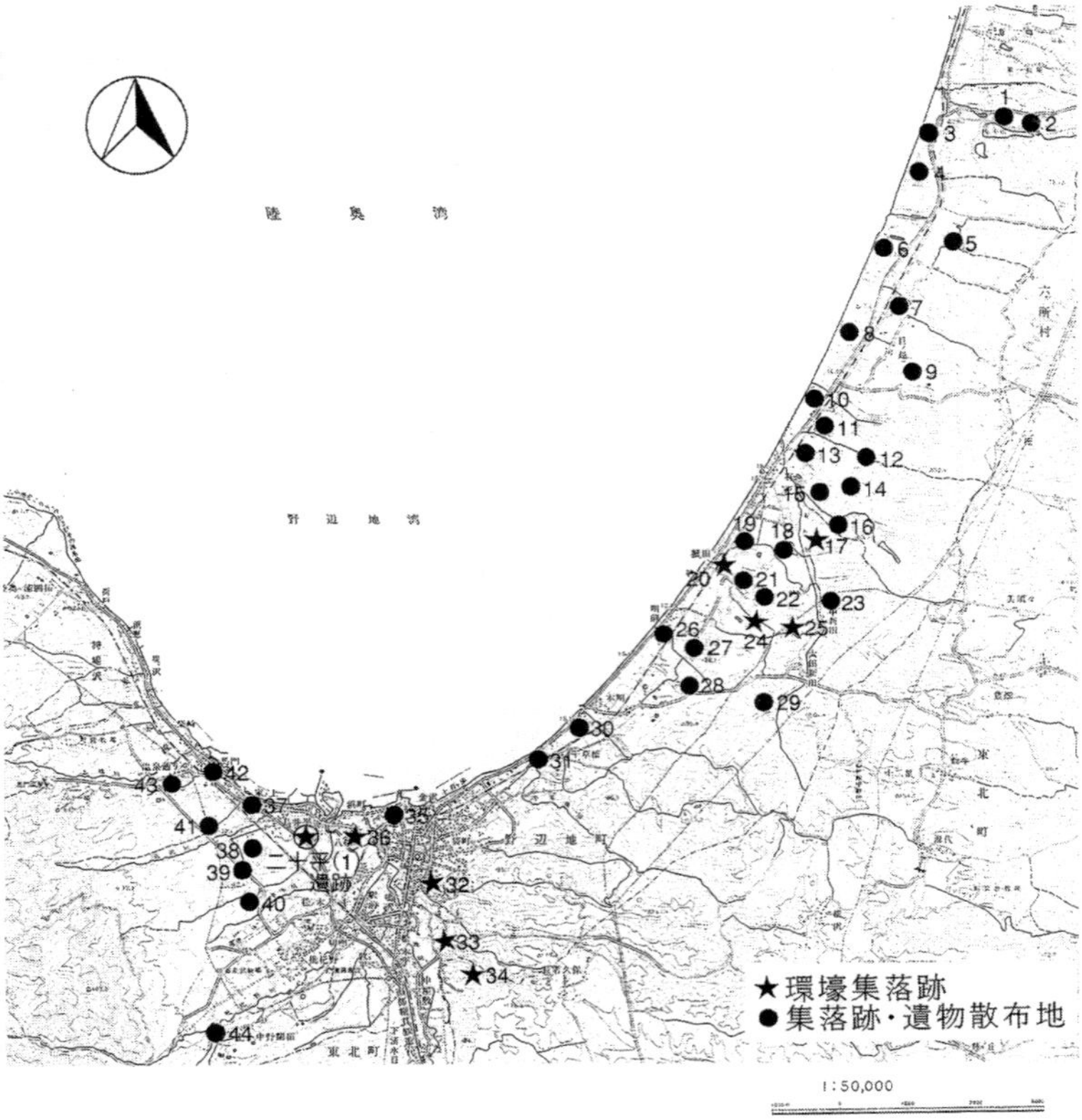

1	向田(7)遺跡	12	向田(27)遺跡	23	中新田(2)遺跡	34	大撫沢遺跡（東北町）
2	向田(6)遺跡	13	向田(22)遺跡	24	野辺地蟹田(11)遺跡	35	浜掛(1)遺跡
3	向田(5)遺跡	14	向田(24)遺跡	25	明前(1)遺跡	36	八幡町遺跡
4	向田(10)遺跡	15	向田(23)遺跡	26	古明前(1)遺跡	37	家ノ上(1)遺跡
5	向田(14)遺跡	16	向田(34)遺跡	27	明戸鳥井平(1)遺跡	38	槻ノ木(4)遺跡
6	向田(1)遺跡	17	向田(35)遺跡	28	明戸鳥井平(4)遺跡	39	二十平(2)遺跡
7	向田(17)遺跡	18	小沢平(1)遺跡	29	明戸鳥井平(2)遺跡	40	獅子沢遺跡
8	向田(13)遺跡	19	野辺地蟹田(4)遺跡	30	木明(2)遺跡	41	陳場川原(3)遺跡
9	向田(37)遺跡	20	野辺地蟹田(3)遺跡	31	千草橋(5)遺跡	42	大平下(1)遺跡
10	有戸浜遺跡	21	野辺地蟹田(6)遺跡	32	坊ノ塚(2)遺跡	43	田畑(2)遺跡
11	向田(21)遺跡	22	野辺地蟹田(7)遺跡	33	坊ノ塚(1)遺跡	44	上小中野(1)遺跡

野辺地町管内の古代（平安）集落跡

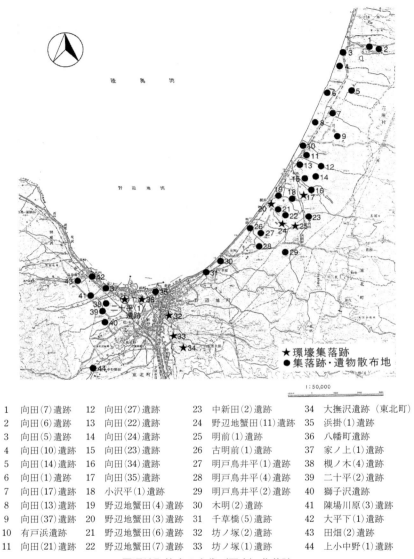

コラムⅡ　三沢市「平畑（1）遺跡」の特徴について

長尾正義

1　遺跡の位置

平畑（1）遺跡は、青い森鉄道三沢駅から北西に約三・四キロメートル、姉沼川に面した標高約三〇メートルの台地南辺に位置しています。北と南に、東から西に深く入り込む支谷によって東西に延びる独立した台地を呈しています。昭和三〇年代にこの台地で開拓事業が行われ、約七割がほぼ平坦に造成されています。通称、「平畑開拓」と呼ばれている地区です。

2　これまでの調査

この台地上での考古学的調査は昭和二〇年代のアメリカ陸軍将校H・A・マッコードによって実施されたのが最初です。昭和六三年以降、三沢市教育委員会による分布調査や範囲確認調査、農地造成、自然崩落、大規模開発に伴い発掘調査を実施した結果、一二遺跡を確認しましたが、ほぼ、七遺跡に集約されます。七遺跡のうち三遺跡で平安時代の集落が形成され、平畑（2）遺跡と平畑（3）遺跡は一〇世紀後半期でいずれも堀で囲まれた集落です。平畑（1）遺跡は十和田a火山灰降下以前に廃絶した集落です。平畑（3）遺跡からは円形周溝墓が検出され、十和田a火山灰の降下以

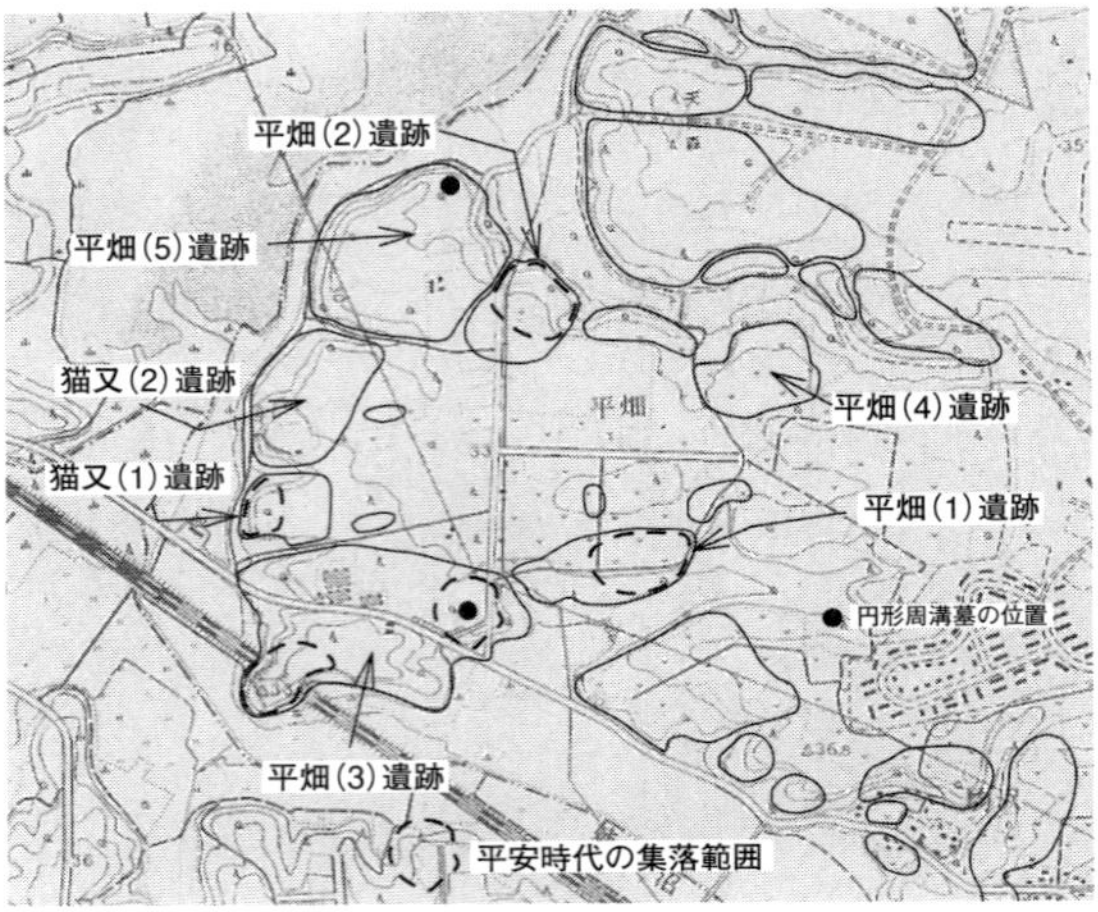

後、白頭山火山灰が降下する前に造られていたことがわかっています。平畑（5）遺跡からも円形周溝墓が検出され、十和田a火山灰が降下する前に造られていました。火山灰の検出状況から平畑（1）遺跡の集落と平畑（5）遺跡の円形周溝墓は密接な関係があると考えられます。七遺跡のうち三遺跡で奈良時代の住居跡を検出し、平畑（5）遺跡からは九世紀後半期の出羽系土師器甕が採集されるなど「平畑開拓」の台地は八世紀から一〇世紀後半までの時期において重要な位置を占めていたものと想定されます。

3　平畑（1）遺跡

平成一七年度に大規模開発に伴い一五万平方メートルを対象に試掘調査を実施しました。その結果、奈良時代の住居跡一軒、平安時代の住居跡一一軒（二軒は確認のみ）や竪穴状遺構、土坑などを検出しました。平安時代の集落はほぼ一〇〇メートル四方程度の規模で重複する住居跡がなかったことから比較的短期間で廃絶されたものと考えられます。注目されるのが一一軒のうち三軒から緑釉陶器（皿・椀・耳皿など）が二三点出土したことです。九一五年に降下したとされる十和田a火山灰が堆積する住居跡の床面などから出土し、京都府亀岡市篠窯で作られたものとの所見が得られ、諸説あった篠窯の操業期間の一端を示す非常に貴重な資料群として評価されています。緑釉陶器は釉薬が施される高級食器の部類に入るもので、都から派遣された官人あるいは在地の富裕層などが所持し、使用したものであると考えられています。緑釉陶器以外に鉄鈴、鉄斧、鉄製紡錘車、刀子、鎌、締め金具、穂積具、須恵器甕・壺、墨書・刻書土器、土師器耳皿、ミニチュア土器、羽口、土製玉、土錘、木製容器、砥石、アワ、米など多種多様な遺物が豊富に出土しています。これらのことから本遺跡が九世紀後半から一〇世紀初頭期には拠点的な遺跡であったと思われます。

本書の「平安時代、馬の交易によって京の都とつながっていたのではないかという歴史的背景へ近づくために……」という目的からすると鉄鈴、締め金具など馬具と思われる物の出土や江戸時代、三沢市の大半が「木崎野」という南部藩最大の藩営牧場で、古文書に「木崎野は、もと尾駮の牧より牝牡を移し、建保・承久のころ開牧せるも……」と記述されているなど古くから馬の生産に関わっていたことがうかがわれます。緑釉陶器を持ち込んだ人物が馬を主体的に介して京の都とつながっていたのかもしれません。

第二部　歴史学的考察

藤原道長と馬、そして尾駮の駒

倉本一宏・堀井佳代子

はじめに

本稿に与えられた課題は、「尾駮の駒と藤原道長との関係について古記録を材料として実証する」ということでありますが、それは非常に難しいです。結論からいえば、わからない。わからないとは、そうではないという意味ではない。〇でもなければ一〇〇でもなく、一と一〇〇との間にあります。五〇%を境にしてどちらに振るかは問題がありますが、一〇〇ではないが、〇でもない、ということになります。可能性を求めて、関連する史料を検討していきます。

一　和歌のなかの「尾駮」

なつかない「をぶち」のこま

「尾駮」は「をぶち」として、早くに和歌に見られます。最も古いものは、『古今和歌集』に次いで作られた勅撰和歌集『後撰和歌集』（天暦九（九五五）年頃成立）に、よみ人知らずとして収められています。

男の、はじめいかに思へるさまにか有りけん、女の気色も心解けぬを見て、「あやしくも思はぬさまなること」と言ひ侍りければ

みちのくの　をぶちの駒も　野飼ふには　荒れこそまされ　なつくものかは

この歌の作者は女性です。「男」は言い寄った女性が心を許してくれないので、「私を思ってくれない様子ですね」と不満をこぼします。これに対して女性は、「陸奥のおぶちの駒も野飼いをすれば、ますます荒れることはあっても、懐くことはないでしょう」＝「あなたが私を構ってくれないから、そういう態度になるのでしょう」と、自らを馬に喩えて返しています。ここで作者は、「をぶちの駒」を荒馬とみています。この歌を意識して詠まれたのが、『蜻蛉日記』に見える藤原兼家の歌です。『蜻蛉日記』作者の道綱母は、兼家が自分たち母子を顧みてくれないと、不満をぶつけ、

なつくべき　人もはなてば　**みちのく**の　**馬**やかぎりに　ならむとすらむ

という歌を送ります。それを受けて兼家は、

われが名を　**をぶちのこま**の　あればこそ　なつくにつかぬ　身とも知られめ

と返します。ここでも「をぶちのこま」は、簡単には懐かない荒馬として詠まれています。

他に寛仁三（一〇一九）年頃、三十六歌仙の一人である相模が前夫の橘則長に送った、

つなたえて　はなれはてにし　**みちのく**の　**をぶちのこま**を　昨日みしかな

という歌が『後拾遺和歌集』にあります。あなたは私とは縁が切れてしまって、「をぶちのこま」のように離れてしまいましたが、そのあなたを昨日お見かけしました、という内容です。このように、「をぶちのこま」は、簡単には馴れないというイメージから、男女間の機微を示す際に用いられ、そのなかで男性／女性が、馬に喩えられています。

ただ「をぶち」は、馬の毛色の「斑」で、まだら模様の毛を指し、陸奥の地名とは直接に関係しないという見解もあ

ります。これに関わるのが、『後拾遺和歌集』（応徳三（一〇七五）年成立）に収められている、良暹法師が詠んだ、

　あふさかの　すぎのむらだち　ひくほどは　**をぶち**にみゆる　もち月の**こま**

です。これは信濃国の望月牧から馬を貢進し、逢坂の関にさしかかった場面を詠んだものです。この後、都に到着すると、天皇の御前に馬を牽いて分配する儀式、駒牽が行われます。望月牧の駒牽は、毎年八月二三日に行うと決められていました（『政事要略』二三）。望月は牧の名＝地名ですが満月をイメージさせます。満月の月明かりの下、馬を連れて逢坂の関近くの杉の多い場所を歩いていると、影が馬に映って「をぶち」＝毛色が斑の馬にみえる、という情景を詠っています。風景が目に浮かぶような秀逸な和歌ですが、ここでの「をぶち」はたしかに毛色を示しています。建久九（一一九八）年頃成立の歌学書、『和歌色葉』も、「をぶちとは小駮なり。……ちひさきまだらなるやうに見ゆるなり」と述べています。しかし、この歌の面白さは「望月」の馬なのに「をぶち」の馬に見えるという点にあります。「望月」という地名が満月を示すのと同様に、「をぶち」という地名と毛色の「ぶち」とを掛けたもので、単に毛色のみを示すものではなく、地名の尾駮を前提として詠まれた歌と思われます。また、平安時代中期の他の和歌でも、「みちのく」と「をぶち」とが併せて用いられます。やはり和歌に見える「をぶち」は、陸奥にある地名を示したものでしょう。

歌学書のなかの「尾駮」

このように「をぶちのこま」は早くから歌に詠まれますが、「をぶちの牧」は見えません。この点を考えるために歌学書の記載を取り上げます。歌学書は作歌のための指南書であり、このなかに歌によく用いる言葉を項目ごとに列挙した箇所があります。藤原清輔（一一〇四〜一一七七）著『和歌初学抄』、建久九（一一九八）年成立の『和歌色葉』、順徳天皇（一一九七〜一二四二）著『八雲御抄』にある、「馬」の項目のなかから地名に関わるものを取り出したのが第1表です。『和歌初学抄』では、様々な毛色の馬に続けて、地名を冠した「〜のこま」が挙げられ、そこに「をぶちのこま」

第1表　歌学書の「馬」の項目のなかにみえる地名

和歌初学抄	和歌色葉	八雲御抄	漢字表記
をぶちのこま	—	をぶち	〈尾駮〉
もち月のこま	もちづきのこま	もちづき	〈望月〉
きりはらのこま	きりはらのこま	きりはら	〈桐原〉
たちののこま	たちののこま	たちの	〈立野〉
ほさかのこま	ほさかのこま	—	〈穂坂〉
		あだち	〈安達〉

第2表　歌学書の「牧」の項目

牧	和歌初学抄	和歌色葉	八雲御抄
美豆牧（山城）	○	○	○
鳥養牧（摂津）	○	○	○
穂坂牧（甲斐）	○		○
桐原牧（信濃）	○	○	○
望月牧（信濃）	○	○	○
黒駒牧（甲斐）	○	○	○
小笠原牧（甲斐）	○	○	○
尾駮牧（陸奥）			○
立野牧（武蔵）			○
小野牧（武蔵）			○
家島牧（播磨）			○
計	7	6	11

がみえます。『八雲御抄』では内容が大幅に増補されますが、そこにも「をぶち」がみえています。すでに院政期から、和歌に馬を詠み込む場合に「をぶち」が挙げられるほど、著名な存在であったことがみてとれます。

しかし牧については様相が異なります。これらの歌学書の「牧」の項目には、和歌に詠み込む地名、「歌枕」となる牧が列挙されています。それを一覧にしたのが第2表です。ここで挙げられている牧は、ほとんどが朝廷のもっている信濃・甲斐などにある御牧、もしくは馬寮の管轄する播磨・摂津にある牧（近都牧）であり、『延喜式』にその名がみえています。しかし尾駮牧は『延喜式』では確認できず、このなかでは異質な牧であるうえに、遅れて『八雲御抄』にしか出てきません。和歌の世界のなかで「尾駮牧」は、「をぶちのこま」の存在を踏まえて、歌人たちの間で想定された牧であった可能性が高く、実在の牧とは分けて考えた方がいいように思われます。

二　『御堂関白記』と「陸奥」と「競馬」

陸奥の馬と道長

次に藤原道長についてみていきたいと思います。道長と「尾駮の駒」との関係を直接に示す史料はありませんが、彼の日記『御堂関白記』からは彼と「陸奥」や「馬」との関わりが見られます。『御堂関白記』には「陸奥」は全部で二一例がみえますが、ほとんどの場合、「陸奥」は「馬」と一緒に出てきます。この頃、陸奥守に任じられたのが、道長の家司の藤原済家です。彼の祖父安親は道長の母時姫の兄で、道長にとって済家は、母方の従兄弟の子です。済家の叔父の季随、兄弟の輔公も同じく道長の家司であり、一家を挙げて道長に仕えています。なかでも済家は諸国の受領を歴任し、道長に様々な物品を献上しています。特に多いのが馬であり、その数は、陸奥守の任期中に二九匹、それ以外に二四匹、計五三匹に及びます。寛弘七年一一月には一度に二〇匹もの馬を献上しています。また一方で、

陸奥守（藤原）済家が、任国に赴任する罷申に来た。女装束・下襲・表袴・馬を下賜した。その妻にも乗鞍一具を下賜した。また、女騎用の馬・二人鞍・笠・行縢・装束二具を下賜した。

（『御堂関白記』現代語訳　寛弘六年（一〇〇九）八月二三日条）

と、陸奥に赴任する済家に道長が馬を下賜し、その妻にも女性用の馬を与えています。彼らは馬の本場である陸奥へ行くので、馬を与える必要はないはずです。道長から貰った馬に乗って行くと、おそらく羽振りが良かったのでしょう。

馬好きな一面

道長が馬を好んだことはよく知られています。彼は「競馬」を多く開催しています。

天が晴れた。諸社に祈年穀奉幣使の発遣を行なうことになっていた。ところが夢想が宜しくなかったので、参入しなかった。この日、土御門第の新しい馬場に、初めて馬を馳せた。公卿たちが多く来た。これは春日祭の競馬に参るからである。

（『御堂関白記』現代語訳 長保元年〔九九九〕二月二〇日条）

この日、諸社へ祈年穀奉幣使の発遣を行うことになっていました。その儀式は大極殿の前で行います。大極殿までは少し距離があり、なぜか道長はそこに行きたがらないことが多いです。ここでは「夢見が悪かった」ので行かなかったのですが、同日に自宅である土御門第で馬を走らせています。面倒な仕事は、「夢見が悪い」と言って行かず、やりたいことはそれでもやる。彼の一面がよく表れています。同月二七日に道長は春日大社に参詣し、そこに多くの馬を連れていき、競馬を行います。その準備ための競馬を自宅で行っているのです。非常に馬にこだわる人です。

また、『御堂関白記』は基本的に記述が非常に短いです。同時代の『小右記』の記主藤原実資や『権記』の記主藤原行成は儀式の間にメモを作成し、それを元に日記を書いていたと思われますが、道長は記憶だけで書いていたようで、非常に短く、平均すると大体一日につき四〇字位です。ところが、競馬の日は長く詳細に記録しています。道長はあるいは、競馬に関してはメモをとっていたのかもしれません。寛仁元（一〇一七）年九月二三日条には、

一番〈左、(多) 武文〔大勝。〕、右 (下毛野) 助宣。〉、二番〈左、季忠〔勝。〕、右、(秦) 正近〉

と、誰が勝ったかという「勝敗表」があります。おそらく「取組表」があって、それに道長自身が書き込み、それを元に『御堂関白記』を書いたのでしょう。それほど馬が好きだったのでしょう。なお、『小右記』長和三〔一〇一四〕年五月一六日条には、騎射のなかで馬から落ちてしまった人を皆で助けようとしたところ、道長が怒って「そんな奴は助けるな」と言って帰らせたという出来事がみえています。それくらい馬に関しては厳しく、感情の起伏が激しい。道長

の前で競馬をするのはすごく大変だったでしょう。

左右馬寮と道長

朝廷の馬を管理する部署が左右馬寮であり、ここには天皇の近臣や血縁者が多く任命されていました。ただ、道長が政権の中枢にいた時期には、これとは異なる様相がみえます。左馬頭には藤原相尹（正暦三〔九九二〕～長和元〔一〇一二〕＊括弧内は判明する任期。以下同。）、藤原忠経（長和二）、藤原保昌（長和二～万寿二〔一〇二五〕）、大江景理（万寿三～長元元〔一〇二八〕）が、右馬頭には源元忠（正暦四〔九九三〕）、藤原通任（長保元〔九九九〕～寛弘八〔一〇一一〕）、藤原顕信（寛弘八～長和元〔一〇一二〕）、藤原兼綱（長和元～二）、源頼親（長和二～寛仁元〔一〇一七〕）、藤原惟憲（寛仁元）、藤原能通（寛仁元）、藤原輔公（寛仁二～三）、藤原兼房（治安三〔一〇二三〕～万寿三〔一〇二六〕）が任じられています。顕信（道長息）、兼綱（道綱養子）といった道長の近親者もいますが、特筆すべきは、藤原保昌、源頼親、藤原惟憲、藤原能通、藤原輔公の五名の道長の家司がいることです。彼らは豊かな国の受領にも任命されています。自らの影響力のもとにあり、かつ富裕な人々を長官としたのは、おそらく道長の意図したところなのでしょう。

牛馬の流通センター

道長が馬好きであったことも関係するのでしょうが、多くの馬を贈られています。従来、受領が自分の人事を有利にしてもらうための賄賂として道長に牛馬を貢進したと説かれてきました。しかし受領たちは必ずしも除目の前に貢進してきたわけでもないし、貢進の結果がすぐさま除目に有利にはたらいたわけでもありません。

道長のもとに貢進されたと記録されている四二五疋余の馬のうち、三四九疋余を皇族や他の貴族、寺社に分与しています。またそのうちの七七疋は、当日もしくは翌日に分与したものです。同様に、貢進された六三頭余の牛のうちの六一頭余を分与しています。これも、そのうちの三八頭は当日もしくは翌日に分与しています。しかも多くの場合、賀茂祭や御禊、行幸、大嘗祭など、馬を必要とする特定の行事の前に貢進されています。おそらく道長は、あらかじめ分与先と使途を把握したうえで、受領に貢進を求め、貢進されるとすぐに、その用途に充てているのです。例えば、寛弘五（一〇〇八）年四月一六日に行われた賀茂斎院御禊では、その供奉のために馬が必要であると申請してきた人々に、家の馬一一疋を与えています。また続けて「馬を請わなかった人も、他所の馬に乗っているといっても、皆、これは元々は私の馬であったものである」と記しています。ここから、当時、儀式で用いられていた馬の多くが道長のもとを通って分配されていたことが知られます。先に、陸奥守の藤原済家が道長に多くの馬を献上したことをみました。この馬も「これは先日、命じておいたので、献上してきたものである」（『御堂関白記』現代語訳 長和元年〔一〇一二〕閏一〇月一二日条）とされ、道長の具体的な求めに応じたものです。この数日後の大嘗祭の御禊では多くの官人が馬に乗って供奉しています。おそらくこのための馬が必要だったのでしょう。また驚くべきは、道長は分与していた馬を覚えている点です。何年か経っても馬を見れば、あれは自分がかつて与えた馬だと認識できたのです。

これらの例から、道長が自分の懐に入れるべき賄賂というよりも、王朝社会全体における牛馬の集配センターと再分配システムを想定することができます。この頃には、朝廷のもつ牧からの馬の貢上は、期日に遅れたり、頭数が足りないことが多くなっており、予定どおりに朝廷に馬が揃わない事態が生じていました。しかし道長の所には多くの馬が集まっていますから、その足りない分を道長が工面しているのです。この頃には他に何人かの大臣がいますが、ほとんどそういう仕事はしていません。このような役割を果たしているのは道長だけです。彼こそ国の中心を担っていたということがよくわかります。

おわりに

和歌にみえる「をぶち」について、また、藤原道長と馬の関わりについて述べてきました。平安時代の尾駮は、文献史料の面からはわからないことが多いです。しかし様々な角度から今後も検討を続ける必要があると思われます。

参考文献

相内知昭　二〇一一「『尾駮の牧』の一試論―摂関期における馬の需要の意味と、〝尾駮の牧〟―」（『東奥文化』八二）
犬養廉・平野由紀子・いさら会　一九九六『後拾遺和歌集新釈』上　笠間書院
岡野範子　二〇〇一「家司受領について―藤原道長の家司を中心に―」（『橘史学』一六）
柿本　奨　一九六六『蜻蛉日記全注釈』上　角川書店
加瀬文雄　一九九五「藤原道長をめぐる馬と牛」（『日本古代の社会と政治』吉川弘文館）
木船重昭　一九八八『後撰和歌集全釈』笠間書院
倉本一宏　二〇〇三『一条天皇』吉川弘文館
倉本一宏　二〇〇九『藤原道長「御堂関白記」全現代語訳（上）』講談社学術文庫
倉本一宏　二〇〇九『藤原道長「御堂関白記」全現代語訳（中）』講談社学術文庫
倉本一宏　二〇〇九『藤原道長「御堂関白記」全現代語訳（下）』講談社学術文庫
倉本一宏　二〇一三『藤原道長の日常生活』講談社現代新書
倉本一宏　二〇一三『藤原道長「御堂関白記」を読む』講談社選書メチエ
佐藤健太郎　二〇一六「平安前期の左右馬寮に関する一考察」（同『日本古代の牧と馬政官司』塙書房　初出二〇〇四年）
中込律子　二〇一三「摂関家と馬」（同『平安時代の税財政構造と受領』校倉書房　初出一九九八年）

建武期の糠部と尾駮の牧

伊藤一允

一　はじめに

鎌倉期末期から南北朝にかけて、北奥の地が文献上に姿をみせはじめます。ことに安藤氏の登場により、とくに十三湊の考古学発掘ともかかわって、津軽がクローズアップされてきています。それに対して糠部地域は影がうすいといわざるを得ません。

しかし、考えてもみてほしい。津軽も糠部もどちらも陸奥国府の管轄下にある地域です。それなのに津軽の安藤氏が、北方交易に従事し、蝦夷の沙汰や東夷成敗権が与えられていたというのです。いったい糠部内の安藤氏は何をしていたのでしょうか。無為に過ごしていただけなのでしょうか。

たしかに中世文書は糠部より津軽に多く残存しています。しかしそれも根城八戸氏に残されていたもので、津軽地域に伝えられた文書ではありません。十三湊発掘調査の成果をふまえ、どちらかといえば、その文書も津軽よりに解釈されてきた側面がつよいのです。

最近は糠部をはじめ、太平洋側にも交通の拠点があることが指摘され、蝦夷地との交易が認められていたとする見解が示されつつありますが、依然として多くには認められていません。本稿は糠部の視点から、これまでの見解にたいして、見直しを迫るものです（中世1：二九二頁のように註記するのは、『青森県史　資料編　中世1』二九二頁の略）。

二　糠部の給人

建武政権が成立したころの糠部を、「八戸家系」は、「往く春より以来、津軽また糠部の叛人、その数ははなはだ多し」（中世1：二四八頁）と記しています。「新田家系」では、「津軽および糠部辺り一揆の蜂起人」（中世1：二九二頁）と書かれています。つまり当時八戸家の師行・政長らにとっては、糠部もまた動乱のさなかにあったと認識されていたことになります。

この動乱の糠部に派遣されたのが南部師行です。師行は、陸奥守北畠顕家のもっとも信頼できる腹心で、糠部の郡奉行・郡検断として糠部を統治しています。当時の糠部は、建武新政の拠点地域でした。蝦夷成敗権のもとに蝦夷の沙汰をもつ安藤氏を従え、北奥だけでなく蝦夷地をもにらんだ重要な地域となっています。ですから南部師行は糠部郡ばかりか、北奥羽各地——鹿角郡・仙北地方・久慈郡・閉伊郡・津軽地方等のきわめて広い範囲で重要な働きを始めました。

糠部に有力な武将が派遣されてきたにもかかわらず、それにみあった戦乱らしいものはほとんどが伝えられていません。ところが津軽には、鎌倉幕末から津軽大乱が報じられたり、大光寺合戦から石川合戦・持寄城合戦にいたる戦闘が伝えられています。いったいこの差はなんでしょうか。同じ北奥の地でありながら、この違いはどこからくるのでしょうか。

たしかに糠部地域では目立った合戦がみられませんが、離反・反抗・衝突がなかったわけではありません。糠部内に

第1表

地名	前給人	移動年月日	新給人	出典
一　戸	工藤四郎右衛門入道	建武1・4・30	預り※	多田定綱書状（中世1－26）
	浅野太郎	建武1・6・12	横溝孫次郎	顕家袖判御教書（中世1－28）
	（不明）	建武1・10・6	中条出羽前司時長	陸奥国宣（中世1－36）
南　門	横溝六郎三郎入道浄円	建武1・7・2	伊達五郎入道善恵（辞退）	陸奥国宣（中世1－30）
		建武1・9・12	→横溝孫六重頼	陸奥国宣（中世1－36）
	横溝弥五郎入道	建武2・2・21	横溝彦三郎祐貞	陸奥国宣（中世1－41）
九　戸	北条右馬権頭茂時	元弘3・12・18	結城参河前司親朝	顕家下文（中世3－287）
	大須賀二郎入道	元弘3・12・18	結城宗広入道道忠	結城宗広所領注文写（中世3－288）
三　戸	横溝新五郎入道	建武1・4・30	預り※	多田定綱書状（中世1－26）
	会田四郎三郎	建武1・6・12	工藤三郎景資	顕家袖判御教書（中世1－28）
	大瀬二郎	建武1・6・12	岩沢大炊六郎入道	顕家袖判御教書（中世1－28）
八　戸	工藤三郎兵衛尉	建武1・4・30	預り※	多田定綱書状（中世1－26）
	（不明）	建武1・6・12	工藤孫四郎	顕家袖判御教書（中世1－28）
	（不明）	建武1・6・12	工藤孫次郎	顕家袖判御教書（中世1－28）
	工藤左衛門次郎義村	建武1・7・21	伊達大炊助三郎次郎光助	陸奥国宣（中世1－30）
八戸上尻内	工藤左衛門次郎	建武1・4・30	預り※	多田定綱書状（中世1－26）
五　戸	三浦左衛門尉盛時	建武2・9・27	三浦介高継	足利高氏袖判下文（中世3－264）
七　戸	工藤右近将監	建武1・7・29	伊達左近大夫将監行朝	陸奥国宣（中世1－31）
	結城七郎左衛門朝祐	建武2・3・10	南部六郎政長	顕家袖判下文（中世1－43）
	大須賀二郎入道	建武2・3・10	結城宗広入道道忠	結城宗広所領注文写（中世3－288）
七戸内野邊地	（不明）	建武2・2・30	伊達五郎宗政	陸奥国宣（中世1－42）
宇曽利郷	安藤宗季	建武2・⑩・29	安藤五郎太郎高季	顕家袖判御教書（中世1－232）

建武年間頃の糠部新旧給人　出典（　）は「青森県史」中世1~3により、ページを示す。
※「南部又二郎・戸貫出羽前司・河村又二郎三人預」とある。

みる新旧給人の交代が、なんの抵抗もなく行われたとは考えにくいのです（第1表）。

建武政権時代は、津軽と糠部では文書や記録の残存の違いがあります。糠部に比べると津軽に史料が偏重していて、どうしても津軽に引き寄せて語られるのです。糠部にも幕府方と建武方との間で、かなりの反乱や衝突があったことは、第1表をみればわかります。糠部の新旧の給人については、『八戸市史 通史編Ⅰ 原始・古代・中世』に適切な解説があります。

津軽地域では、鎌倉末の津軽大乱から始まり、一三二二（元亨二）年の安藤惣領をめぐる内紛に発展。惣領家の交替があり、ようやく和談にこぎつけたのは一三二八（嘉暦三）年でした。ところが建武新政が始まると、津軽では北条氏与党がさらに反乱し大光寺合戦となり、そして石川楯合戦・持寄城の戦いへと続いていきました。この津軽争乱には糠部からも、得宗給人らも参加していたと考えられます。

こうした津軽と糠部との違いに疑問をもちはじめたのは、一三三四（建武元）年一二月一四日「津軽降人交名注進状案」を知ったときでした。

一、被留置津軽降人交名事（中世1：三八頁）

●工藤左近二郎子息孫二郎義継

●同孫三郎祐継

　若党分

矢部彦五郎

弥彦平三郎

四方田彦三郎

○高橋三郎右衛門入道光心

長尾孫七景継
長尾平三入道
萩原七郎
山梨子弥六入道
○　気多孫太郎頼親
○　同子息三郎重親
○　新關又二郎
●　乙邊地小三郎光季
●　湊五郎四郎是季
●　野邊左衛門五郎　　十一月廿三日死去了
○　野内弥九郎光兼
恵蘊弥五郎　　死去了　以上十七人安藤又太郎預之

いわゆる「津軽降人交名」の前半三分の一ほどの人名簿です。ここで降人一七人を安藤又太郎なる人物が預かっています。預り人のうちでは最多で、また安藤又太郎は、糠部宇曽利郷に代官職を有しています（後述）。この降人のなかに、糠部からの給人がいても、なんら不思議はないはずです。

津軽合戦に糠部からも多数が参戦しているとなれば、糠部でも反国府の憤懣が渦巻いていたことを示すことになると思われました。この降人のなかですぐに目についたのは、気多孫太郎頼親・同子息三郎重親でした。気多氏（気田氏）は、現十和田市切田の在地領主です。

これは津軽降人というよりも、糠部の降人でないか。そう思ってみますと、確証はないのですが、四方田は下田、乙辺地は尾駮に通じる地名に思えますし、野内は現青森市だが東部の糠部に近い地域にあります。八戸には工藤祐経の子犬房丸祐長の子孫が開拓したという伝承がありますように、また工藤左近二郎などの工藤氏は、八戸に多い姓ですから、やはり八戸にゆかりがある人物でないでしょうか。安藤又太郎は糠部地域の給主であるがゆえに、糠部から津軽に行って参戦した降人を預かっていると考えられます。勝手な想像にすぎませんが、なんとか手掛かりをつかんでみたいと考えました。

気田氏に関しては系図が残されています。南部藩「諸家系図」には、

①親法　井　参河

初テ北郡田名部ニ来テ高舘ニ居、自ラ其海岸ヲ領ス。

②親安　伊勢

糠部郡六戸ニ来、上舘ニ居ル。

とあって、切田村の小領主であることは、切田八幡宮の棟札にも、文禄五年「大旦那藤原気多伊豆守政親」（『新撰陸奥国誌』四）と記されています。系図では、最初は田名部の高舘にいたとありますから、宇曽利の給人である安藤氏が、これを預かっていることは、「降人交名」の記述に合致します。わずかに、こんなことが理解できたにすぎません。最近では『青森県史』の刊行がはじまって以来、糠部の南北朝時代の史料が公開され、ほぼその全体像が把握できるようになってきました。『青森県史 中世』・『五所川原市史 通史編』・『新青森市史 資料編』・『八戸市史 通史編』等、具体的に史料を検索できます。それにともない諸種の考証や説がだされ、いろいろと考察する条件がそろってきたといえます。そうしたなかで、やはり津軽圏よりの解釈が多いことに違和感をおぼえていました。

この糠部に、南部師行が与えられた任務は糠部奉行であって、津軽奉行ではないのです。このことをみても、建武政権にとっては糠部地域が重要な位置をしめていたわけになります。その後の建武二年三月二三日、陸奥国宣に、「津軽

中の事、尋ね沙汰有んが為、南部又次郎師行を下さるる所なり。まさに催促に応じ、郡内の輩を相催し忠節致すべし。もし緩怠の儀有らば、宜しく罪科に処せらるべし。かつ事の躰にしたがい、沙汰を計るべきの由、師行に仰せ付けらるる所なり」（中世1：四三頁）とあって、津軽尋沙汰を命ぜられたのは、あくまでも兼務でした。にもかかわらず、いかにも津軽地域に重点がおかれているような記述には納得がいきませんでした。いってみれば、糠部は圏外に置かれたような状況だったのです。

降人のなかにも手掛かりがありません、それでは預り人の安藤又太郎はどうでしょうか。

三　「なかはまのミまき・みなと」の比定地

糠部の給人については、ごく一部以外、その実態はほとんど不詳といえます。ある程度、文書に残る給人に、津軽・糠部にまたがる所領を有する安藤宗季がいます。

『諏訪大明神画詞』には「蝦夷管領」と記される安藤氏です。一三二二（元亨二）年春、惣領職をめぐる争いのなかで、惣領安藤又太郎季長と従兄弟五郎二郎季久が対立、この「蝦夷蜂起」をすぐには裁定できなかった幕府は、こともあろうか、「蜂起」の責任を又太郎季長にとらせたのです。つまり彼のもつ地頭代官職や蝦夷沙汰職を取上、季久に与えてしまいました。おさまらない季長は、これに抗議して翌年三年三月反乱します。幕府は得宗被官工藤祐貞を派遣、七月、季長を捕縛し鎌倉に送りました。季長の郎等らはこの処置に収まらず、なお抗戦したといいます。

宗季はこの際、五郎三郎季久から名乗りを替え又太郎宗季としたようです。

ⓐ一三二五（正中二）年九月十一日、安藤宗季譲状（中世1：二二八頁）

ゆづりわたす、つがるはなハのこほりけんかしましりひきのかう、かたのへんのかう、ならびにゑぞのさた、ぬかのぶうそりのかう、なかはまのミまき、みなといけのぢとう御だいくわんしきの事。……（以下略）……

次の史料は、国司北畠顕家が、季久の嫡子五郎太郎高季に知行地の安堵状として与えた御教書です。

ⓑ一三三五（建武二）年閏十月二十九日、北畠顕家袖判御教書（中世1：二三二頁）

陸奥国津軽鼻和郡絹家嶋尻引郷・片野辺郷、糠部郡宇曽利郷・中浜御牧・湊以下、

同西浜除安藤次郎太郎後家賢戒知行分関・阿曽米村地頭代職事。……（以下略）……

新に西浜が付け加えられてはいますが、この西浜は、一三三〇（元徳二）年六月一四日、宗季から嫡子五郎太郎高季に譲られていて、改めて顕家によって認可されたものです。陸奥国府は、旧給主でも恭順の意を示すものには、従来からの地位を保証する政策をとっていましたから、宗季・高季親子も顕家の支配を受け入れていたことになります。けれどその際、「蝦夷沙汰」職を失っています。たんなる知行地の継承ではなく、政治的には明らかな安藤氏の政治権力の縮小をはかっているといえるでしょう（蝦夷沙汰については後述）。

安藤宗季の知行地が継承されるなかで、「ぬかのぶうそりのかう」は現下北郡に比定され、ほぼ認められています。では「なかはまのミまき・みなと」はどうかといいますと、『新青森市史』資料編2 古代・中世の註では、「なかはま」は不明としながら、「中浜」とは津軽外浜と西浜の関の浜の意味とも解釈され、現在の三厩村・今別町一帯の可能性もあるとされています。みなととは「十三湊をさす説と、宇曽利の大畑湊をさす説があるが」としながら、次のように解説します（同資料編2：三四五頁）。

譲状にみえる「湊」については、現在これを下北大畑とする研究者が多いが、蝦夷沙汰代官職にともなう所領であること、大畑は「宇曽利郷」に含まれること、この時期すでに港湾都市十三湊が活発な活動を開始していることからみれば、十三湊と考えた方が適切であると思われる。

このように、「みなと」の十三湊説は、現在大方に認められ通説化しています。どうも、研究者は津軽に引き寄せた解釈するのが好きなようです。しかし、文脈を無視して「なかはまのミまき、みなと」を津軽内に求めることがどうして適切といえるでしょうか。

ⓐⓑ二つの史料を整理しますと、

津軽鼻和郡――絹家嶋尻引郷・片野辺地
糠部郡　　――宇曽利郷・中浜御牧・湊
同　　　　――西浜

このようになります。文脈からみても「ぬかのぶ」以下は「うそりのかう」を含めて、「なかはまのミまき、みなと」は、糠部内に所属すると考えるのが、当然のことでないでしょうか。しかも、「なかはまのミまき、みなと」を宇曽利郷内とはいっていないのです。ⓐの続きには、

　たゞしうそりのかうのうち、たや《(田屋)》・たなぶ《(田名部)》・あんとのうら《(安渡浦)》をハ、にょし《(女子)》とらこぜん《(虎御前)》いちこ《(一期)》にゆつりあたうるところなり。

とあるのです。「田屋・田名部・安渡浦」が宇曽利郷の内と明快に述べられています。この史料でみれば、「なかはまのミまき、みなと」は糠部内ではあっても、宇曽利郷内にはないことになります。

さらに、「同西浜」をどうみるかです。「同」が糠部郡に同じだとしますと、「西浜」は糠部の西浜になるはずです。しかし糠部に続く「同」ならば、わさわざ「同」をつける必要がありません。この同は津軽鼻和郡と同じくの「同」なのか、津軽に同じの「同」なのか疑問が残ります。ともあれ津軽の内の西浜ということには変わりません。とりもなおさず、「なかはまのミまき、みなと」が糠部内に存在することを裏付けることになります。

ともかく、津軽のうちに「なかはまのミまき、みなと」があったとは、とうてい納得できるものではありません。つ

まり、ⓐⓑ二つの史料からは、「中浜御牧・湊」を津軽内に比定することには賛成できないのです。

「中浜」ということばから西浜と外浜の間を想定して、十三湊を控えた津軽半島の先端を中浜の比定地にあてていますが、これも「なかはまのミまき」が「中浜」であるというのは、ⓑの史料がそのように記載しているからにすぎません。ⓐからⓑへの文書の移行で、なぜか「なかはま」から「中浜」へと変更されているのです。はたしてこれを「中浜」とすることがよいのか疑問が残ります。それに、これを「ミまき」というなら、つまりは官牧が津軽にあったことになります。かつて、そのような「ミまき」が津軽に存在したという伝承があったでしょうか。文書や確証が残されているでしょうか。津軽に「ミまき」を求めるのはどだい無理なのです。「なかはまのミまき」は、やはり糠部内に求めるべきです。そして、「なかはま」は本来「長浜」とするべきで、そのほうが実状に合います。なにしろ、糠部は古代から駿馬の産地であったのですから。

「長浜」と解すれば、それは太平洋側海岸の岩石が連なる磯浜の三陸沿岸は除外するとして、八戸から六ヶ所村の泊あたりまでの浜が砂浜となりますから、ここが長浜に該当するとみてよいでしょう。後世、ここには木崎牧が存在します。まさに「長浜の御牧」ならば、それは近世の木崎野に連なる御牧と比定して矛盾はありません。

南部九牧と知られる御野は、大間野・奥戸野・有戸（蟻渡）野・木崎野・又重野・相内野・住谷野・北野・三崎野と、ほかに八戸藩に妙野・広野・久慈野があります。これら牧野のうち又重野・相内野・住谷野の三牧だけが内陸部にありますが、総じて、南部の牧は海岸通りに形成されています。それは海に面して海風が海水をふくんでいて、馬の飼養に必要な塩分を自然に運んでくれることにあります。塩分は牧草に付着して、あえて塩を補給しなくても十分な牧の形成が可能なのです。また、牧は一方が海に面していれば、他の三面に馬柵を設置するだけで良い。そうした経営面での措置も考慮すれば納得できます。草原だけでなく、小流れが求めやすいことも有利な条件になります。谷川の急斜面を水飲み場にするには、危険が多いからです。「なかはまのミまき」を糠部郡に比定すること、それは、後世の木崎野に連なる南部駿馬の伝統が継承されていることを明らかにすることでもあります。

こう考えますと、「みなと」も宇曽利郷内だけに設定する必要がなくなります。安藤宗季は宇曽利郷全体の代官職であったと思われ、すでに湊の一つ安渡浦も、虎御前に譲っています。それなら「みなと」を糠部全体に広げて比定地を検討することが可能となります。当然それは太平洋側ということになりますから、八戸湊が当該地としても妥当だろうと考えられます。ただ八戸の湊村は、近世に登場する村ですが、新井田川河口部の浜通・湊・白銀・鮫・小中野あたりが「みなと」と呼ばれていたと考えて、これを八戸湊とすれば、比定地として妥当と思われます。ここ八戸には「きぬ女一類口上書」があって、安藤三郎なるものが八戸是川に拠点を置き、一族の繁栄を記しています。安藤一族の支配が確実に八戸にはあったのです。「みなと」の比定地を八戸湊として、少しも違和感がありません。むしろ安藤宗季の地頭代職が、これまでの予想を超えて八戸まで延びていたことに驚きを禁じ得ません。彼の支配地がまさに海に面した沿岸部にかぎられるとはいえ、それは海の覇者としての彼の性格とみごとに一致しているのです。

安藤氏の支配地が、宇曽利郷一円から太平洋側の八戸あたりまでに範囲が広がっている、かつてこれとほぼ同一地域を支配していた安倍富忠が思い起こされます。前九年の合戦の前哨戦に、富忠は「鉇屋・仁土呂志・宇曽利」を率いて、安倍頼時に叛乱したのです。この安倍富忠の支配地域(1)はまさに、安藤宗季の給地とみごとに一致するではありませんか。

一一世紀の交易は、自由な交易ではなく、鎮守府胆沢城や秋田城の管理・統制のもとに行われたといいますが、はたして富忠は、その統制範囲のなかだけで北方交易を行っていたのでしょうか。北方交易は、たしかに延喜式の陸奥国貢進物だけでも、葦鹿皮・独犴皮・砂金・昆布・索昆布・細昆布があげられ、他に鷲羽・鷲尾・水豹などがありました。北方交易は、主として北方に産する特産品が眼目で、そのためには永年の信頼があってはじめて継続が可能です。その豊かな産物をなかば独占的に交易・調達することを安倍富忠は実現したのでしょう。彼はそうした信頼を武器に北方の民との間で築きあげてきた勇者であったのです。北方交易における交易関係のなかで、お互いの利害を損なわないこと、輸送や保管、物品の撰択・価格、売買することでの差益の確保、贈答や貢納品の対価、また交易の場の確保やトラブルの解決など、あるいは蝦夷の民との慣行の違いを認めあうことなどを、一種の権益として安藤氏もまた受け継いできたものと思われます。

糠部の北条得宗領には、有力御家人の一族が大半を占めていたといわれるなかで、在地領主から地頭代官に任じられたのが安藤氏でした（小口雅史二〇〇〇）。まさに安藤宗季は安倍富忠のそうした権益を継承していたからこそ、北条政権から海の領主であることを認められたのです。安藤氏が鎌倉時代に突然出現したのではなく、すでに前代までに培われた北方交易におけるエキスパートだったから、こうした豪族なればこそ、幕府に認められて蝦夷支配を可能にしていたのです。幕府が北方交易圏を独占的に手中にしたかった支配権でしょうが、北方民族との間で築いてきた慣行は、いかに軍事的武力を行使したとしても、容易に獲得できるものではありません。北条氏は安藤本宗家に「蝦夷沙汰」を与えることで、彼のもつ権益を北条得宗の「蝦夷成敗権」のなかにとりこんだのです。

安藤宗季が富忠から受け継いだ一部が「蝦夷沙汰」と呼ばれる職権だったのでしょう。富忠と宗季との職権の違いはよくわかりませんが、蝦夷との交易やその場においての主導権に関するものと考えられます。その「蝦夷沙汰」を失うことは、彼にとっては、新政権の管理・統制のもとに置かれるだけでなく、自由な交易が後退を余儀なくされ、不安定な立場に置かれることになります。交易の場での主体を失うわけにはいかず、大きな痛手であったはずです。

四　七戸の御牧と尾駮の牧

陸奥国は古来より貢馬の制が実施されてきていました。何より駿馬の生産地であったからです。
執権北条高時の代には安達泰盛によって、奥羽両国を除き東国の御牧（幕府直轄の牧）を停止する施策が行われました。

陸奥国は北条氏の所領でしたから、駿馬の独占をはかったともいえます。建武政権に交代しても、この制がすぐに杜絶することはなかったのは、つまり糠部郡の重要な役割である「駿馬」の生産・貢納が義務づけに変更はないからでしょう。その貢馬生産をになったのが御牧です。結城神社所蔵文書の一三三三（元弘三）年一二月一八日、北畠顕家下文には、結城参河前司親朝に対し、「件の人、かの戸（九戸）を領知せしめ、貢馬以下に於いては、解怠なく沙汰致すべき」（中世3：二八七頁）と命じていることからも、それが知られます。

『南部馬史』は出典を挙げていませんが、「中古諸国牧数」を陸奥三五六牧としています。

会津	一一牧	米沢	三三牧	最上	二〇牧	庄内	二牧	秋田	四七牧
二本松	七牧	守山	一二牧	三春	六七牧	仙台	五八牧	南部	七〇牧
津軽	三〇牧								

また鎌倉末期の馬産史料に、糠部の「きぬ女一類口上書」があることは前に述べました。八戸是川を拠点に牧を経営していたその安藤一類では、「たね一《種市》のもくし《牧士》きとう四郎」が登場、きぬ女の娘らは「べちの《別野》」を所有しています。また和賀郡和賀氏の一族が所領内に野馬を所持すること（和賀氏系図）。津軽では、建武元年ころといわれる「曽我太郎光高申状々」（中世1：二一二頁）に「津軽平賀郡内大平賀郷の牧士田一町のこと」云々の記事があります。牧士田一町だから、武士として必需の馬の飼養を行っていたと思われます。つまり私牧です。いずれにしても、「御牧」つまり官の牧野のあったことは、どの記録にも史料にも記載されていません。

馬の生産についても記録が残されていません。馬の飼養や経営は当事者が変わっても、それまでのように駿馬を生産できるかどうか、それが可能なのか、どうもよくわからないのが実状です。

わからないことの多いなかに、突如、御牧が登場します。

Ⓒ建武元（一三三四）年三月三日、北畠顕家袖判御教書（中世1：二五頁）

閉伊郡の内大沢村の御牧馬、ならびに殺害を追捕し、以下狼藉のこと。……（以下略）……

ⓓ 建武元年十二月十五日、北畠顕家袖判御教書（中世1：四〇頁）

糠部郡七戸御牧の御馬のこと、追越しかたがた云々と。事実たらば、はなはだ然るべからず、早く尋ねこれを捜し、本の牧へ返還さるべし、……（以下略）……

閉伊郡は糠部九戸の南に隣接するので、糠部に準じて考察します。「御牧」「御馬」の用語からは、これが「官牧」つまり国府の牧であることを表しています。国府に敵対する勢力によって、御馬が殺害されたり、御牧から放逐され御馬が行方知れずになったという、いやがらせでしょうか。糠部での反乱がこの程度であることがいかにも不審で、津軽のように合戦にまではいたっていません。

ともあれ、Ⓒでは大沢村の牧ですから、かなり牧の位置がかなり特定できます。これに対しⓓの「七戸御牧」はどこに設置されていたのでしょうか。なにしろ七戸はかなり広い地域になるのですから。前項で「長浜の御牧」は、のちの木崎牧に該当すると述べました。七戸の位置づけについて、市村高男は次のように指摘しています。

七戸は、糠部の最北・最大の戸であると同時に北への押さえの地でもあり、そのことによって糠部内で極めて重要な位置を与えられることになったのである。また、糠部は日本列島最大の馬産地であり、……（略）……七戸には「御牧御馬」と敬称される特別の牧が存在し、南部氏がその管理権を与えられていたのであった。七戸は糠部随一の規模を誇っていただけに、馬の生産もかなりのものであった可能性が高く、そのことも七戸の位置を自ずと高からしめていたのである。

さらに注目されるのは、七戸が占めた水陸交通上の位置であった。中世の七戸は、六戸以北の上北はすべて七戸の一部であった。糠部には戸と戸を結ぶ道路が存在し、馬・モノを初めさまざまな物資の輸送に利用されていたが、水上輸送についても注目すべき環境を備えていた。

八戸湊は、馬淵川・新井田川の河口に立地していることから、糠部中、南部の内陸水運の結節点として極めて重要な位置を占めていた。八戸南部氏の一族の一方の中心として存在し得た理由の一端はこの点にあったといっていい（市村高男二〇〇三）。

そうして、七戸御牧については、現七戸町の五庵川原一帯を起点とした奥羽種畜牧場あたりがふさわしい、といいます。たしかに、七戸の重要性を考慮するなら、とうぜん現七戸町に置くのがのぞましいように思えます。

南部師行の糠部下向は元弘三（一三三三）年とみられます（八戸通史1：二九三頁）。そして、翌建武元年早々に糠部郡奉行を担いました。師行は糠部内のどこかにいて、奉行としての政務をとっていたと思われます。六月一二日の顕家御教書には「当郡内の凶徒逃散の輩、その数あるか、心苦しく思し召され、先ず以て静謐なるの条」と命じられ、人心の安堵を優先させ、地元の給人の動揺を抑えるとともに、治安を計らなければなりませんでした（伊藤喜良一九九九）。

とうぜん「七戸御牧」の設置は、七戸給人のなかから委任されるはずです。第1表を見てください。七戸の旧給人跡が新給人に任ぜられたのは、早くは建武元年七月、工藤右近将監跡を伊達左近大夫将監行朝に、ついで建武二年三月、結城七郎左衛門朝裕跡を南部六郎政長、同月、大須賀二郎入道跡を結城宗広入道道忠にです。そして同年には、七戸内野辺地が伊達五郎宗政に与えられています。このなかで、新政権による七戸御牧設置に関わることが可能なのは、伊達左近大夫将監行朝に限られます。行朝が、はたして牧を設置するだけの技術的知識や経営力をもっていたかどうかはわかりません。

糠部が馬牧において良質な馬を確実に確保するために、統治のシステムとして九戸四門の制が採用されました。冷涼な気候が農業以外の生業、つまり馬産に重点を置かざるを得なかったからです（八戸通史）。

当時は、年間を通じての野飼だったようです。ですから大風・吹雪・積雪への対策、それにみあった飼料の確保、ことに冬期間の飼料はどうするのか。放牧の際には、牡馬と牝馬の割合と交配や妊娠、母馬と仔馬の期間の飼養、栄養と怪我・病馬の検査と治療、乗馬用具への馴致、乗馬の訓練、こうした生産の場における技術的知識等がなければ、短期間にそのような御牧の設置が可能といえるでしょうか。そのうえ、牧野ごとに生産の違いを勘案すると、風土にみあった飼養技術を考慮したとき、はたして新給主が安易に設置できたとは思えません。その年のうちに七戸御牧を設置できるとは、どうみても無理であろうと思えます。

こうしてみると、七戸御牧は新たに設置した牧野というよりは、それまでに存在していた牧野を、御牧として継続して使用したと考える方が合理的でしょう。

当時の七戸の範囲は不明確ですが、市村が述べるように、おおざっぱに「六戸以北の上北はすべて七戸の一部」といえるでしょう。有多宇末井《うとうまい》の梯《かけはし》が「外浜と糠部の間」（吾妻鏡）にあることや、「七戸内野辺地」との表現から広く野辺地や平内（現東津軽郡）を含めて、奥入瀬川・小川原湖の北側が七戸の内になります。すると現六ヶ所村も七戸の範囲内におさまります。ここに古来からの尾駮牧が浮上してきます。尾駮牧は現尾駮村蟻渡にあったところから「アリト牧」とも呼ばれていて、しだいに野辺地側に移動していって、後には「有戸牧」に変わっています。

「なかはまのミまき」が、「長浜の御牧」だとして木崎牧に比定しました。古い牧場としては七戸の範囲に存在する牧野は、ほかに尾駮牧以外は該当しませんし、牧にかんする古い伝承も尾駮牧には残っています。先に述べましたが、牧野が海岸部に多いこともその条件です。牧の経営、馬匹の飼養や調教、古歌にある歌枕、いずれにしても、牧の経営に関わってきた南部氏ならではの、当然、尾駮牧に目をつけないはずはないでしょうから。

いろいろな条件をクリアするのは尾駮牧しかありません。七戸御牧を尾駮牧に比定するゆえんです。

ところで、この七戸御牧の位置は、安藤宗季の糠部代官職の支配地範囲に重なります。そうしてみますと、国司北畠顕家や糠部奉行南部師行が、尾駮の牧を七戸御牧にしたのにはなんらかの意図があったように思えます。その一つが宗季の「蝦夷沙汰」権を奪ったことです。建武政権は、陸奥国府を政権の後ろ盾にするために、強力な支配組織をつくりあげるために、顕家や師行を派遣して各地方を統括する活動を展開しています。ことに南部師行は糠部郡奉行人として、精力的に活動しています。彼の拠点は三戸あたりにあったと考えられますが、糠部全体を統括するには不十分だったのでしょう。海陸両面からの交通の要衝として、師行は八戸・七戸に注目していたと思います。彼の死後、八戸・七戸は嫡子政長への「勲功の賞」として与えられているのをみても、八戸は蝦夷地をにらんだ海の要港であり、七戸は津軽への交通の要衝となることに気づいていたのでしょう。またそれは、安藤氏の支配地を分断することにつながり、勢威を弱体化する適地なことも見通していたはずです。

それにくわえて気になることがあります。一三三四（建武元）年三月一二日、北畠顕家袖判御教書（中世1：二三〇頁）の存在です。ここでは、宗季嫡子高季に平賀郡上柏木郷の勲功の賞として宛行われていることです。平賀郡は津軽内の内陸部です、『新青森市史』は、「元弘三～四年大光寺合戦への恩賞か」と記述していますが、そうだとしても、海の領主安藤氏の知行を内陸に与えたというのは、内陸部に閉じ込めたいという新政権の深謀をみないわけにはいきません。これは、当時の糠部の情勢を考慮すればみえてきます。糠部では、津軽のような戦乱はなかったのですが、反対勢力の反乱が強力で、所職を解任したり支配地を収公しても、その闕所地の跡を誰に与えるか給人の選定がままならなかった状況がありました。一方では安堵を優先させ、むやみに奪うことのないようにして、地元の給人の動揺を抑えつつ治安を計りました。そうはいっても、人心の不安や不審感が広がっていたようです。してみると、たとい大光寺合戦の勲功だったとしても、それは海や交易と関わる「蝦夷沙汰」権をうばったことへの見返りとして、その動揺が広がらないようにとの措置だとみられます。

顕家は師行に対し、「かつがつ御返も便宜の地を差し申さるべし、何れの村も当郡内所望あらば、申すべきか」として、どこの村でも与えるといっていました。師行が八戸・七戸の領有を見据えていたしても、安藤氏がその支配地をすんなり手放すとは考えられないでしょう。師行は、それが可能になる時期をみていたのだと思いますが、その南部氏がいつ七戸・八戸を領有したのかは記録した文章が残されていません。しかし、その後の南部と安藤氏の長い確執をみると、七戸・八戸をめぐる支配権が、すでにこの頃には発生していたように感じられます。

安藤一族のなかには、「足利方へは国方より預る由を申し、国方へは足利方より預るの由を構え候か」（建武元年六月一二日、北畠顕家袖判御教書）とあるのように、国府勢力と足利勢力の並立しているのを利用して、支配の拡大を計るどころか、領有地域を失うことに対して、必死に抵抗する姿を垣間見る思いがします。

五　終わりに

北奥史研究のなかで、「安藤氏や十三湊など日本海側からの諸研究に比較して、太平洋側からの研究は、なお手つかずの問題が山積みされているのが現状である」（市村高男二〇〇三：三五頁）といわれるように、中世糠部の世界の実態や特質などの考察・検討など、ほとんど進展していません。ここ数年は南部町が、精力的に「南部学研究」を提唱して、講座をひらいています。その中には若手の研究者もみえていますが、まだまだ研究者の地域ごとの分布をみましてもかたよっています。早急に取り組まなければならない課題であろうと思います。

本論は、糠部からみて一石を投じたものですが、我田引水といわれるかもしれません。小石を投じたに過ぎないものでしょうから、ともあれ、波紋が小波であっても広がっていくことを願うものです。

註

（1）安倍富忠の支配地については、鉇屋は小川原湖の奥まった地・金矢とし、仁土呂志は御手洗瀬川のある野辺地、宇曽利は下北郡に比定するものです。地名をふくめた一帯に広がる地域を当該地とし、いずれも海に面していて海陸交通の要地です。小川原湖畔の上野には「軍事屋敷」の小字名が残ります。安倍富忠が頼時を倒した功績により「郡司」に任命されたとみるとふさわしい地名でしょう。

引用・参考文献

八戸市　二〇一五『八戸市史　通史編Ⅰ』原始・古代・中世
遠藤　巌　一九七八「南北朝内乱の中で」『中世奥羽の世界』
伊藤喜良　一九九九「北辺の地と奥州探題体制」『中世国家と東国・奥羽』
小井田幸哉　一九八六『八戸根城・市南部家文書』
小口雅史　一九九九「中世の津軽地方と五所川原」『五所川原市史　通史篇1』
小口雅史　二〇〇〇「鎌倉・建武政権と「北の中世」」『青森県の歴史』
七海雅人　二〇一五「南北朝の動乱と南部氏」『八戸市史　通史編Ⅰ』
菅野文夫　二〇一五「糠部郡と室町幕府体制」『八戸市史　通史編Ⅰ』
斉藤利男　二〇〇五「南北朝時代の外浜」『新青森市史　資料編2　古代・中世』
越田賢一郎　二〇〇五「中世と北海道島をめぐる北東日本海交易」『日本海域歴史大系　第三巻　中世篇』
市村高男　二〇〇三「中世七戸から見た南部氏と糠部」『中世糠部の世界と南部氏』
岡田清一　一九九〇「元弘・建武期の津軽大乱と蘇我氏」『北日本中世史の研究』
伊藤一允　二〇一二「安倍富忠」『東奥文化』八三号
伊藤一允　二〇一三「「きぬ女一類口上書写」考」『東奥文化』八四号

「尾駮牧」「糠部駿馬」をめぐる人・物・情報の交流について

入間田宣夫

はじめに

「尾駮牧」の解明のためには、「糠部《ぬかのぶ》駿馬」を生み出した一戸～九戸にわたる特別の馬牧群が、いつ、どのようにしてかたちづくられることになったのか。ないしは、列島における人・物・情報の交流のなかで、その糠部のエリアが、さらには糠部・津軽・鹿角《かづの》・比内《ひない》にわたる北奥世界が、どのようにして、特別の位置づけを付与されることになったのか。それらの問題群に向きあうことが、必要・不可欠なのであります。それらの問題群について、これまでの五回のフォーラムの成果を踏まえながら、これからのお話のなかで、おおざっぱな見通しを立てることができれば、さいわいです。

一　北奥世界には、津軽をセンターとする特別の交易・交流圏が

北緯四〇度線を境に

糠部・津軽・鹿角・比内にわたる北奥世界が、日本国の統治下に本格的に組み入れられることになったのは、延久二（一〇七〇）年北奥合戦によるものでした。その合戦によって、「衣曽別島荒夷《えぞがわけしまあらえみし》」（北海道南）、「閉伊《へい》七村山徒」（陸中海岸）が討たれたばかりではありません。陸奥守源頼俊の意を受けて北奥一帯に進駐した清原真衡《さねひら》の軍事的なインパクトを契機として、津軽・鹿角・比内ほかの諸郡が建置され、日本国並みの扱いを受けることになりました。あわせて、糠部は陸奥国府の直轄下に置かれ、一戸から九戸にいたる特別の行政区が設置されることになりました（第1図、入間田二〇〇五c）。

逆にいえば、その合戦が始まるまで、北奥世界は日本国の外側にあって、独自の政治・経済・文化をかたちづくることができていた。ということであります。

北緯四〇度線によって区画される北奥世界には、津軽をセンターとする特別の交易・交流圏が存在していたのでした。しかも、その圏域は、海峡を越えて、「夷《えぞ》が島」（北海道）方面にまで広がっていたのでした。それならば、日本国の外側に位置づけられていたとしても、不思議ではありませんね。

たとえば、九世紀後葉から一〇世紀にかけて五所川原産須恵器の分布図をみてください（第2図、松本二〇一一：一七二頁）。五所川原産のそれが、津軽から比内・鹿角を経て、糠部方面そして閉伊方面にまで拡散してきたことがわかります。さらには、「夷が島」方面に至る海の道があったことも、わかります。海の道といえば、七戸・野辺地から下北

第１図　中世前期の北奥諸郡

にかけて拡散の須恵器も、陸路にはあらず、陸奥湾経由の海路によって運ばれてきたのかもしれませんね。

　そればかりではありません。同じころに、津軽は岩木山麓の辺りで生産された鉄材も、「夷が島」方面にまで運ばれていきました（松本二〇一一：七五頁）。あわせて、小川原湖の東側に位置する淋《さび》代《しろ》海岸から採れる豊富な砂鉄が、陸奥湾経由で運ばれて、津軽の鉄生産をささえていたと指摘されています（松本二〇一六）。

　時代を下れば、鎌倉時

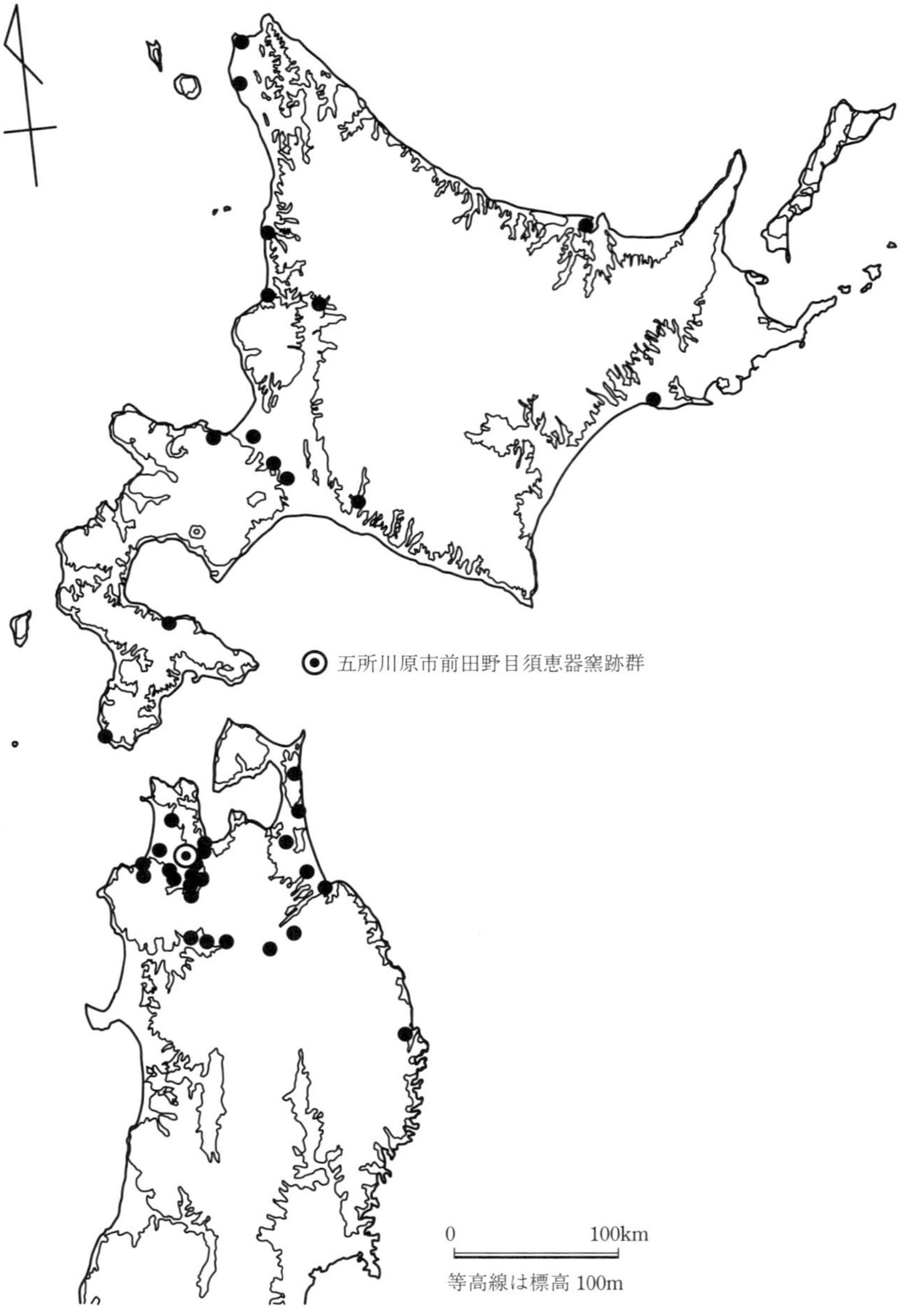

第２図　五所川原産須恵器の分布（松本 2011 より。遺跡地名表は省略）

代の板碑《いたび》の造立です。関東に始まった死者供養のためのユニークな風習は、北奥世界では逸早く津軽によって受容されました。そして、その風習は、比内・鹿角を経由して、糠部二戸の辺りまで拡散してきたのでした（佐藤二〇一六、羽柴二〇一六a）。

ふり返ってみれば、大陸方面から北九州に入ってきてからほどなくして、いわば「飛び火的に」津軽に到来した稲作農耕もまた、同じようなルートを経て、糠部の辺りまで拡散してきたのでした。遠賀川《おんががわ》系土器の出土が、その証拠です。みなさま、ご承知の通りです。

稲作農耕の移民と馬飼・雑穀栽培の移民

それにしても、なぜ、それほどまでに、津軽と糠部との間には、交易・交流における立ち位置の違いが存在していたのでしょうか。大きな問題です。

その問題に立ち向かうためには、それぞれのエリアにおける住民の成り立ちにまで遡ってみなければなりません。

松本建速さんによれば、津軽の方では、九～一一世紀のあたり、日本海ルートにて、稲作農耕の移民がやってきて、集落が急増している。それにたいして、糠部では、七～八世紀のあたり、内陸ルートにて、馬飼や雑穀栽培の移民がやってきた。かれら冷涼かつ黒ボク地帯の生業に特化した人びとの出身地は、信濃・甲斐・上野の辺りだったとみられます（松本二〇一一：一七九頁ほか）。

とするならば、稲作農耕に関わって、津軽に導入された須恵器・鉄・板碑ほかの品目が、民間ベースの交易・交流により、糠部ほか、北奥の一帯に、さらには夷が島にまで運ばれていった。といっても、不思議でも、なんでもありませんね。

ただし、津軽・糠部がちがうといっても、相対的なものに過ぎません。北緯四〇度線によって区画される北奥世界という大きな枠組みにおいては、いずれのエリアにしても、同じことです。すなわち、夷が島方面につながる大きな世界（「北方世界」）の一部をなしていたことには変わりがありません。だからこそ、五所川原産の須恵器や鉄ほかの品目が、人々によって受容される共通の土台がかたちづくられていたのでした。

そのような大きな枠組みのなかにありながら、津軽方面では稲作農耕の移民が。そして糠部方面では馬飼・雑穀栽培の移民がやってきた。ということだったのでした。

さらにさらに、遡ってみるならば、津軽・糠部をふくめた北奥世界が、夷が島方面につながる大きな世界の一部をなしていたという根底的な事情は、より一層に明らかです。続縄文や擦文《さつもん》の土器形式の分布をみるだけでも、一目瞭然です。そういえば、八戸周辺から、宮古周辺にかけての漁労関連の遺跡から出土する銛頭（骨角器）には、北海道のそれにタイプを同じくする。という報告もありました（岩手県宮古市教育委員会二〇〇五：九頁）。これまた、北海道方面との一体性を物語る物証ですね。

二　日本国側に繋がる政治的なルートは、七時雨峠を越えて

北の「文明の十字路」

日本国側から北奥世界に最初に延びてきた陸上の政治的なルートは、秋田城から米代川を遡って、比内・鹿角に到り、そこから津軽・糠部方面に向かうというものでした。

それにあわせて、雄物川を遡り、脊梁山脈の峠越しに、胆沢城以北のエリアに至るルートも存在していたようです。北奥そして胆沢城以北のエリアに、秋田城や払田柵《ほったのさく》の影響力が早くに確かめられるのは、そのためです。

ところが、元慶の乱（八七八年）を過ぎるあたりからは、多賀城・胆沢城方面から七時雨《ななしぐれ》峠を越えて、鹿角・比内に到り、そこから津軽方面に北上する。あわせて、七時雨峠を越えてからすぐに分岐して糠部方面に向かうというルートが開かれて、こちらの方が卓越する流れが生み出されることになったのでした。

たとえば、元慶の乱によって、秋田城が「夷俘」（蝦夷）に攻められて危機に瀕したさいに、陸奥権介坂上好蔭が「兵二千人」を率いて救援のため駆けつけたルートとは、「流霞道」（七時雨峠越え）のそれでした。同じく、鎮守将軍小野春風らが、秋田城に向かったさいにも、「陸奥路を取り、上津野村（鹿角）に入る」と記されていました。これまた、七時雨峠を越えて、鹿角に出て、米代川沿いに下る。というルートだったのにちがいありません（『三代実録』元慶二年八月四日・一〇月一二日条）。

それよりも早く、八一一年（弘仁二）、陸奥出羽按察使文屋綿麻呂が、「二万六千人」の兵を率いて、「尓薩體《にさたい》」（二戸）、「幣伊《へい》」（閉伊）の「二村」の「夷《えみし》」が「都母《つも》村」に集結しているところに攻め込むということがありました。そのさいにも、七時雨越えのルートが選ばれたのにちがいありません。

そのさいに、七時雨峠を越えてすぐの「邑良志閉《おらしべ》村」の辺り（天台寺付近）を根拠地とする「俘囚《ふしゅう》吉弥侯部《きみこべの》都留岐《つるぎ》」だけは、日本国側に味方しています。付近には、「郡家」が造建されていたとする記録が残されてもいます。してみれば、七時雨峠を越えて直ぐの辺りには、早くから日本国側による北奥世界進出の拠点が設定されていた。そのことが明らかです（『日本後紀』弘仁二年三月二〇日・七月一四日・七月二九日条、『続日本紀』一〇月二九日条）。

さらにさらに時代を遡れば、七一五（霊亀元）年、同じく、その辺りの「香河村」に住いする「邑良志閉君《きみ》宇蘇弥奈《うそやな》」らが、「郡家」を建てて、「編戸の民」となりたい。と願い出たことが記録されています（『続日本紀』当年一〇月二九日条）。

けれども、それらの出来事は、いずれにしても、端緒的・臨時的かつ政治的・軍事的（採算度外視）のレベルを超えるものではありませんでした。

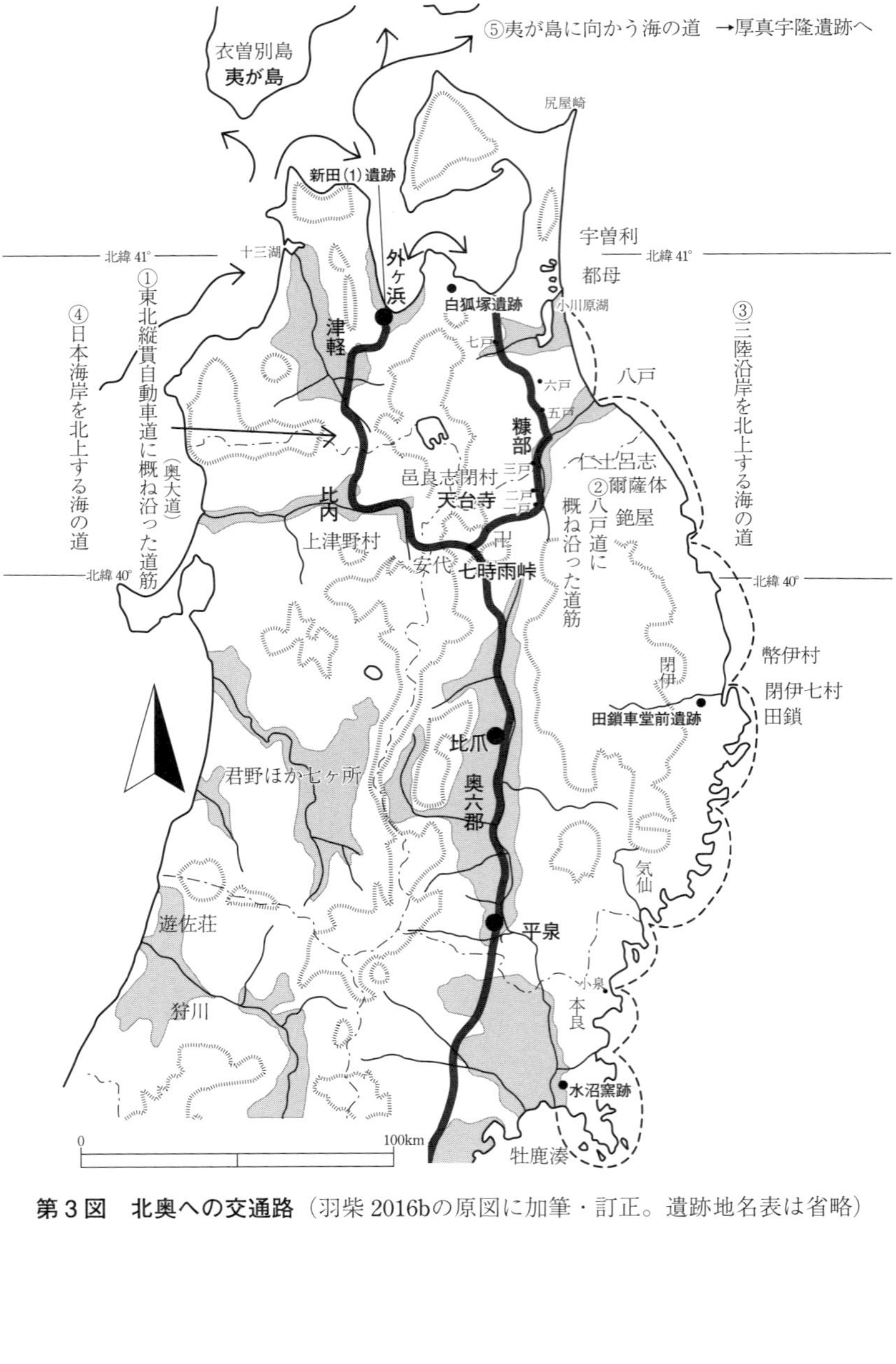

第３図　北奥への交通路（羽柴2016bの原図に加筆・訂正。遺跡地名表は省略）

そのうえに、平泉藤原氏による「奥大道《おくだいどう》」の整備です。その整備は、すなわち七時雨峠を越えて外が浜方面に向かう幹線ルートの整備は、出羽国側にはあらず、陸奥国側からのルートの卓越を決定づけることになりました。そのために、北奥の一帯は、出羽国にはあらず、陸奥国の延長として位置づけられることになったのでした。

ただし、「奥大道」の整備とはいっても、まったくの新設にはあらず、七時雨峠を越えた先では、鹿角・比内から津軽方面に向かう既存の幹線ルートを、平泉方面に繋がる政治の道として読み替えているのに過ぎない。ということもできるでしょうか（斉藤二〇〇六）。

いずれにしても、七時雨峠を越えた安代《あしろ》の辺りは、諸方面に繋がる幹線道路が交錯する「文明の十字路」ともいうべきポイントだったことには間違いがありません（高橋一九七七：七二頁）。

今日でも、東北自動車道路と八戸道路が分岐する安代ジャンクションの辺りが、北奥羽最大の交通の要衝になっています。偶然ではありません（第3図）。

「奥地俘囚」のリーダー、安倍富忠の人物像

七時雨峠を越えてやってきた陸奥国側の政治勢力は、糠部方面における馬飼の民を編成して、天下一の馬産地とし発展させることになりました。御堂関白藤原道長や息子頼通期における「陸奥交易馬」二〇・三〇疋の貢上は、その成果にほかなりません（『御堂関白記』寛弘元年一二月一五日、『為房卿記』応徳元年一二月四日条など）。

あわせて、京都方面から権門勢家の勢力もやってきて、競って、名馬を求めることになりました。こちらの動きは、早くも、平安初期には始まっていたようです（『類聚三代格』弘仁六年三月二〇日太政官符ほか）。

具体的には、陸奥国府・胆沢城の官人その人ないしは官人あがりや権門勢家の使節（代理人）の大勢が出入りすることになりました。官人あがりや使節のなかには現地に止まって、馬飼いの民と融けあう人もあったようです。

かれら地域のリーダーになった人々に対して、馬の貢上の代わりとして、下賜されることになったのが、こちらのシンポジウムで繰り返し取り上げられた石帯《せきたい》・緑釉《りょくゆう》ほかの威信財だったのでした。

これらの威信財は、民間レベルにおける通常一般の交易によって将来されたとは考えられない特異な分布形態を示しています。すなわち、糠部方面に、そのうえに重要拠点のみに特化する。という形態を示しています。くわしくは、本書における田中広明・高橋照彦・長尾正義氏ほかの報告を参照してください。

そういえば、前九年合戦において、「奥六郡」の安倍頼良（頼時）の背後にあって、国府側と連携することにより、独自の存在感をあらわにした「安倍富忠」という人物がありましたね。かれは、「鉋屋《かなや》・仁土呂志《にとろし》・宇曽利《うそり》」（三部）の「夷人」、ないしは「奥地俘囚《ふしゅう》」を糾合していたとされる地域のリーダーでした（『陸奥話記』）。

これまでは、「夷人」「奥地俘囚」など、京都側からする一方的な呼ばわりを真に受けて、「安倍富忠」は、現地出身なのに「安倍」姓を賜っている、ないしは勝手に名乗っている。とするような解釈が多かった。けれども、それには、なんの根拠もありません。それよりは、むしろ、国府側の官人あがりの人物だったのではないでしょうか。だからこそ、国府側との連携が、可能になったのではありませんか。

たとえば、「奥六郡」の安倍頼良、その人に関しても、これまでは、「東夷」「酋長」などの一方的な呼ばわりを真に受けて、蝦夷《えみし》（現地出身）のリーダーだったとするかのような解釈が多かった。けれども、いまでは、「安大夫」なる地域社会の側における呼称を採って、安倍の大夫、すなわち胆沢城の在庁官人の一員だったことが明らかにされています（入間田二〇一三）。

これ、すなわち、京側からする一方的なエミシ呼ばわりには、くれぐれも、ご用心ということであります。いいかえれば、その一方的なエミシ呼ばわりを真に受けてきた近代歴史学のありかたには、大いに反省すべきところあり。ということでもあります。

ついでにいえば、そのあたりに急増する囲郭集落（防御性集落とも）そのもの出現にしても、そのような京都方面からする名馬需要の高まりに即応するものだったのかもしれません。松本氏の指摘のある通りです。それでなければ、馬飼のほかには、雑穀類を栽培するしかない冷涼の地に、それほどに急激な集落の増大がもたらされた説明がつきません。

陸奥国府直轄の馬牧群

そして、延久二年北奥合戦による軍事的なインパクト、ならびに平泉藤原氏による「奥大道」の整備であります。これによって、七時雨峠を越えてやってくる日本国側の勢力が、より一層に増大することになった。そのことは、いうまでもありません。

なかでも、平泉藤原氏による「糠部駿馬」の掌握には、目を見張るべきものがありました。たとえば、平泉藤原氏二代の基衡は、毛越寺の本尊薬師如来の制作の代価として、京都仏師のもとに、「糠部駿馬五十疋」を送進したと伝えています。かつての「陸奥交易馬」をはるかに上回る疋数です。

鎌倉期には、北条氏による馬牧群の掌握となります。それによって、天下一の馬産地としての名声は、高まるばかり。あわせて、久慈や閉伊方面の馬牧群にも注意が向けられるようになりました。たとえば、閉伊田鎖《たぐさり》の名馬が、室町将軍家賞玩のブランドとなっています。

京・鎌倉方面では、貢上されてくる「糠部駿馬」の左腰部に押された焼印（ブランド）をもって、一戸から九戸のうち、さらには久慈・閉伊のうち、いずれの馬牧からの産馬なるかを見分ける指南書（ガイド・ブック）があらわされるほどでありました。それは、南北朝期から室町期に至るも変わることがありません。たとえば、永正五（一五〇八）年「馬焼印図」によって、そのことが知られます。

それによれば、六戸の馬牧群の多くは、「千鳥」の焼印を用いていました。ただし、「八千疋の牧」とうたわれた「木

第４図　馬焼印

崎」牧は、「有」（文字）のそれです。そして、七戸の馬牧群は、「有」「吉」「丁」（文字）のほか、「雀」を用いていました（第4図）。それならば、わが「尾駮の牧」は、七戸のうち、どの焼印だったのか。「有」「吉」「丁」なのか、さもくば「雀」なのか。いずれとも、判然としがたい。これだけが、残念です（これまでの詳細については、入間田二〇〇五a・bを参照してください）。

ふり返ってみれば、広大な糠部の馬牧群が、一戸から九戸に、あわせて東西南北の門《かど》に、すなわち特別の地域編成のもとに組入れられることになったのは、延久二年北奥合戦によるインパクトを受けてのことでした。

平安京における条坊制のもとでは、一町の区画が三二の「戸主《へぬし》」に分割されて庶民の基準宅地に当てられていました。その出入り口が「門」です。平安京の最小単位をかたちづくる「戸主」「門」の制度が、国府の直轄地なるがゆえに、すなわち郡を介する通常の行政組織に馴染まない直轄地なるがゆえに、最辺境糠部の地に適用される。なんとも、不思議なりゆきです。入間田二〇〇五aでは、平安京近くの国々における郡—村の行政組織の最底辺の単位としての「戸」「門」への存在に着目することがありました。けれども、国府直轄地なりという特殊事情に鑑みるならば、平安京における「戸主」「門」のそのものに着目する方が、よいのかもしれませんね。

糠部は、陸奥国府の直轄下にある特別の行政区として位置づけられて、国府の膝元たるべき宮城郡にならぶ扱いを受けることになった。ということでもあります。

宮城郡主たるべき留守家に関する室町期の記録（『余目《あまるめ》氏旧記』）でをは、「大郡」にして、「しゅくのこほり」なるがゆえに、糠部は国府膝下の宮城郡にならぶ特別の位置づけを与えられていました。八戸市二〇一五では、「しゅくのこほり」は「守公の郡」、すなわち国府膝下に祭られる「守公神」の鎮座する特別の郡なり。と記しています（二六四頁）。まことに示唆的です。ただし、「宿の郡」と呼んで、多賀国府に同じく、国司の「宿所」を設営すべき特別の場所なり。と解釈することもできるかもしれません。みんなで、考えてみたいものです。

この糠部では、馬牧群に役務する「牧士《もくし》」（「役人」とも）に対して、鍛冶そのほか、遍歴の「さいく」（細工）を「浪人」として登録する特別の行政システムが存在していました。そのことが、鎌倉期の文書によって知られます（「安藤きぬ女類族交名」入間田二〇〇五a）。これまた、馬牧群の存在する特別の行政区ならではのことでありました。

それに引き換えて、鹿角・比内・平賀・鼻和《はなわ》・田舎《いなか》など、北奥の一帯には、延久二年北奥合戦の軍事的インパクトを受けて、それぞれの郡が建置されて、日本国内に変ることのない行政システムがかたちづくられることになったのでした。

七時雨峠のルートを越えて平泉や陸奥国府、さらには京都・鎌倉方面を目指した品目の最たるものが、糠部駿馬だったことは、いうまでもありません。

だが、そればかりではない。鷲羽・水豹《あざらし》ほか、夷が島方面からの貢上物が、海峡を渡って、奥大道を経て、峠を越えて行きました。希婦細布《けふのせばぬの》なる鹿角方面の特産物も、奥大道を経て、南下していきました。

それらの品目は、いずれも、政治的な色合いの濃厚な貢上物でありました。そのうえに、長遠な峠道を越えてゆくことが可能な馬疋ないしは軽物ばかりでありました。民間レベルにおける通常一般の交易物とは性格を異にする、すなわち採算ベースを顧慮する必要がない特殊な貢納物ばかりでありました。そこのところに、注意することが肝要であります。

三　民間レベルの交易路は、日本海沿岸ないしは太平洋沿岸を経て

日本海沿岸のルートでは

それにたいして、すなわち七時雨峠越えの政治的なルートに対して、民間レベルの交易路は、海上のルートを経由して、日本国側に繋がっていました。

たとえば、珠洲《すず》系須恵が、北陸方面から北緯四〇度線を越えて、日本海を経由して、津軽に運ばれてきました。あわせて、白磁ほかの輸入陶磁器も将来されました。八重樫忠郎二〇一六によって指摘されている通りです（第5図）。

北奥・夷が島方面、すなわち北方世界には、津軽発の伝統的な物流のルートが張り巡らされていました。五所川原産須恵器の事例に確かめられている通りです。

その既存の物流のルートに便乗することによって、日本海経由の陶磁器類は、津軽から、比内・鹿角方面へ、糠部方面へ、さらには夷が島方面へ運ばれていくことにもなりました。

ふり返ってみれば、遠賀川系土器によって象徴される稲作文化もまた、七時雨越えのルートにはあらず、日本海を経由して、一足飛びに、津軽に到来し、そのうえで、比内・鹿角・糠部方面にまで拡散してきたのでありました。

同じく、鎌倉発の板碑文化にしても、一足飛びに、津軽に到来して、比内・鹿角・糠部方面にまで拡散してきたのでありました。

その一方で、平泉方面に到来した板碑文化は、北上平野を北上して、岩手郡にまで拡散したものの、七時雨峠を越えることはできなかったのです。

それをもってしても、民間レベルにおける陸上の物流を分断する北緯四〇度線のバリアとしての七時雨峠の存在感は、

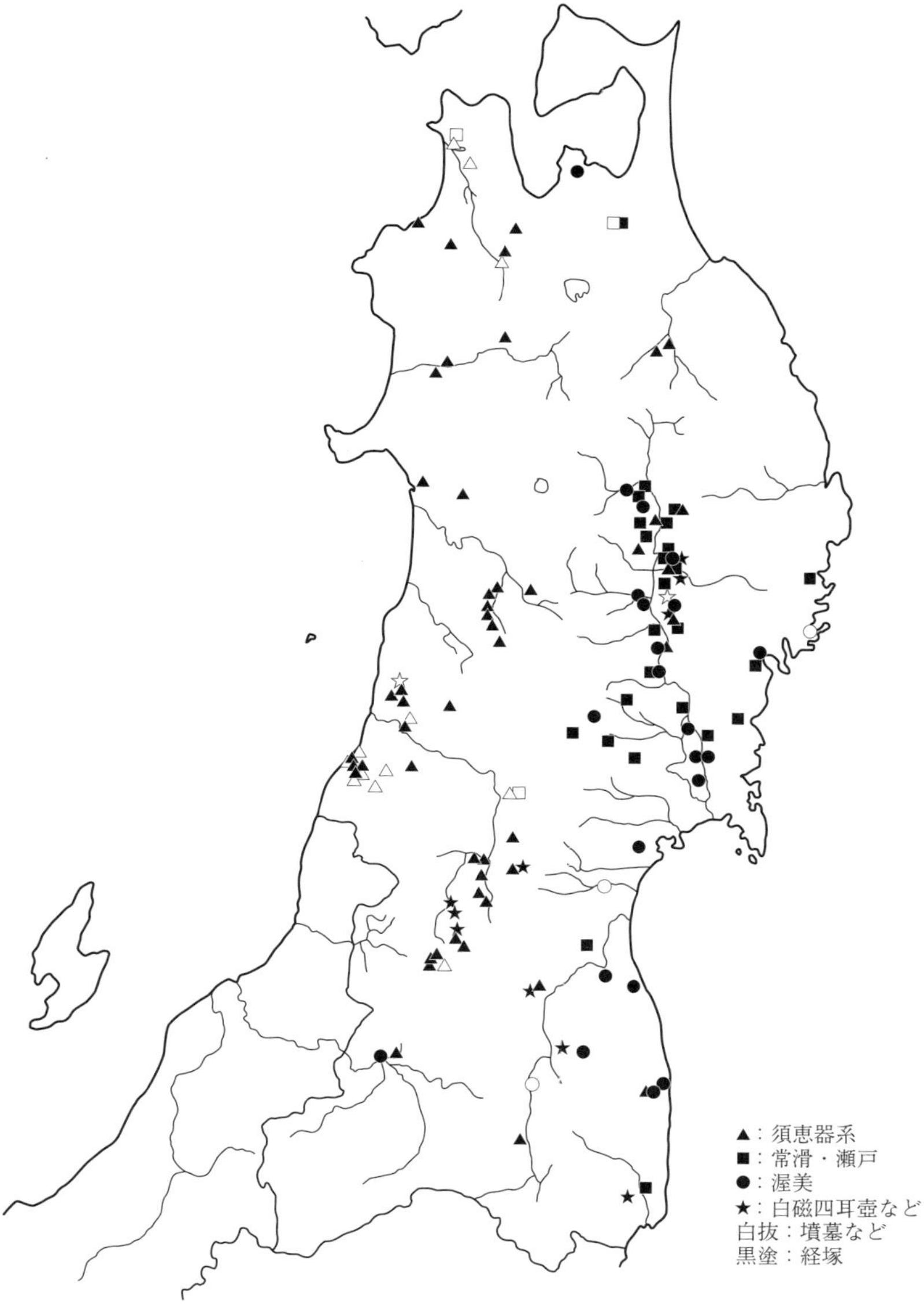

第５図　東北地方の経塚と墳墓（八重樫 2016 より）

鎌倉期に至るも、解消されることがなかった。そのことが明らかであります。

ただし、日本海側の交易路ということでは、津軽を経由しないで、米代川を遡って、直接に、比内・鹿角・糠部方面に到達するルートも、あったらしい。

米代川ばかりではありません。雄物川ほかを遡り、脊梁山脈の峠越しに陸奥側に到達するルートも、早くから開かれていて、民間レベルの交易に利用されていたようです。八重樫さんの図によっても、それが明らかですね。

あわせて、それらの脊梁山脈の峠越しのルートは、多賀城や胆沢城の政治的影響力が七時雨峠越しに延びてくるよりも早くに、秋田城や払田柵の政治的影響力が北奥方面に、さらには岩手・紫波郡のあたりにまで伸びてきていた素地を提供していたようです。

太平洋沿岸のルートでは

こちらの方面でも、渥美・常滑の陶器が東海方面の原産地から閉伊沿岸を経て糠部方面に将来されました。あわせて、渥美から招かれた工人によって、北上川河口部は水沼窯で制作された陶器もまた、閉伊沿岸を経て、糠部にまで将来されました。さらには、白磁ほかの輸入陶磁器も将来されました。

その太平洋ルートの中継点に、小川原湖は位置していたのでした。それによって、尻屋崎を迂回して直接的に津軽海峡に進入するルートは、海流や地形のありかたからして、極めて困難だった事情が、察知されます。

小川原湖を経由して七戸方面に将来された国内外の陶磁器類は、野辺地の辺りから再び海上に出て、夷が島は東海岸の一帯に運ばれていったことが知られます。羽柴二〇一六b、八重樫二〇一六や第3・4図によって、それが明らかです。

一二世紀、石巻湊の近く、水沼窯から産出の渥美焼系の土器が、最近に話題の田鎖車堂前遺跡（宮古市）や白虎《びゃっこ》塚《づか》遺跡（青森県平内町）で出土していることが、そのなによりもの証拠であります。ほかにも、中国産白磁や、東海地方は常滑・渥美産の壺・甕類が、三陸沿岸の各地で出土しています。

さらには、宇隆《うりゅう》Ⅰ遺跡（北海道厚真町）で検出された一二世紀の常滑大壺です。その遺跡では、経塚が築かれていた可能性さえもが、指摘されています。八重樫二〇一七による指摘の通りです。

ただし、太平洋沿岸のルートが、政治的なそれとして利用されたことがなかったわけではありません。たとえば、奈良時代は七一五（霊亀元）年、「蝦夷須賀君古麻比留《こまひる》」らが、「先祖以来」、「年次を闕かすことなく、「昆布を貢献」してきた由緒をのべて、「閉伊村に郡家を建てる」ことを願い出ています。多賀城の国府とは「相去りて道遠く」、「往還旬を累ねて」（数十日にわたる）、「はなはだ辛苦多し」とも記されています（『続日本紀』当年一〇月二九日条）。

さらには、前九年合戦の最中、「奥地の俘囚」に、具体的には「安倍富忠」に率いられた「鉋屋・仁土呂志・宇曽利」（三部）の「夷人」らに「甘説」して、「兵を発し」、奥六郡の安倍頼良（時）を挟撃せしむべく、「金《こん》為時・下毛《しもつけ》興重」らが、三陸沿岸の海路を北上したことが記されています（『陸奥話記』）。くわしくは、菅野文夫一九九五に拠ってください。

けれども、それらのできごとは、いずれにしても、日常的かつ民間レベルにおける交易・交流にはあらず。どちらかといえば、端緒的・臨時的かつ政治的・軍事的（採算度外視の）レベルを超えるものではありませんでした。だからこそ、閉伊郡の辺りは、地理的には北緯四〇度の南側にあるのにもかかわらず、そのラインの北側に広がる北奥世界の一環として位置づけられることになっていたのでした。

すなわち、民間交易レベルにおける太平洋沿岸のルートが、本格的に活用されるようになるためには、日本海沿岸のそれに同じく、やはり、延久二年北奥合戦の結果を待たなければならなかった。そのように、考えざるをえない次第であります。

四　八郎真人とカシラハゲノ小天道の物語

新猿楽記

この興味深い文学作品は、一一世紀の半ばの成立とされています。こちらでいえば、前九年合戦のあたりですね。そのなかに活写されている「商人の主領《すりょう》」たるべき「八郎真人《まひと》」の生き様は、今日における「猛烈商社マン」のそれに寸分たがわぬものでした。

たとえば、「利を重んじて妻子を知らず、身を念じて他人を顧みず、一を持《じ》して万に成し、壌《つちくれ》を摶《う》ちて金と成す、言を以て人の心を誑《あざむ》き、謀《はかりごと》を以て人の目を抜く一物《いちもつ》なり」と記されている通りです。

その八郎真人の活動は、「東は俘囚の地に臻り、西は貴賀が嶋に渡る」。すなわち、こちらは北奥方面から、奄美群島は貴賀が嶋（鬼界《きかい》が島）方面にわたる、列島規模に及ぶものでした。

「若《もしく》は泊りの浦に於て、年月を送り、定れる宿無し。若は村邑に於て、日夜を過ごし、住まる所無し。財宝を波濤の上に貯へ、浮沈を風の前に任せたり。運命は街衢の間に交へ、死生を路頭に懸けたり。賓客の清談は、甚だ繁く、妻子の対面は、已に希なり」。と記されてもいました。

海上ないしは陸上のルートを経由して列島の隅々にまで商圏を拡大しようとする、果敢そのものの人生でした。入間田二〇一四：八一頁にも、紹介している通りです。

かれが商う「唐物《からもの》」としては、沈香《じんこう》・麝香《じゃこう》ほかの海外ブランドの名前が列挙されていました。白檀《びゃくだん》・赤木・紫檀などの銘木もありました。さらには、「茶碗」に代表される白磁の四耳壺《しじこ》類や綾・錦などの高級織物もみえています。

それに対して、「本朝の物」としては、金・銀・阿古屋《あこや》の玉（真珠）のほか、夜久《やく》の貝（「貴賀が嶋」原産の夜光貝、螺鈿《らでん》づくりに用いる）や水精《すいしょう》（晶）・琥珀《こはく》の類が記されていました。

琥珀とあるからには、もちろん、久慈の琥珀ですね。そうです。かれの足跡は、北奥方面でも、なかなか近寄りがたい久慈の地にまで及んでいたのでした。その海上のルートは、太平洋沿岸のそれか。さもなければ、日本海沿岸のそれか。判断に苦しむところです。

だが、いずれにしても、琥珀をはじめとする「本朝の物」は、博多湊の「唐坊《とうぼう》」（チャイナ・タウン）にまで運ばれて行って、「唐物」と交換されることになった。そのことには、間違いがありません。

そうです。八郎真人に代表されるような、民間レベルにおける大勢の商人による果敢そのものの人生がなければ、北奥の一帯に日本国側の、さらには中国渡来の製品の数々が招来されることはなかった。そういうことなのであります。

北奥ばかりではありません。中国渡来の白磁の四耳壺類は、九州や「貴賀が嶋」の辺りにも、将来されていました。それによっても、かれらの活動が、列島規模に及ぶものであったことが明らかです。

地蔵菩薩霊験記

もう一人、カシラハゲノ小天道《こてんどう》の登場です。その興味深い中世の仏教説話集には、鎌倉建長寺本尊のお地蔵さまが小坊主の姿となって「夷島」に、すなわち北海道方面にやってきたという物語が収められていました。「建長寺地蔵夷島遊化事《ゆうげ》」と題します。

その昔、鎌倉に安藤五郎という武者がおりまして、「公命を受けて、夷島に発向する」ことになりました。そして、「夷狄」を滅ぼして、「日本将軍《ひのもと》」とよばれるようになりました。

それ以来、「夷ドモ《えぞ》」は、すなわちアイヌたちは、毎年、貢物をもって、海峡を渡ってくるようになりました。それを津軽で受け取って、鎌倉にまで届けるのが、安藤五郎の役目となりました。

その「夷ドモ」が、五郎の持仏堂に安置されたお地蔵さまを拝まされた時のことです。驚いた彼らが、異口同音にいうのには、こういう姿のものならば、わが国にもおりますと。具体的には、「カシラハゲノ小天道」といって、頭が禿げた小坊主です。ちょこちょこ走り回っては、漁業の邪魔をするのですと。

そこで、捕まえてまいれ。という五郎の命令です。それにしたがって、翌年の四月になって、五郎の館に届けられたのは、昆布と篠小竹で簀巻きにされた不思議な物体でした。

早速に確かめると、小天道の影も形も見えない。ただ、一つ、お地蔵さまのもっている錫杖だけだったのです。これには、大勢の「夷ドモ」も、びっくりです。

けれども、五郎は違います。姿は見えないが、正体はお地蔵さまなのだ。と確信して、随喜の涙を流すことになりました。そして、「夷ドモ」には、茜染の布三反づつを褒美に与え、三年の年貢を免除して、帰国させることになりました。

のちになって、五郎が、その錫杖を鎌倉建長寺に持参したところ、本尊のお地蔵さまの手から消え失せていた錫杖にぴたりと符合することが判明します。

それによって、人々は語りあうことになりました。本尊のお地蔵さまが、小坊主に姿を変えて、「夷ドモ」の間に、布教するために赴いてくださったのに違いない。小天道とは、お地蔵さまの化身なのに違いないと。くわしくは、入間田二〇〇五dを参照してください。

そうです。錫杖は、布教僧が携行すべき必須のアイテムだったのです。鎌倉期の「夷島」に限ったことではない。平安期以来、北緯四〇度線のバリアを越えて、北方世界にやってくる布教僧の手には、かならずや、錫杖が握られていたのに違いありません。

北奥羽の各地から錫杖のような鉄製品が出土しています。それについては、「左右一本づつを持って同時に振り鳴らす道具と推測され、東北北部の独自色の強い祭祀具である」とするコメントが記されています。八戸市二〇一五によるものです（二二五頁）。

たしかに、その通りかもしれません。けれども、第一義的には、北の原野を跋渉する布教僧のエネルギッシュな活動そのものを象徴するアイテムだった。そのように受け止めることもできるのではありませんか。

同じく、北奥羽の各地に築かれた経塚にも、かれら布教僧ないしは勧進僧のエネルギッシュな活動の痕跡が残されている。そのように受け止めることも、できるのではありませんか。入間田二〇一六に記している通りです。

かれら布教僧ないしは勧進僧のエネルギッシュな活動は、列島規模にわたるネットワークに依拠するものでした。たとえば、藤原清衡の「豊田柵」の擬定地たるべき豊田城跡からは、平安末〜鎌倉期の磚《せん》仏が出土しています。能登半島は、珠洲窯で焼かれたものです。ところが、それと同笵の磚仏が、兵庫県たつの市周辺からも出土している。というではありませんか（岩手県立博物館二〇一六：五八頁）。かれらの活動の広がり一目瞭然ですね。あわせて、これまた、菅野成寛二〇一〇によって注目された「叡山勢力」拡大の一環だったのかもしれませんね。

それから、もう一つ。志波郡高水寺《こうずいじ》の鎮守たるべき走湯《そうとう》権現は、渥美や常滑の陶器に同じく、太平洋沿岸のルートを経て、北上川を遡り、伊豆国の本社から勧請されてきたものでした。その背景には、同じく、海路によって、熊野からやってきて、経塚造営の勧進をおこなう、「良勝」のような僧衆の活動があったことが、解明されています。菅野文夫二〇一五に拠るものです。まさしく、物流の道は、信仰の道でもあった。ということですね。

むすびにかえて

これまでに述べてきたことを踏まえるならば、「尾駮牧」が糠部は七戸の辺りにあったことについては、ほぼ確実。

といえるでしょうか。

その地名が残されていることはもちろんながら、馬飼・雑穀栽培の移民の入来、石帯・緑釉ほかの威信財の下賜、すなわち官人・官人あがり・権門勢家の使節（代理人）らの往来、さらには陸奥国府直轄の馬牧群の設営、同じく一戸〜九戸におよぶ特別の地域編成など、糠部ならではのユニークな歴史過程をふり返ってみるならば、そのことについては、ほとんど、疑いの余地なし。といえるでしょうか。

それらの歴史過程のなかで、七時雨峠越えの政治的なルートの果たす決定的な役割が鮮明になった。そのことも、大きな収穫でした。

けれども、その政治的なルートばかりに目を奪われて、糠部における馬飼は、胆沢城・陸奥国府ないしは中央の権門勢家ほか、日本国側からのイニシャーティブによってもっぱら維持・発展させられてきたのだ。とすることには慎重でなければなりません。

なによりも、まず、馬飼や雑穀栽培の移民たちの存在です。彼らが、信濃・甲斐・上野の辺りからやってきたのは、冷涼かつ黒ボク地帯という生業の適地を求めてのことでした。政治的なイニシャーティブにしたがって、ということではありませんでした。それを踏まえなければ、話になりません。

さらにいえば、かれらによって用いられる壺・甕類の多くは、七時雨峠越えの政治的なルートにはあらず。民間レベルの交易によって、すなわち津軽から比内・鹿角を経由して糠部に至る古来のルートを経て、さらには日本海・太平洋沿岸ないしは陸奥湾・野辺地湾のルートを経て将来されていたのでした。商人や布教・勧進僧の多くがやってきたのも、それらのルートでした。すなわち、彼らの生業は、物心ともに、それらのルートによって支えられていたのでした。

いずれにしても、七時雨峠越えの政治的なルートを往来する人・物・情報と、日本海・太平洋ほかの民間レベルの交易ルートを往来する人・物・情報との間には、大きな違いがあった。そのことには、くれぐれも、注意を怠ることがあっては、いけませんね。

あわせて、平泉藤原氏との関係です。これまでは、なんとなく、それらのルートのすべてが、平泉藤原氏の統制下にあった。とするような考え方が支配的でした。平泉政権の本質が、「奥羽政権」ではなく、「俘囚の地」北奥羽を本拠に、交易を通じて日本国の国境の外の蝦夷ヶ島（北海道）を管轄し、この両地域を政権の基盤とした北方政権、「北奥羽・蝦夷ヶ島政権」だった。と記す斉藤利男二〇一四（一四八頁）などは、その極致ともいうべきものですね。

けれども、それらのルートを往来する人・物・情報のありかたを、具体的に観察してみるならば、そんなことはいえそうにもない。

たとえば、日本海・太平洋ほかの民間レベルの交易ルートを往来する商人や布教・勧進僧らが、平泉の統制下にあったなどと、どのようにして証明できるのでしょうか。かれらは、平泉のレベルをはるかに超えた列島レベルにおけるネットワークのなかで、みずからのイニシャーティブによって、こちらにまでやってきていたのではありませんか。かれらの主体的な判断によって、在所の領主に白磁などを売りつけたり、経塚の造営を勧めたり、供養の法会（イベント）の開催を促したりしていたのではありませんか。豊田柵近くから出土の磚仏（能登珠洲窯産）と同笵のそれが、兵庫県たつの市周辺からも出土している。それだけみても、明らかです。ないしは、入間田二〇一六bに記している通りでもあります。

逆にいえば、平泉のできたことは、日本海側では最上川や雄物川の河口近くに、太平洋側では北上川の河口近くや（牡鹿湊）、本吉湊（南三陸町）のあたりに、使節を派遣して、交易品のうち、上物の先買い特権を行使する。ないしは、湊に出入りの商船などから、安全保障の代価として、若干の礼物をせしめる。その程度に、止まっていたのではないでしょうか。そういえば、最上川・雄物川の下流域には、狩川や君野村ほか、中尊寺領もありましたね。

すなわち、北方世界では、何から何まで、ないしは始めから終わりまで、平泉の取りしきりのもとにあった。とするようなアバウトな考えかたでは、とうてい通用しがたい。ということなのでした。

そういえば、西欧の勢力が、東アジア世界に進出してきた先駆けとなったのは、キリシタン宣教師と東インド会社ほかの貿易商でした。かれらの切り開いたルートに乗じて、植民地支配を達成すべく、軍隊が派遣されてきたのは、その後のことなのでした。

わが北方世界においても、同じようなことがいえるのではないでしょうか。それにつけても、商人や布教・勧進僧らの「突破力」には恐るべきものあり。と痛感せずにはいられません。

ただし、七時雨峠越えの政治的なルートに限っていえば、平泉の統制下にあったとする部分がなかったわけではありません。けれども、糠部駿馬ほかの物産をもとめて入来の権門勢家の使節（代理人）などもあり、すべてが平泉の統制下にあったとするわけにはいきませんね。

さらにいえば、七時雨峠越えを含む奥大道のルートには、すなわち白河関から外が浜（陸奥湾）にいたる長遠なルートには、一町（約一〇九メートル）を行くごとに、「金色阿弥陀像」を図絵した「笠卒都（塔）婆」が、平泉初代清衡によって造立されて、みちのく世界縦断の幹線道路が「仏の道」でもあるかのような荘厳が施されていた。と伝えられています（『吾妻鏡』文治五年九月一七日条）。

それによって、奥大道の実効支配権は、すでに、清衡の段階で、平泉政権の掌中に帰していた。と解釈されるようなことがありました。けれども、それは、当りません。たとえ、「笠卒都婆」が実際に造立されたとしても、必ずしも、実効支配を前提とするものではありません。

そのような仏教的「作善《さぜん》」のふるまいには、たとえ国司といえども、制約を加えることができなかったのです。その反対に、公共の利益に合致したふるまいとして推奨されることになったのかもしれません。

たとえば、鎌倉後期には、霊場高野山に参詣するメインのルートに、その麓から壇上伽藍にいたるルートに、一町ごとに「石塔婆」が造立されることになりました。それぞれの塔婆は、有力な御家人ら寄進によるものでした。けれども、それぞれの町石塔婆の立地が、かれらの支配下にあった、というわけでは決してありません。また、そのメインルートそのものにしても、鎌倉幕府の実効支配がおよんでいた、というわけでは決してありません。

ただし、それらの「作善」「寄進」によって、清衡や御家人の声望が高まって、かれらの政治的な発言力を増進させるうえで、効果的な役割をはたしたことは、もちろんです。入間田二〇一六a（四四頁）にも、記している通りです。

いずれにしても、平泉政権と人・物・情報とのかかわりあいについては、具体的かつ実証的に考えてみなければ、いけませんね。

さいごのさいごに、一言だけ。これまでに見てきたような北奥社会の独自性は、室町・戦国期にいたるも、なかなか、解消されることはありませんでした。

たとえば、大名南部氏の勢力圏が、糠部から津軽へ、そして久慈・閉伊方面へ、さらには道南方面へ、というような拡大過程を辿ったことからしても、一目瞭然です。

そういえば、天台寺詣でのこともありました。北の「文明の十字路」すなわち北奥羽最大の交通の要衝の付近に造営された「守護国界の寺」（高橋一九七七：九七頁）ともいうべき、天台寺に参詣する人々の歩みは、近世にいたるも、絶えることなく、糠部はもちろん、鹿角・比内方面、さらには津軽方面からまで、大勢の善男善女がやってきたのでした。まさしく、「北の信仰遺産」（同二六五頁）ともいうべき活況を呈していたのでした。いまは、瀬戸内寂聴さんの法話で有名ですね。みなさんも、是非とも、訪れてみてください。

さいごに、図版の利用について、ご快諾をいただきましたこと。松本建速・羽柴直人・八重樫忠郎の三氏に対して、心より御礼を申しあげます。ありがとうございました。

参考文献

入間田宣夫　二〇〇五ａ「糠部の駿馬」入間田『北日本中世史論』吉川弘文館（初出は一九八六年）

入間田宣夫　二〇〇五ｂ「久慈・閉伊の駻馬」同（初出は一九八八年）

入間田宣夫　二〇〇五ｃ「延久二年北奥合戦と諸郡の建置」同（初出は一九九七年）

入間田宣夫　二〇〇五ｄ「鎌倉建長寺と藤崎護国寺と安藤氏」同（初出は一九九五年）

入間田宣夫　二〇一三「亘理権大夫経清から平泉御館清衡へ」入間田『平泉の政治と仏教』高志書院（初出は二〇一〇年）

入間田宣夫　二〇一四『藤原清衡―平泉に浄土を創った男の世界戦略―』ホーム社

入間田宣夫　二〇一六ａ『藤原秀衡―義経を大将軍として国務せしむべし―』ミネルヴァ書房

入間田宣夫　二〇一六ｂ「清衡のグローバル・スタンダードと仏教的・商業的人脈」『歴史評論』七九五号

岩手県立博物館　二〇一六『前平泉文化関連遺跡調査報告書』（同館調査研究報告書三三冊）

岩手県宮古市教育委員会　二〇〇五『崎山貝塚と北日本の骨角器文化』

菅野成寛　二〇一〇「平泉・宗教の系譜」入間田編『兵たちの極楽浄土』高志書院

菅野文夫　一九九五「気仙郡司金氏小論」『岩手大学教育学部研究年報』五四‐三

菅野文夫　二〇一五「樋爪俊衡と高水寺の走湯権現―平泉までの道・平泉からの道―」『岩手大学平泉文化研究センター年報』三集

斉藤利男　二〇〇六「安倍・清原・平泉藤原氏の時代と北奥世界の変貌―奥大道・防御性集落と北奥の建郡―」義江彰夫ほか編『十和田湖が語る古代北奥の謎』校倉書房

斉藤利男　二〇一四『平泉―北方王国の夢―』講談社選書メチエ

斉藤利男　二〇一六「未完の北方王国―日本国と平泉政権―」『歴史評論』七九五号

佐藤正人　二〇一六「青森から見た板碑文化」『青森県史』資料編中世四、金石文ほか

高橋富雄　一九七七『天台寺』東京書籍

羽柴直人　二〇一六ａ「陸奥北部の板碑」千々石到ほか『板碑の考古学』高志書院

羽柴直人　二〇一六ｂ「奥州藤原氏時代の北奥への交通路」『歴史評論』七九五号

八戸市　二〇一五『八戸市史』通史編Ⅰ
松本建速　二〇〇六『蝦夷の考古学』同成社
松本建速　二〇一一『蝦夷とは誰か』同成社
松本建速　二〇一二「古代の東北北部における集落の盛衰を読む」入間田編『北から生まれた中世日本』高志書院
松本建速　二〇一六「古代・平安時代の六ヶ所村に馬はいたのか?」『六ヶ所村歴史フォーラム二〇一五報告書』
八重樫忠郎　二〇一二「考古学からみた北の中世の黎明」入間田編『北から生まれた中世日本』
八重樫忠郎　二〇一六「東北の経塚と厚真町の常滑壺」『歴史評論』七九五号
八重樫忠郎　二〇一七「東北の太平洋海運」飯村均ほか編『東北の名城を歩く』南東北編　吉川弘文館

コラムⅢ　平安時代の都の馬事情　―上賀茂神社を通して馬を考える―

藤木保誠

賀茂別雷神社（上賀茂神社）は山城国の一の宮として都が京都に移される前から祭祀を行っており、京都の最古の神社として世界遺産にも登録されています。

上賀茂神社の馬との関わりは古く、賀茂祭（葵祭）の起源とされる古文書の「賀茂注進雑記」に

欽明天皇の御代、気候順ならず卜部の伊吉若日子に勅して卜わしたところ「賀茂の神の祟りなりと云々。仍て四月吉日を撰びて馬に鈴をかけ人猪影を蒙りて駆馳して以て祭祀をなしてよく祈祷せしめ給ふ」これによりて五穀成熟し天下豊年也。乗馬ここにはじまれり云々

との記載があり古くより乗馬が行われてきたことがわかります。

また、旧暦の時代は「四月中の酉《とり》の日」が「賀茂祭」、五月五日が「賀茂競馬《かものくらべうま》」の日と定められていました。この競馬は堀河天皇寛治七年宮中の武徳殿にて行われていた年中行事の「競馬」を移すことになり女房を二手に分け、左方は上賀茂神社に右方は石清水八幡宮（当時はお寺）に祈願をし菖蒲の根っこの長さをもって競い合ったところ、左方が勝ったゆえをもって上賀茂神社に奉納された文献が残っています。

このように上賀茂神社では、古くから馬と関わってきました。この馬はどこから集められたのでしょうか。上賀茂神

社では頼朝の時代寿永三年四月には「競馬の料」として全国四二ヶ所の荘園が定められ、江戸時代の終わりまで続きましたが、残念ながらこの荘園は関東以北はありません。しかし私は馬は南部の血の入った馬が使われたと思っています。

それより前はどうしていたのでしょうか。宮中を中心とする近畿では奈良朝の時代徒歩《かち》による戦が中心でした。平安朝になると騎馬による戦に変わります。一つの理由に当時の大将は「大鎧」を着けることになり、徒歩では動けないので、馬が必要になります。すると都には優秀な馬が集まってきます。また馬の寿命は今でも二〇歳位です。幼少期、老後の五年は使えないとすると一〇年、当時の寿命を考えるともっと短かったことがうかがえます。平安時代の記録や物語のなかで一人の大将が馬を数頭所持していたことが記されています。

このように平安時代になると馬の需要が急に増えたことがうかがえます。ではこの馬はどこから調達していたのでしょうか。私はこの馬は南部の駒ではないかと考えています。数年前「賀茂競馬」の講演の依頼を受け、青森に行く機会に恵まれ、環境風土を見聞きするうちに間違いがないと確信いたしました。

南部より馬を集め都まで輸送することは、大変な困難が予想され、当時何頭の馬が届いたかは定かではありませんが、少なくとも十数頭は届いたのではないかと思います。この困難に打ち勝った馬は都では大変優秀な馬として扱われたに違いありません。この優秀な馬等を繁殖させた結果、馬格が大きくなり、速度が速くなり、気性の荒い馬ができあがったと考えます。このような馬では、宮中の武徳殿で「競馬」をすることが困難になり、郊外へ移すことを決められたのではないかと考えます。

南部には蝦夷討伐等で都より多くの人々が来て南部駒の優秀な馬を手に入れ持ち帰ったことで、戦の形態が変わり都では平安時代の終息を迎え、戦国時代になっていったのではないかと考えます。

このように、優秀な馬の文化をもつ南部の馬をぜひ後世に残してもらいたいと思います。

コラムⅣ　糠部郡内の十烈《とおれつ》、流鏑馬《やぶさめ》

栗村知弘

標題の十烈・流鏑馬が、京の都や鎌倉などの他、遠く陸奥国糠部郡内でも神役行事として、また、馬産地内の神社の行事として実施されていたことを紹介したいと思います。本書では、このことを証明する史料を一つだけ取り上げます。もしかして、糠部郡内の一三の行政単位の「七戸」の地域に入る六ヶ所村のいわゆる「尾駮の駒」がその行事に乗り手とともに参加し、神社の境内を疾駆していた可能性も推測される史料です。

史料名は、「四戸八幡宮神役張（注カ）文案」（『南部家文書』国重要文化財、南部光徹氏蔵）といい、次頁の写真がそれです。内容は、冒頭の文に示され、次に流鏑馬の発走順が地域名で示され、最後に、不参加の場合の、「科代（とがだい）」……神役怠慢とされ、罰金を地域から出すこと……が明記されています。

これが書かれた年代は正平二一（南朝年号一三六六）年、主催者は三戸（盛岡）南部第一三代南部守行と推察されています。そして、この神事を奉行したのが根城（八戸）南部氏です。実際にこの文書は根城南部家に所蔵されておりました。流鏑馬の発走順を見ると、最初が四戸八幡宮（櫛引八幡宮）の所在する四戸の馬が走り、次に奉行にあたる根城南部氏の八戸の馬が走り、締めは、四戸が先に、最後に八戸の馬が走るということで、根城南部氏の役割と、八幡宮の所在する四戸の役割が推察されます。この行事、放生会（捕えた魚や鳥などを池や野山に放して人々の長寿、国の安泰を祈る行

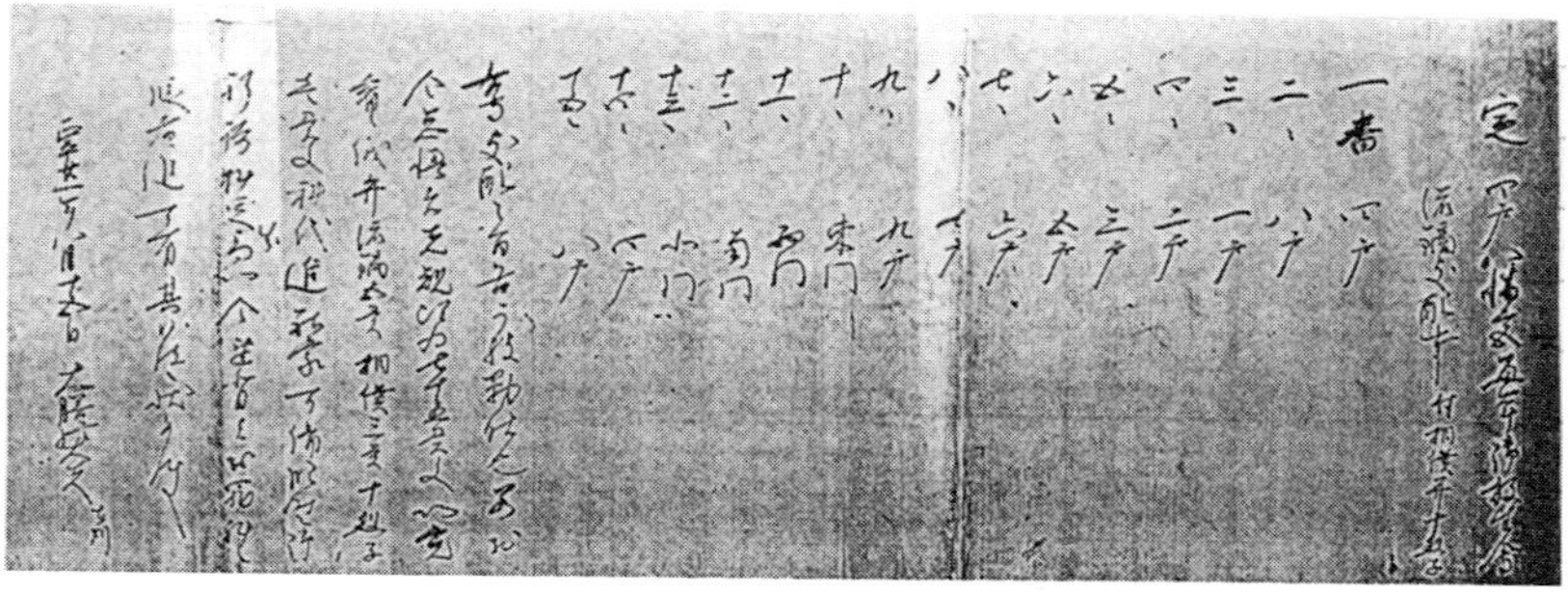

八戸市の櫛引八幡宮の祭礼「流鏑馬」等の神役負担の配分書に「七戸」の地名が出ている（正平 21 年（1366）　続き紙 31.5cm『南部家文書』南部光徹氏蔵）

事）は、陰暦八月一五日、八幡宮境内で行われるもので、現在でも、根城南部氏の村替先であった岩手県遠野市から流鏑馬の騎手が来て続いています。流鏑馬の他の行事、冒頭の文に示されています。

「定四戸八幡宮毎年放生会流鏑（馬）支配事付相撲并十烈子」とあり、流鏑馬の他に相撲と十烈（子）……一〇頭の馬による今でいう競馬……を行うことが示されております。宮中でも行われていたものです。相撲は今でも各地の神社で奉納相撲が見られるので理解できると思います。

南北朝時代、南部氏によって、現在の櫛引八幡宮で、流鏑馬・競馬が行われていたことを示す重要な史料です。これは、その後、流鏑馬が明応五（一四九六）年室町時代でも、江戸時代寛政八（一七九六）年にも行われていたことが『三翁昔語』や『花厳院文書』等にも記録されております。

このことから、南部氏の支配した糠部郡の一戸から九戸までの地域、また東西南北の四門、合計一三の行政地域から、駿馬と乗り手が選ばれ、流鏑馬と十烈（子）……競馬……が行われていたことが理解できると思います。

八番目に「七戸」とありますね。きっと「尾駮の駒」が走っていたと思われます。なお、この史料は「糠部郡の成立」「九戸・四門制」「糠部郡の馬産」「南部氏と糠部郡」等を考察するうえで重要なものです。諸先学の研究や県史、周辺の町村史にも必ず引用解説されているので参考にしていただきたいと思います。次に参考文献（発表順）を紹介します。

参考文献

1　小井田幸哉　一九八六『八戸根城と南部家文書』八戸市
2　入間田宣夫　一九八六「糠部の駿馬」『東北古代史の研究』吉川弘文館
3　櫛引八幡宮編　一九八八『南部一之宮　櫛引八幡宮』櫛引八幡宮
4　岩手県立博物館　一九八九『岩手の古文書』
5　小井田幸哉　一九九〇「糠部郡と戸制・門制の変遷考」『ふるさと南部　第一三号』南部町
6　栗村知弘　一九九三『六戸町史　中巻』六戸町
7　栗村知弘　一九九四『東北町史　上巻Ⅰ』東北町
8　盛田稔　一九九七『六ヶ所村史　上巻Ⅰ』六ヶ所村史刊行委員会　※「戸立の馬」の意味を学界に初めて紹介した盛田氏が、「戸」「門」「糠部郡の成立」等、研究の経緯、諸先学の説を紹介している。本史料も取り上げており、特に村民は是非読んでいただきたい。
9　栗村知弘　二〇〇五『福地村史　上巻』※1～8を含む諸研究成果を取り上げ詳述。

コラムⅤ　日本前近代の馬

近藤好和

人類と馬の関わりは長い。その展開を概観すれば、野生馬の狩猟・捕獲、家畜化、利用という過程となります。家畜化の開始時期は不確定ですが紀元前三〇〇〇年以前、場所は中央ユーラシアの草原地帯といいます。現在地球上に野生馬は皆無のようです。ただし、モンゴルの蒙古野馬（プルジェヴァリスキー馬）や北米大陸のムスタングなどは再野生化しつつあるといいます。前者は日本を含むアジア系馬の起源となる馬です。家畜化の目的は、①食糧（肉・乳）や生活素材（皮革・体毛・骨）の確保、②労働・軍事的利用、③宗教的・威儀的利用、④娯楽・芸能的利用などがあります。このうち①は狩猟・捕獲とも密接な関係にありますが、②〜④は明らかに家畜化以降のことで、その中心は②つまり役畜としての利用です。役畜としての利用方法には牽引・騎乗・駄載等があり、歴史的には牽引が騎乗に先行し、軍事では牽引は戦車、騎乗は騎兵となります。また、②〜④の馬利用の前提に馬具があります。馬具は広義では騎乗具・牽引具・駄載具・調教具・飼育具等の総称ですが、狭義では騎乗具をいいます。この馬具（以下、騎乗具の意）は手綱《たづな》・銜《くつわ》・鞍橋《くらぼね》・鐙《あぶみ》・鞦《しりがい》・韉《したぐら》・腹帯《はるび》等の様々な装具から構成されます。ただし、これらすべてが同時に成立したのではなく時を置いて順次成立し、最初に成立したのは手綱と銜です。これらは乗り手の意志を馬に伝える装具。牽引・駄載を含めて馬具として最重要です。一方、最後に成立したのは鐙。本来は騎乗のための足掛かりで、当初は左右一対はなく、左側だけの片鐙でした。これは三世紀に中国で成立。やがて同じく中国で左右一対の鐙が成立します。片鐙が左側だけなのは中国はじめ諸外国では左側から馬に騎乗するためです。これは現在にも継承されています。しかし、日本前近代では右側から騎乗しました。ところで、馬が牽引・騎乗の動物として広く普及した理由は、高速を長く維持できる走力と疾走時に背骨が湾曲しないという騎乗の安定性があげられます。さらに馬の歯は切歯（前歯）一二本・犬歯四本・臼歯（奥歯）二四本からなり、牡馬は犬歯と臼歯、犬歯のない牝馬は切歯と臼歯の間に、一〇センチ程度の歯槽間縁《しそうかんえん》という歯のない部分があります。銜（特にその部分である啣《はみ》）はこの歯槽間縁に銜え込ませることができるという利点もあります。

さて、日本では一万年前の地層から馬骨が出土し、その頃には野生馬が存在したらしいのですが、三世紀頃までは馬関係の出土はなく、『魏志』「倭人伝」にも「牛・馬なし」とあります。つまり日本では野生馬の家畜化はなく、三世紀末頃（通説では四世紀末）に家畜化した馬と馬具という完成された馬文化が朝鮮半島を通じて伝来。この馬は家畜化した蒙古野馬の系統です。五世紀には銜・鐙等の鉄製馬具の国内生産も開始され、六世紀には騎兵も成立しました。その騎兵は弓箭を佩帯する弓射騎兵です。なお、去勢技術や蹄鉄技術は前近代の日本にはありません（あるいは定着しませんでした）。また、馬具は一〇世紀前後に日本独自の様式が形成されます。特に特徴的なのが鐙。足裏全体を乗せられる長い舌のある袋鐙や舌長鐙が成立しました。

ところで、馬の大きさは体高（前脚の蹄から肩の鬐《き》甲骨《こうこつ》までの高さ）で計ります。馬は首が上下するために頭上からは計れません。サラブレッドは体高一六〇～七〇センチありますが、前近代の日本馬は体高四尺（約一二〇センチ）を基準とし、五尺を超える馬は稀です。現在の基準では体高一四七センチ以下はポニーといい、日本馬はポニーに相当します。そこで、日本馬は小型で貧弱との誤解があります。しかし、日本馬の体高は馬という種としては標準的です。そもそも体高が低いからといって貧弱とはいえません。貧弱かどうかは骨格の太さや筋肉量により、前近代の日本馬は文献や絵画資料から「太く逞しい馬」であったことがわかります。中世前期の騎兵つまり武士が着用した大鎧は三〇キロ程あり、これに武士自身の体重と攻撃具（弓箭・太刀・腰刀）を加えれば一〇〇キロを越えます。日本馬はその重量を乗せて戦える馬なのです。貧弱であるはずがありません。むしろ競馬のために改良されたサラブレッドにはそのような芸当はできません。しかも気性の荒い悍馬《かんば》であったようで、これは牡馬の場合は去勢をしていないこととも密接に関係しました。去勢は牡馬の凶暴性を鎮める目的もありました。こうした日本馬の特徴はその起源となる蒙古野馬の性質を継承したものです。なお、現在在来馬は八種類が残存します。道産子や木曽馬などの中型馬（体高一三〇〜一三五センチ）と対馬馬・トカラ馬などの小型馬（体高一一〇〜一二五センチ）に分かれますが、後者は温かい地方で代を重ねたために小型化したもので、起源は同じく蒙古野馬です。

第三部　文学的考察

平安貴族と馬 ―みる・祈る・おそれる―

飯沼清子

平安時代の貴族にとって馬が大切な存在であったことは知られているところです。本稿は物語文学を研究する過程で知り得たことを述べるものですが、資料は古記録を中心とすることをお断りしておきます。

みる

1 実資のまなざし ―千里の骨

藤原実資の日記『小右記』一〇一八（寛仁二）年四月一〇日条に次のような記事があります。

①十日、癸酉、（前略）辛嶋牧千端里牝馬子（去）夕牽進、三歳、長四寸余、件駒有千里骨、千端里産件駒即斃了、駒令返放本牧了、今秋可令立飼、

（中略）

令飼馬寮之馬引遣見之、疲痩殊甚、口付男申云、寮御馬今年不飼秣蒭、僅飼藁、左寮如此者、未聞之事也、不遣馬寮、令立厩、先於前飼秣麦草、従今日厩馬飼（麦）草、去冬以来世間無蒭、去月摂政参春日、大和国人壊萱屋、

以萱積置馬蒭料云々、　（大日本古記録『小右記』以下同）

「辛嶋牧[1]から千端里という馬が産んだ牝の駒〈三歳、四寸余〉を進上するため夕べ牽いてきた。見るとこの駒には「千里の骨」があった。ところが母馬の千端里はこの子馬を産むとすぐに斃《し》んでしまったという。そこでこの駒を牧に返し、秋まで飼わせることにした」―以上が前半の内容です。

母馬の「千端里」[2]という呼称とともに「千里の骨」に目が引かれます。「千里の骨」は『漢語大詞典』[3]（二巻）に「千里馬的骨骼。比喩英俊不凡的气質。（千里の馬の骨骼。英俊不凡の気質を喩える）」と見えます。実資は牧から牽いてきた駒に名馬の資質を見て取ったといえるでしょう。

この記録は現代を生きる人間に骨力、骨法、気骨、骨子、そして人品骨柄などの言葉を想起させ、「骨」がいかに重要なものであるかを認識させます。零落した清少納言が「駿馬の骨を買わないのか。買った人だっているのですよ」と、死馬の骨を買った燕王の故事を持ち出して、若い殿上人どもに語りかけたという説話[4]が思い出されます。

『小右記』の後半に戻りましょう。

「飼育させている馬寮の馬を牽かせて見ると、甚だしく痩せていた。口付《くちつき》の男が言うには、今年は秣蒭《まぐさ》を喰わせておらず、わずかに藁を与えていました。左馬寮も同様です、とのことである。このようなことは聞いたことがない。それで馬寮には戻さず厩にとどめ、秣蒭として麥《むぎ》草を与えるようにした」と記しています。目崎徳衛は、馬の疲痩を、左右馬寮の退転（おとろえ：筆者註）による旨を述べています[5]。そういう側面もあったかもしれませんが、この年の異常な気象が大きく影響しているようです。傍点部「去冬以来世間無蒭」以下の記述に、蒭（まぐさ）が無かった状況が見えます。「去月、摂政（藤原頼通）が春日社へ参った[6]おり、大和国の人が萱屋を壊し、その萱を秣蒭の代わりとして積み置いていることを目にした、という」とあります。

さらにこの月の異常気象を語るのが藤原道長の『御堂関白記』同年四月一日条です。四月は「夏」であることを意識して読んでみましょう。

②一日、甲子、（前略）昨今間桜花猶盛開、年来之間無及四月時、若是二月間寒気盛、依氷雪烈歟、此二月三月間牛馬多以斃、京并外国如此云々、是又依天寒云々、（大日本古記録『御堂関白記』以下同）

「近ごろ桜がまだ盛んに花開いている。例年四月になっても咲いていることはなかった。これは二月の間寒気が厳しく氷雪が烈しかったからだろうか。京および他の国でも二月三月には牛馬が多く斃《たおれし》んだというが、これも寒さのせいということだ……」と書いています。

以下に掲げるのは「二月」の寒さを裏付けるために『御堂関白記』〈略号（御）〉『左経記』〈略号（左）〉を調査した結果です。なお『小右記』の二月の記事は五、九、二〇、二五の四日のみで、それも天候についての記載はありません。

《二月の降雪》

一　日　雪降、（御）
三　日　雪降一寸許、（御）
五　日　雪下終日、（御）　雪降終日、（左）
七　日　朝間雪降、（御）
八　日　午上雪降、上後雨下、去月従十日許連々雪降、風又烈、（御）　降雨、（左）
九　日　……使来間雪降、（御）時々降雪、（左）
一一日　時々雪降、（左）
一二日　日来風雪無晴日、簷垂氷及四五尺無間、年来未如此事、従正月十五雪未盡、（御）
　　　時々降雪、参大殿、自去年以後、連日雪下、宿雪多積、寒気無障、屋妻等垂氷、毎夜一二尺、為希有記之、（左）

※正月一四日　雪降、（御）　雪降殊甚、（左）
　一五日　雪降五寸許、（御）　白雪積庭五寸許、（左）
一四日　氷雪漸解、（左）
一七日　従夜雨降、巳時許天晴、（御）
二〇日　従早朝雨降、雷電一両声、甚大也、辰時鳴、其後深雨、未時許天晴、（中略）入日程大［瑞］雨降、（御）
二三日　夜半許有風雨暫、（御）
二五日　雪時々少々降、（御）
二九日　従早朝雨降終日、（御）

二月に雪が多かったことが一目瞭然です。とくに二二日には道長が「簷《ひさし》の垂氷《たるひ》が四、五尺に及んだ」と記しているように、厳しい寒気に襲われたことがわかります。四月一日条に道長が書いているように、うち続いた寒さによって多くの牛馬が斃《たお》れてしまったのでしょう。

2　道長と「翡翠」

次に人の目を悦ばせた馬の例として『御堂関白記』一〇〇五（寛弘二）年正月一九日条を引きます。

①十九日、戊辰、（前略）満正朝臣献馬、翡翠、（満正朝臣が馬を献上した。この馬は「翡翠」である）

源満正は陸奥守であった九九九（長保元）年一二月二六日に馬一〇疋、また一〇〇四（寛弘元）年一二月二七日にも馬一〇疋を献じています。(7) かつて「翡翠」が「ひすゐの黒髪」「翠《みどり》の黒髪」などといわれるような黒い毛の馬であると気がつくまでに少々時間を要しました。その過程は興味深いものでしたが、今回は紙数の都合により省きます。黒馬に道長は目を瞠り、感嘆したのでしょう。艶のある黒い毛をさす「青毛」ではなく、「翡翠」の文字をのこしたことに道長の思いを汲みとることができます。

大江匡房《おおえのまさふさ》の談話の抄録『江談抄《ごうだんしょう》』第三「(七四) 高名の馬の名等」を引きましょう。

②赤六。穂坂十七栗毛《ほさかじふしちくりげ》。恋地《こひぢ》。鳥子《とりのこ》。尾白《をしろ》。榛原《はいはら》。翡翠《ひすい》。若菜《わかな》。別栗毛《くりげ》。御坂《みさか》。近江《あふみ》栗毛。三日月《みかづき》。本白《もとしろ》。和琴《わごん》。
宇都浜《うどはま》。穂檀糟毛《かすげ》。鳥形《とりかた》。花形《はなかた》。光《ひかり》。野口《のぐち》。宮橋《みやはし》。前黒糟毛《まへくろかすげ》。後黒糟毛。望月《もちづき》。宮城《みやぎ》。野王《やわう》。尾花《をばな》。日差《ひさし》。蝶額《てふひたひ》。
大甘子《おほかうじ》。小甘子。白絃《しらいと》。夏引《なつひき》。

(新日本古典文学大系『江談抄 中外抄 富家語』／『二中歴』第一三「名物歴」「馬」もほぼ同名を載せる。)

道長の馬として(8)「翡翠」のほかに「恋地」(こ比千・古比千)、「鳥子」、「尾白」が見えます。「恋地」「鳥子」は一〇一三(長和二)年九月十六日、三条天皇の、道長の土御門第行幸のおりに貢進されました(『小右記』)。また一〇一七(寛仁元)年九月二〇日、後一条天皇は石清水競馬のために左馬寮の「尾白」と右馬寮の「古比千」を道長に下賜しました。道長は「感悦餘身」と記し(『御堂』)、『小右記』(同日条)は蔵人平範国の話として

今日左右一足給大殿、勅使左中将(源)朝任、左字尾白、右古比千、皆大殿被献先主(三条天皇)、今後主(後一条天皇)返給欤、石清水競馬聞食無駿足所給欤云々、

と、左右の馬寮の一(逸)足(尾白・古比千)が、後一条天皇から大殿(道長)に下賜されたこと、それらはかつて道長から三条天皇に貢進された馬であること、石清水競馬に駿足がないと聞こし召してのことか、と下賜されるに至った事情を記しています。

人の目をひき満足させた馬は、毛色ばかりではなく、しばしば「一(逸)足」「駿足」と記されているように、能力、個性を発揮していたのでしょう。それを語るのが「上がり馬」(「上馬」)です。

3 高名の上がり馬

「あがりうま」について『日本国語大辞典』は「跳びはねる馬。前脚を上げて跳びはねる癖のある馬。悍馬。跳ね馬。沛艾」と記しています。「揚馬《あがりうま》」（「揚がり馬」）「騰馬」などとも表記されますが「上馬《じょうめ》」と誤認しないように引用以外では「上がり馬」と表します。以下、用例を確認しましょう。

①四五六　御随身兼時、揚馬ヲ見抜ク事　（巻六ノ六八）

宇治殿わかくましましける時、花形といふ揚馬《あがりうま》をたてまつりけるを、兼時といひける御随身、見奉りて、「この御馬腹立ち候ひにたり。とく下りさせおはしませ」と申しければ、下りさせたまひて、他人を乗せて御覧じければ、御馬ふしまろび、乗りたる人を食ひおどしければ、御堂、兼時を召して纏頭しけりと云々。

（『古事談』第六〈亭宅　諸道〉古典文庫　下）

宇治殿（藤原頼通）が年少のころ、乗馬の稽古をしていた時、乗っていた「花形といふ揚馬」を見た随身尾張兼時が、馬の気が立っていることを見ぬき、馬から下りさせ頼通の危機を救ったところ、父道長は感謝して兼時に褒美をとらせた、という話[9]です。

ここで問題となるのが「揚馬」です。古典文庫『古事談』の頭注には

悍馬（かんば）。前脚を上げ、後脚で立とうとしたり、騎者を振り落そうと飛びはねたりする気の荒い暴れ馬。

と説明があります。「花形」は『江談抄』や『二中歴』に見えますが、この説明のように単なる「暴れ馬」であれば、〈高名録〉に名をとどめる理由としては物足りなく思えます。そこでもう一つ「上がり馬」の例を引いてみましょう。

②兼時・敦行、競馬の勝負の語《こと》、第二十六

今は昔、右近の馬場にして競馬《くらべうま》有りけるに、一番に尾張兼時《をはりのかねとき》、下野敦行《しもつけのあつゆき》乗りたりける。兼時、競馬に乗る事極《きは》めたる上手なり。古の者にも露《つゆ》恥ぢず、微妙《みめう》なりける者なり。但し、悪しき馬に乗る事以てのみなむ、少し心

もと無かりける。敦行は悪しき馬も露嫌はず。其の中に、鞭競馬《むちくらべうま》に極めたる上手にてなむ有りける。
而るに、其の日の競馬に、敦行は進退《しんだい》に賢き馬にぞ乗りたりける。兼時は宮城と云ふ高名の上り馬にぞ乗りたりける。其の宮城は極めて走りは疾《と》かりけれども、痛く上りければ兼時が乗馬には頗る負はぬを、兼時何《いか》に思ひけるにか有りけむ、其の日左の一番にて撰んで、此の宮城になむ乗りたりける。（以下略）

（『今昔物語集』本朝世俗部　巻二三　新潮日本古典集成）

乗馬の名手として聞こえた尾張兼時と下野敦行が右近の馬場で勝負した話です。兼時が乗った馬は〈高名録〉に見える「宮城」で「高名の上り馬」でした。物語はこの後、兼時がうまく乗りおおせず負けてしまったこと、しかし兼時は負け馬となったときの作法を堂々と行ったこと、それを世の人が感嘆したことを語っています。勝って引き上げる時までの作法はあっても、負けた際の作法は知られていなかったことから、あえて「上り馬」に乗って、人々に知らしめようとしたか、という疑問の形でこの話は結ばれています。

兼時と敦行が対戦した話は『古今著聞集』（巻一〇、馬芸）『江家次第』（巻第一九、臨時競馬事）にも見えます。『古今著聞集』を引用します。

③正暦二年五月、右近馬場の競馬に尾張兼時初めて負くる事

正暦二年五月二十八日、摂政殿、右近の馬場にて競馬十番を御覧じけり。山井《やまのゐ》の大納言・儀同三司《ぎどうさんし》、共に中納言にておはしける、左右にわけて、公卿おほく参られけり。一番、左将曹《しやうさう》尾張兼時、右将曹同じく（下野）敦行つかうまつりけるが、兼時が轡《くつわ》たびたびぬけたりけれども、おつる事はなかりけり。さりながらも、つひに敦行勝ちにけり。兼時、敦行にむかひて、「負けてはいづかたへ行くぞ」といひたりけり。人々その詞を感じて纏頭《てんとう》しけるとなん。いまだ競馬に負けざりけるものにて、かくいひける、いと興あるいひやうなるべし。

（新潮日本古典集成　以下同じ）

敗れた兼時は「負けた場合はどこへ行くのか」と敦行に尋ねるのですが、それは、これまでの兼時の不敗をあらためて人々に印象づけるものでした。

二人の年齢については敦行が一世代ないし半ば年長だったと言われています。敦行は村上朝ごろに、兼時は一条朝に活躍し舞の名手でもありました(10)。年代に大幅なずれがあったにしても、左右近衛の名物男が組み合わされ、説話の同じ場面に登場してきたのでした。

さて、右の「上がり馬」について引用の『今昔物語集』の頭注（本朝世俗部一―一〇四頁）も「後足で上る癖のある馬のこと」とし、本文傍らに「暴れ馬」と訳を付けています。『古今著聞集』では敦行が「悪しき馬」に乗ることをいとわなかった、としていますが、悪い癖のある馬と「揚馬」とは意味合いが違うのではないか、と思われるのです。「花形」や「宮城」という「揚馬・上がり馬」が名馬として世に聞こえたことの理由を「暴れ馬」という理解ですませてはならない、と思うのです。

『日本書紀』巻第一四、雄略天皇九年秋七月条の話は「上がり馬」を理解するうえで示唆に富んでいます。田邊史伯孫《たなべのふひとはくそん》は娘が男児を産んだことを聞き、聟（書首《ふみのおびと》加龍《かりよう》）の家に賀を申しに行った帰り、蓬蔂丘《いちびこのをか》の譽田陵《ほむたのみささぎ》の下で「相逸れ《かたちすぐ》」た「赤駿《あかうま》」に騎った人に遭遇しました。

其の馬、時に濩略《もこよか》にして、龍《たつ》のごとくに翥《と》ぶ。欻《あかしま》に聳《たか》く擢《ぬけい》で、鴻《かり》のごとくに驚く。……伯孫、就《ちかつ》き視て、心に欲《ほり》す。
（日本古典文学大系『日本書紀』上）

「濩略《もこよか》にして龍《たつ》のごとくに翥《と》ぶ」と記されていますが、「濩略」は、竜や蛇のうねりつつ行く様子をいいます。大系本の頭注は『漢書』李善注の「龍行之貌」を引いています。「翥」は「あがる、とびあがる」の意（『大漢和辞典』九巻）であることを考えると、この「赤駿」の走りは、竜が天高く昇るように見えた、ということになるでしょう。伯孫がこの赤駿を欲しがっていると知った「赤駿《あかうま》に騎れる者《ひと》」は、伯孫の「驄馬《みだらをのうま》」と交換して別れ去りました。おおいによろこんだ伯孫でしたが、明朝その赤駿は「土馬《はにま》」（埴輪の馬）に変じていた、というのです。

この例からも「あがる」が、すぐれた馬の能力をさす言葉ということがわかります。脚を高く上げて、うねるように走る様が「龍行」のごとく見えたのです。「あがる」ことすなわち「暴れる」ことと捉えるのは聊か貧困な理解だと思われます。

高名の上がり馬の「花形」も「宮城」も、大空をうねりつつ行く龍の姿を思わせるような走り方をする馬であった、と美的、浪漫的に解釈してみました。馬は人間の心に敏感に反応するといいます。「土馬」に変わってしまったという話はじつに象徴的です。

前に引用した『古今著聞集』（巻第一〇　馬芸）には「上がり馬」「跳ね馬」に関する興味深い話が他にもあります。

ア　雲分といふあがり馬（三五六　悍馬雲分《くもわけ》、中門の廊に爪形を付けて飛び出す事）

イ　あがり馬をひかれにけり（三六一　平重盛内大臣拝賀の夜、番長佐伯国方悍馬に乗る事）

ウ　陸奥《みちのく》より勢大きにしてたけき悪馬を奉りたりけるを……やがてまりあがりて出でけるを（三六四　都筑《つづき》経家悪馬を御する事）

エ　高名の跳ね馬出で来たりけり（三六五　秦敦頼、七十余歳にして悍馬に乗る事）

四例ほど抜き出した中からウを紹介します。「高名の馬乗・馬飼」都筑平太経家は、陸奥から献ぜられた「勢大きにしてたけき悪馬」を源頼朝の前でみごとに乗りこなし、「馬は、かならず人に乗らるべき器にて候へば、いかにたけきも、人にしたがはぬ事や候べき」と言いました。「上がり馬」は気性も激しく、決して御し易い馬ではありません。しかしそれだけに上がり馬を乗りこなす者の自信と気魄が伝わってきます。「高名の上がり馬」と「高名の馬乗り」との間に生じた緊張関係が、後世にまで語りつがれることになったと考えられるのです。

4　上馬《じょうめ》・細馬《さいめ》

「上がり馬」と特筆される馬以外にも、良い馬、すぐれた馬を表す「上馬《じょうめ》・細馬《さいめ》」を目にします。『御堂関白記』一〇一〇（寛弘七）年正月四日、藤原斉信（権大納言・中宮大夫　四四歳）が頼通（権中納言・左衛門督　一九歳）の高倉第を訪問しました。前日の訪問の返礼でしたが、道長は「未聞大納言来中納言家、悦恐不少」（上位の者が下位の者の家を訪問することは聞いたことがない。少なからず恐悦した）と記し、その後に「馬二疋引出云々、一疋家也、是上馬也、」と続けています。斉信の訪問を予期してか、道長は家（土御門第）の「上馬」を用意して頼通に持たせていたようです。また一〇一七（寛仁元）年一〇月七日に信濃守源道成が道長に馬六疋を献上しましたが、「渡土御門、令馳見之、皆上馬也、」（土御門第の馬場で走らせて見たところ、どの馬も「上馬」であった）と記しており、道長の満足の様子がわかります。なお源道成は翌（寛仁二）年四月一五日にも馬一疋を贈っています。道長は「頗宜馬也」と書きました。

『小右記』一〇一一（寛弘八）年八月一一日条には、道長が三条天皇に馬一〇疋を献上したことが「左大臣献細馬十匹」と記されています。

『源氏物語』からも例をひきましょう。光源氏三五歳の秋八月、六条院が完成します。東北の町（花散里の居所）には馬場が設けられました。

東面は、分けて馬場殿《むまばのおとど》つくり、埒《らち》結《ゆ》ひて、五月の御遊び所にて、水のほとりに菖蒲植ゑしげらせて、むかひに御厩《みまや》して、世になき上馬《じやうめ》どもをととのへて立てさせたまへり。（「少女」巻　新編日本古典文学全集　三）

「世になき上馬ども」が、どこの牧の産か、どのような毛色か、など知る由もありませんが、それらを揃えることができた太政大臣光源氏の権勢のほどがうかがえます。

祈る

1　病平癒を祈って

〈藤原頼通の病〉

一〇一五（長和四）年一二月には時行《じこう》（疫病、流行病）に罹った人がいたようですが、『御堂関白記』と『小右記』の一二月一二日条に藤原頼通の病悩のことが記されています。

①十二日、戊子、（頼通）大将日来有悩気、而今日極重者、是時行欲愈歟、（中略）依有尚重由、以馬五疋、八幡・賀茂上下・祇薗（ママ）・北野等令諷誦、宿大将家、

（『御堂関白記』）

②十二日、戊子、守隆朝臣云、左大将従去八日頭打身熱悩苦、就中昨一昨重悩、今日不聞軽重、依有時行疑、行不断読経者、

入夜資平来云、未・申剋許左将軍万死一生之由、内供定基走来告相府、々々乍驚馳向将軍家、彼家堅固物忌、仍被坐帥宮（敦康親王）方、以相府櫪馬等献名社等、蓋為救将軍病、（以下略）

（『小右記』）

（病の詳細な記述は翌十三日条にも続きます。）

①には、「この何日か病の気があったが、今日きわめて重くなったということだ。時行は治まろうとしているはずではなかったのだろうか。まだ病が重いというので馬五疋を石清水八幡と上下の賀茂社・祇園社・北野社に献上して諷誦を行わせた」とあります。頼通の重い病が治ることを祈って父道長は馬を五社に献じたのでした。

②の『小右記』には症状などが具体的に見えます（傍線部）。資平の談ったことですが、「万死一生之由」を内供《ないぐ》定基から告げられた道長は、将軍（頼通は当時左近衛大将）を病から救うがために櫪馬（馬屋につながれている馬）を名社に献

じたことを記しています。二四歳の長男の病を案じる父親の心情がうかがえます。

道長の兄道兼が病気になり重態となったとき、道長が手を尽くしたことを語っている『栄花物語』に、ついでながら触れておきます。

③　大将殿（道長）はたあはれに思しあつかはせたまひて、御誦経によろづの物運び出でさせたまふ。御厩の御馬残るなく、御車牛にいたるまで、御誦経など多く掟てのたまはす。

（巻四「みはてぬゆめ」新編日本古典文学全集一）

物語が「あはれに思ほしきこえさせたまへりし御仲」と述べている道兼と道長は五歳違いです。道長は御誦経の料として、あれこれの物のほかに「御厩の御馬」や車を引く牛まで差し出すよう指示したのでした。なお道兼の薨去は九九五（長徳元）年五月八日、右大臣兼右大将、三五歳でした。四月二七日に関白となり五月二日「慶申《よろこびもうし》」をしたものの、その七日後に死去したため「七日関白」と言われたことはよく知られています。弟道長は権大納言兼左大将、三〇歳で、五月一一日に内覧の宣旨が下り、六月一九日、右大臣に任じられ氏長者《うじのちょうじゃ》となりました。

〈三条天皇の眼病〉

三条天皇が眼の病に苦しんでいた様子はしばしば記録に見えます。その中から『小右記』一〇一五（長和四）年九月一四日条を紹介します。この日、伊勢大神宮をはじめとする六社に「不豫御祈」（『日本紀略』）のため奉幣使《ほうへいし》が発遣されました。

④十四日、辛酉、今日依御目祈被立使於諸社、以中納言為使、大納言公任行事、

天皇の視力回復を祈って諸社に使を立てたこと、御幣のほか各社に「左右の馬寮の御馬」を奉ったことなどが記されています。整理してみると

伊勢　内外宮　使　権中納言　　藤原懐平　　　　馬二疋　内宮に御釼一腰

八幡	権中納言	源　経房	一疋
松尾	権中納言	藤原頼宗	一疋
平野	権中納言	藤原頼宗〈兼松尾／十五日条による〉	一疋
大原野	権中納言	藤原教通	一疋
賀茂　上下	権中納言	源　俊賢〈藤原行成、故障を申す〉	二疋

馬寮の馬を神に奉り、病気平癒を祈るという行為は、馬がいかに重んじられていたかを教えてくれます。こうした「祈り」は早く『貞信公記』によって知ることができます。

2　除病と走馬・奉馬

藤原忠平〈八八〇〈元慶四〉年～九四九〈天暦三〉年、七〇歳〉の日記『貞信公記』の九二〇〈延喜二〇〉年の記事に、忠平自身の不調がしばしば記されています。正月三日には「行幸《(ママ)》仁和寺、心神不調、不扈従、」と見え、宇多法皇の仁和寺御幸にも随っていません。五日、六日、七日、一〇日、二〇日には「痔」「痔發」の文字が見えます。二月六日条に

下《(ママ)》　出河原令走馬、従今夜鑒《(玄鑒)》闍梨加持、

とあるのは、不調を除くために馬を走らせ、加持をさせた、ということでしょう。

同年三月二七日条は、忠平の妹で醍醐天皇皇后、藤原穏子の除病に関する記載です。

廿七日、己丑、請日《(弁カ)》師談、明後日参坤宮《(藤原穏子)》、可祈申除病之願状云、若平損奉幣・走馬・神宝、又自参云々、

「除病を祈り申すべき願状」に、もし病が平損―恢復した場合には幣・走馬・神宝を奉りましょう、と記しています。

閏六月二三日条は忠平の咳病の記事です。

廿三日、壬午、為除咳病、可奉幣帛・走馬祇園之状、令真《(貞カ)》祈《(貞救カ)》申、又令鑒上人立冥《(道カ)》送願、

「咳病を除かんがため」に幣帛と走馬を祇園社に奉る旨が示されています。なおこの年、忠平は四一歳です。

最後の例は九四六（天慶九）年四月一四日条です。

十四日、（忠平）入夜気上重煩、厩馬四疋奉内裏、

「夜に入りて」とあることから突発的な不調だったと思われますが、厩の馬四疋を内裏（朱雀天皇）に奉っています。忠平は六七歳でした。

『貞信公記』のこれらの例からも、馬は人が生命の平安を祈願するために欠かせないものであったことを再認識させてくれるのです。

3　息災の像

この項では身の災いを救ってくれた馬のことを述べようと思います。次に引用するのは『小右記』一〇二九（長元二）年九月九日条です。

九日、甲子、厩馬〈関白引出物馬〉従昨煩、今日斃、是息災之像也、昨日登西山、入夜帰、今日馬斃、此事見金谷園記、可称万歳、（以下略）

「厩馬〈この馬は関白（藤原頼通）の引き出物である〉が昨日から煩い、今日になって斃んだ。思うにこれは、『息災之像』即ちわが身の災難を馬が引き受けてくれたということである。自分は昨日西山に登り、夜帰ってきた。今日馬が斃んだのだが、このことは『金谷園記』に見える。万歳《ばんざい》と称すべし—私の寿命がのびたことを喜びとしよう……」このような実資の思いといえましょう。

「昨日登西山」については八日条に、中納言資平と同車して、西山の成教上人が建立した慈心寺に到ったこと、上人がその寺のあたりに終焉を迎えるための草庵を構えたこと、日没に退帰しようとする折り、栖霞寺から来た僧、利原、

兼円等と会い清談した後、月明かりの中を帰ってきた、などと記されていることで西山に遊んだ内容が判ります。九日の条から実資の馬への思いを知ることができるのですが、実資の知識の一端を示す『金谷園記』について先学の研究に拠りながら付言しておきます。

『金谷園記』は唐の李邕の撰で、唐・五代の歳時記資料の一つといい、日本では逸文が確認できるものの、中国では失われてしまったようです。『本邦残存典籍による輯佚資料集成 續』(11)（子部第八 農家類）がその逸文を載せています。坂本太郎が指摘(12)した藤原頼長の『台記』一一四三（康治二）年九月二九日条には

廿九日、癸未、……自今而後、十二月晦日、録一年所学、可続載暦奥、……金谷園記一巻、保延五年

（増補史料大成『台記』一、史料纂集本では「九月三十日、癸未、」『台記』第二）

のように「金谷園記 一巻」と見え、「これから十二月晦日に一年のうちに学んだ書物を記録する。暦の奥に続けて載せる」と明記しています。日本の文献に散見する逸文を集め検討を加えた鈴木元は「平安時代には確実に輸入されていた書物である」(13)と述べています。この後『金谷園記』をどのくらいの人が読んだかは不明です。

時代が下り、江戸期になるとその存在もわからなくなったようです。予楽院近衛家熙《このえいえひろ》（一六六七〈寛文七〉年～一七三六〈元文元〉年）の侍医、山科道安《やましなどうあん》（一六七七〈延宝五〉年～一七四六〈延享三〉年）に、家熙の言行録ともいうべき『槐《かい》記《き》』がありますが、その「續編」（巻第四）に興味深い記述がみえます。「享保十九年九月九日、夜参候」からはじまる話題は正月元日の「屠蘇、白散、度嶂散《としょうさん》、膏薬」で、中心はその「方」（処方）については分明ならず、というものです。家熙の仰せの後半を引用します。

但シ一條禅閤（兼良…筆者註）ノ江次第ノ抄ニ、醫心方ヲ引テ曰、金谷園記ニ云ト云々、コノ金谷園記ト云モノ、イロイロ御僉儀アリケレドモ知レズ、イヨイヨ方ハ不分明也、先ハ和方ト究ムベシ、未ダタシカニハ知レヌコトナリト仰ラル(14)

博識をもって知られ、当世最高の文化人といわれた近衛家熙も『金谷園記』について知るすべが無く残念に思ったことでしょう。

話を『小右記』に戻します。馬が「息災の像」として捉えられていたことが『金谷園記』に見える、と実資が記しているのを知れたことは意義のあることです。いまそれ以上述べることができませんが、この記事は平安貴族の学問、知識の源泉を考えるとき、深い興味をもたらしてくれます。

おそれる

1　清少納言が見た光景

ここからは馬を〈おそれる〉ことに目を向けてみます。「おそれる」に多様な場面を想定して恐・怖・怕・懼など、いろいろな漢字を当てたくなりますが、限定せずに進めたいと思います。まずは『枕草子』「正月一日は」の段の、白《あを》馬《うま》の節会《せちえ》にちなむ話を記した七日の叙述を引きます。

> 七日、……白馬《あをうま》見にとて、里人《さとびと》は車清げにしたてて見に行く。……左衛門《さゑもん》の陣《ぢん》のもとに、殿上人などあまた立ちて、舎人の弓ども取りて馬どもおどろかし笑ふを、はつかに見入れたれば……馬のあがりさわぐなども、いとおそろしう見ゆれば、引き入られてよくも見えず。
>
> （新編日本古典文学全集本）

清少納言が出仕する以前のことです。この時期については、つとに「寛和二年より以前の、廿歳ちかくの頃ででもあったろう[15]」との見解が示されています。馬は陽の獣、青は陽春の色、正月七日に青馬（白馬）を見ると一年の災いを除く、という中国伝来の習俗によって宮中で天覧があったことは知られているところであり、清少納言も白馬の儀式を見るために、飾り立てた車に乗って見に行ったようです。傍線部は「左衛門の陣のある建春門のあたりに殿上人が大勢立って、儀仗に立った近衛府の舎人の弓などを手に取って、馬を突き驚かし、面白がって笑うのを牛車の簾の隙間からこわごわ見入った。馬が跳ね上がって騒いでいるのもおそろしく思えるので、車の内に自然引き込まれて、よく見ていられない」と述べています。若い清少納言には、弓で突かれた馬が荒々しい音声《こえ》を立てて跳ね上がるのが「おそろしい」と感じられたのでしょう。

2　落馬・落冠

話を落馬・落冠に転じます。「落ちる」という言葉は不吉な思いを抱かせます。『御堂関白記』一〇一一（長和元）年一二月一四日条に見える御仏名の導師、慶算は、落馬が原因[16]で死に至ったと思われる人ですが、ここでは落馬とともに、冠まで落とした例をあげます。

『貞信公記』九四八（天暦二）年四月一八日条に

①十八日、賀茂祭、奉幣如例、使典侍灌子（藤原）出宅門之間、飄風大起、前駈之中、有落馬脱冠者云々、

とあり、賀茂祭の使、典侍（藤原）灌子が宅の門を出る時飄風が起こって前駈の者が落馬・脱冠したことが記されています。

②一七九　保忠、落馬落冠ノ事（巻二ノ八〇）

近衛の大将騎馬の時、番長騎馬して先に頗る（少しばかり：筆者註）馳せしむ。雑人を追ひ払はんがためなりと云々。しかるに八条の大将保忠は桃尻にて、前の馬に就きて走り出せるあひだ、落馬し、冠を落して恥辱に及べる後は、件の礼永く止めにけりと云々。

（『古事談』第二〈臣節〉古典文庫　上）

近衛の大将藤原保忠[17]（時平の一男）が落馬して冠を落して恥辱に及び、このことがあってから大将の騎馬出行が止められた、という話です。ここにある「桃尻」とは、馬に乗るのが下手で、尻が鞍に落ち着かない状態を言います。『大

鏡』（時平伝）の時平一族の短命を語るくだりに、保忠の臆病ぶりを伝える話がありますが、この話も、兵馬の職である近衛の大将としての保忠を逆に印象づけています。ちなみに保忠は雅楽の名手で、とくに笙を得意としました。

落馬・落冠の例[18]を引きました。平安時代は、人前で頭に何もかぶらない露頭・露頂は最大の恥辱[19]でした。落馬することは、落冠というあってはならない事態を招きかねないことなのだと知ると、その恐ろしさが理解できます。

3　〈専門〉の騎者も落馬した話

ここでは左近府生雀部是国《ささきべのこれくに》（『小右記』は「惟国」）の落馬について触れておきます。

『小右記』一〇二四（万寿元）年九月十九日条に、後一条天皇の、賀陽院行幸のおりに催された競馬のことが記されています。

十九日、甲辰、（前略）惟國乗之間三箇度落馬、太不足言、被打鼓、此番諸人所鬱、而落馬、亦被打籠、（以下略）

二番は左府生（雀部）惟国・右府生（下毛野公忠）が組まれたのですが、左方の騎者として出た惟国は三度落馬しました。実資は「太不足言―はなはだ言ふに足らず」とし、この番については諸人が「鬱するところ」であった、と記しています。素直に期待できない背景があったのでしょう。たしかに、この人物が競馬で「勝ち」となった記録は見えないし[20]、競馬での振る舞い[21]も感心できません。

少し遡った一〇一八（寛仁二）年一〇月二二日には後一条天皇が道長の土御門第に行幸、皇太后宮（彰子）東宮（敦良）の行啓もありました。この日の記録は『御堂関白記』『小右記』ともに詳細なので簡単な紹介に止めます。

左方の左近府生是国の御馬が埒《らち》を越えたとき、馬が躓き（「馬顚」『小右記』）是国は落馬しました。競馬が始まり、是国の巡（順）になっても是国は「不覚の由」を申して走らせず、その後何度も馬を馳せるよう仰せがあったことを、『小右記』は「良久《ややひさしく》不馳、仰遣度々可馳由」と記し、天覧の競馬が混乱した模様を伝えています。

衆人環視の中で落馬することは、人々の期待を裏切り、興を削ぐものでしたが、馬に乗る人間の本性が問われていることを史料が語っています。「おそるべし」です。

これまで「みる・祈る・おそれる」という観点から、平安貴族と馬の関わりをたどってきましたが、最後に「陸奥馬」を詠んだ橘曙覧《たちばなのあけみ》の歌を紹介します。

宮北君の、草庵とぶらひて帰り給はんとする。門送り物しけるに、そこに繋れてある馬の手綱とりて、こは近きころ得つるなるが、心にかなひておぼゆなり。いかに見給ふやとの給へる。おのれさるすぢにはうときものからすぐれてたくましげになん見なさるる。やがてうち乗りて、一足あゆませ給はんとする時

千里《ちさと》ゆく陸奥《みちのく》馬をわれ得つと鬣《たてがみ》なでて笑めるますらを

（「襁褓草」第二『志濃夫廼舎歌集』[22]（しのぶのやかしゅう））

橘曙覧〈一八一二（文化九）年～一八六八（慶応四）年〉は江戸末期の福井の歌人、思想家です。詞書にある「宮北君」とは宮北権六のこと、福井藩士、馬術指南役で[23]曙覧の門人で[24]もありました。「千里をゆく陸奥馬を手に入れた、とたてがみをなでてにっこり笑っている丈夫《ますらを》よ」という歌です。

「千里の骨」から始めたこの稿ですが、「千里ゆく陸奥馬」に颯爽とまたがる現代の丈夫《ますらを》を想い描きつつ、閉じることにします。

註

（1）河内国河内郡、現在の大阪府東大阪市玉串元町周辺に比定される小野宮家領の牧。（川合康執筆　古代学協会・古代学研究所　一九九四『平安時代史事典』上　角川書店　五四〇頁）

(2) 西岡虎之助が「千端里?」としながらも固有名詞として解している。(一九五三「武士階級結成の一要因としての『牧』の発展」『荘園史の研究』上　岩波書店　四〇四 - 五頁)
(3) 漢語大詞典編輯委員会・漢語大詞典編纂処　一九九〇　漢語大詞典出版社　八三六頁。用例に蘇軾詩「送欧陽推官赴華州監酒」の「喜見三少年。倶有千里骨」を引く。(参照本文は一九八二［清］王文誥輯註　孔凡禮點校『蘇軾詩集』六冊〈全八冊〉中華書局　一八〇六~七頁)『大漢和辞典』には「千里骨」の項目はない。
(4)「零落シタル清少納言、秀句ノ事」(『古事談』第二　臣節五六)
(5) 一九六八「能因の伝における二、三の問題」『平安文化史論』桜楓社　三三二頁および三三五頁の注5。
(6)「(三月)廿二日乙卯。摂政内大臣被㆑参㆓春日社㆒」(『日本紀略』後篇十三)『小右記』も「摂政今暁参春日社」と記している。
(7)「満正朝臣馬十疋進」九九九(長保元)年十二月二十六日条。「満正朝臣夜部入京、馬十疋献」一〇〇四(寛弘元)年十二月二十七日条。なお馬の贈与の実態については加瀬文雄「藤原道長をめぐる馬と牛」(一九九五『日本古代の社会と政治』吉川弘文館)に詳述されている。また馬に視点を据え、平安期の権力構造、文化史等を広くとらえた中込律子の次の論考からも多くを学んだ。服藤早苗編一九九八『王朝の権力と表象―学芸の文化史』森話社/中澤克昭編二〇〇九『人と動物の日本史2　歴史のなかの動物たち』吉川弘文館
(8)『御堂関白記』一〇〇七(寛弘四)年一一月八日条には「枯尾、是家馬第一也」と見える。
(9) 同話が『中外抄』下二六に載る。
(10)『御堂関白記』一〇〇七(寛弘四)年二月八日条に道長の息、教通、能信の舞の師となったことが記され、同月二十九日の神楽で人長をつとめている。『紫式部日記』は一〇〇八(寛弘五)年一一月二八日の賀茂の還立の神楽にふれるなかで、兼時が今年は去年と違って、老いて衰えたと述べている。
(11) 新美寛編　鈴木隆一補　京都大学人文科学研究所編　一九六八　平田弘文堂
(12) 一九六八『風土記と万葉集』坂本太郎著作集第四巻　吉川弘文館　三四九頁
(13) 二〇〇九・四「『金谷園記』逸文輯綴」『国文研究』第五四号　熊本県立大学日本語日本文学会
(14) 佐伯太註釋　一九三七『槐記註釋』下　立命館出版部　私に表記を改めた箇所がある。

（15）金子元臣　一九四二　増訂版『枕草子評釋』明治書院　一一頁

（16）『僧綱補任』によると翌一〇一三（長和二）年正月一六日「入滅」とある。また『徒然草』一四五段には「桃尻にして沛艾の馬を好」んだ下野入道信願《しもつけのにふだふしんぐわん》を見た御随身秦重躬《みずいじんはだのしげみ》が「落馬の相《さう》ある人」と占ったとおり、信願は馬から落ちて死んでしまったことを述べている。

（17）八九〇（寛平二）年生、九三六（承平六）年七月十四日薨。右近衛大将。大納言。正三位。四十七歳。

（18）「歌読元輔、賀茂祭に一条大路を渡る事」（『今昔物語集』本朝世俗部　三、巻二八）同話「元輔落馬の事」（『宇治拾遺物語』巻十三ノ二）が興味深い。

（19）拙稿　二〇〇五・三「『落冠』考」『国文学ノート』第四十二号　成城大学短期大学部　日本語日本文学研究室

（20）①一〇一三（長和二）年九月十六日　道長第行幸競馬②一〇一四（同三）年五月十六日　道長第行幸競馬（『小右記』）③一〇一七（寛仁元）年九月二十二日　石清水競馬（『御堂関白記』）で、右府生下毛野公忠（①）、将監下毛野公助（②）、右（下毛野）公忠（③）がそれぞれ「勝」となっている。

（21）一〇二三（治安三）年九月二十八日の道長邸競馬で惟国は二番に出場した。相手の左将曹榎本季理が「勝」とされたが、惟国は自分は負けなかったと申して、方人に衣を被けさせた、と資平が実資に伝えている。この日の競馬は全体に興ざめなものであった。実資は「事極冷云々」と記している。

（22）辻森秀英　一九九五『完本橘曙覧歌集評釈』明治書院

（23）鈴木健一　二〇一四「馬の和歌史を遡る―橘曙覧から江戸派、堂上、そして定家・貫之へ―」『文学』隔月刊第一五巻第一号　岩波書店

（24）註（22）と同書。一三九頁、四〇七番歌注。この注に「長州征伐に加わって出征したのである」とする。なお「宮北君」を詠じた歌に「黒駒にのりて行きつる後《うしろ》かげ目にある君のいまはいづくに」（四〇六）「日に三たび駒あゆませて来かよへる顔をば早くみや北の君」（四〇七）がある。

ユーラシアを西から東へ駆けた斑動物たち、そして尾駮の駒へ

——斑馬は聖獣だった——

山口　博

はじめに

斑の馬への崇拝の念は日本固有のものではありません。空間的にはオリエントから、時間的には紀元頃からの思想です。さらに斑動物にまで広げるならば、空間的にはエジプト、時間的には紀元前からの思想です。時間をかけてユーラシア大陸を東へ駈け抜けて来た果が、日本列島です。『記・紀』神話に天斑駒《あまのぶちこま》を登場させ、柿本人麻呂は天翔《あまがけ》る斑馬に乗って愛人の許に通いました。そして平安歌人は「陸奥の尾駮の駒も」と歌い、『宇津保《うつほ》物語』では斑馬を貴族間の最高の贈物としました。

なぜ、斑の馬は尊重されたのでしょうか。その秘密を探ります。

何と多いまだら馬を表す漢字

本稿ではマダラウマの漢字表記マダラには「駮」を、マダラは馬に限りませんので、他の動物には「斑」を、史料等引用文中のマダラは、原文表記を尊重します。「駮馬」「斑馬」ともにマダラウマでその微妙な差に戸惑うのですが、漢和辞典を見ると、さらに多くのマダラ馬を表す漢字があります。駁《はく》（駮《はく》）、騶《すう》、騭《しつ》、駹《ぼう》、騧《か》、騮《りゅう》、驒《た》、驃《ひょう》、騵《げん》、騚《ぜん》等々です。マダラウマは一〇〇種類に分類できるともいわれ、それに応じた漢字が考え出されたのでしょう。「駮馬」は総称と思えばいいでしょう。斑馬・駮馬・駁馬・驄馬の色・模様の複雑さの一例を次頁の表で挙げておきます。

尾駮の馬はどこにいるのか

1　日本

日本ではいうまでもなく、初出の『後撰集』に「陸奥の尾駮の駒」と歌われて以来、陸奥の尾駮の牧にいたことになっています。

2　中国

中国では「駮馬国《はくばこく》」にいるというのですが、その駮馬国がどこにあるやら諸説あります。

ⅰ駮馬国は南海にあって駮馬を輸出する。　　（唐『芸文類聚《げいもんるいじゅう》』）

ⅱ駮馬国は突厥《とっけつ》の北で、北海に近い所。都から一萬四千里離れている。木が埋もれるほど雪深く、春になると馬犂《ばすき》

地	体	髦	額	口辺	鬣	脚先	尾	呼び名	具体例
白	青斑							驄（すう）　葦毛	
		黒						騨（た）　連銭葦毛	
黄	赤斑								ロスタムの乗馬
	黒斑							騧駮（かまだら）	漢武帝の天馬
		白					白	驃（ひょう）	
				黒				拳毛騧（けんもうか）	唐太宗の乗馬
赤							黒		
	白斑？							赭白（しゃはく）	宋文帝の乗馬 高句麗長寿王が東晋安帝に献上
					黒				
						白		騵（げん）	
							黒	騮（りゅう）　栗毛	
					黒				
						白		騚（ぜん） 四白（よつじろ）	
			白					的盧	
			白			白		的盧　四白	劉備の乗馬
黒			白					駹（ぼう）	
	白斑							烏駮（うはく）	李自成の乗馬
						白		白蹄烏（はくていう） 四白（よつじろ）	唐太宗の乗馬
?					白				フリームファクシ

で種を植える。駮馬には乗らないで乳酪《チーズ》を採って食べる。馬の色が駮なので、駮馬国という。一説には、国を挙げて騮《くりげ》駮馬を悉く留めておくそうだ。唐高宗の永徽年間に朝貢使が来た。

（宋『太平御覧《たいへいぎょらん》』）

iii 駮馬国から、永徽三（六五〇）年一一月に朝貢使が来た。その前には、新羅《しらぎ》、百済《くだら》、高麗《こうらい》、吐谷《とよく》渾《こん》（中国青海省）、罽賓《けいひん》（パキスタン）、曹《そう》国（ウズベキスタン）からも朝貢使が来た。

（宋『冊府元亀《さっぷげんき》』）

iv 駮馬国はウイグル。雪が

積もり、馬で田を耕す。駮馬は黒色で駮。それで国名を駮馬国という。（『唐書』回鶻《ウイグル》伝）

ｖウズベキスタン　中国では駮馬はウズベキスタンにいる天馬だとも考えられていました。李白「天馬の歌」で、

天馬は来たる、月支の窟を出でて。背は虎文を為し、龍翼の骨。

と、歌っています。「天馬は、もともと中国に産出したものではなく、遠き月支国の石窟に生まれ、はるばる東に来たのである。その形を見ると、背の毛並は虎の斑のようで肋骨は龍のようである」というのですから駮馬で、生まれは大月支国で大宛《だいえん》ともいい、現在のフェルガーナ地方です。南宋の顔延之《がんえんし》が「赭白馬賦《しゃはくばふ》」（六世紀『文選《もんぜん》』巻一四）で、宋文帝の赭白馬が西の果てから来たと歌うのも、同じ考えです。

3　インド

インドの神話は、太陽神は馬車に乗って天空を東から西へ駆けると語っていますが、太陽神の車を牽く馬を、

毛並み黒く足白き駒は人界を見渡す。黄金の轅《ながえ》を持つ車を牽きつつ、

（前一三世紀『リグ・ヴェーダ』辻直四郎訳・世界古典文学全集）

と書いています。毛並みが黒く脚の白い馬は「白蹄烏《はくていう》」あるいは「四白《よつじろ》」と呼ばれる駮馬で、唐太宗の乗馬もそうでした。

4　ペルシア

ペルシアの英雄叙事詩にも斑馬が登場します。一〇世紀に古代ペルシアの伝説をまとめてフェルドウスィーが書いた英雄叙事詩『王書《シャー・ナーメ》』で、英雄ロスタムの乗馬は「竜馬ラクシュ」と呼ばれていますが、「体中に斑があって、それはサフランの黄色の地に赤いバラをちらしたような斑馬であった」と書かれています（第1図）。

5　ギリシア

断然古いのがギリシア出土の「騎馬人物像」の斑馬で、前六世紀頃なのですから。高一〇・九センチで小さいのですが。所蔵している天理参考館の解説によると、これは前一〇世紀頃のキプロスの作例に源流をたどることができるそうですから、斑馬思想はさらにさかのぼるのでしょうか（第2図）。

このような例を見てきますと、駮馬は西方の地域にいるように考えていたことがわかります。そうすると、列島の北端の陸奥の尾駮の駒も、西方の影を曳いているのでしょうか。

尾駮の馬はどのような馬か

1　日本

日本では『後撰集』の歌、

陸奥の　尾駮の駒も　野飼ふには　荒れこそ増され　懐《なつ》くものかは

詠み人知らず

が尾駮の駒の性格を語るよく知られた資料で、「荒れこそ増され　懐くものかは」から、尾駮の駒は気性が激しく、人に懐かない暴れ馬とされていますが、それは大きな誤解です。そのことについては、後に述べます。

第1図

第2図

『後撰集』の歌よりも早く、『雄略紀』九年七月条に「驄馬」が登場しています。驄馬はミダラヲと古訓が付けられていますが、マダラヲのことで、平安時代初期に書かれた伊勢神宮の儀式に関する『皇太神宮儀式帳』に「驄」は青白の雑色のことで、俗に言う連銭葦毛のことだとあります。百済からの渡来人田辺伯孫《はくそん》（百尊）の乗馬で、竜のごとくに翔ける赤駿《あかうま》と競争する程の馬力をもつ優れた馬です。これが、最も早く日本に現れた駮馬の性格です。暴れ馬どころか駿《しゅん》馬《め》なのです。

2　ペルシア

さらに具体的に斑馬の描写がなされているのが、先に挙げたペルシアの英雄叙事詩『王書《シャー・ナーメ》』で、英雄ロスタムの乗馬は「竜馬ラクシュ」です。ラクシュの母馬は灰色で胸は獅子のよう、腰は短く、耳は輝く短剣、胸と脚は太いが、しかし胴は細く締まっています。その母馬に続いて子のラクシュの描写があります。

（ラクシュの）その腰、その胸は母馬のそれとおなじくらい頑丈で、目は黒く尾をふりあげ、睾丸は黒く固く、鋼のような蹄。体中に斑があって、それはサフランの黄色の地に赤いバラをちらしたよう。目は夜の闇に、二ファルサング（約一二・五キロメートル）の距離にある黒い布のうえの小さな蟻を見分けるであろう。これは力において象、背丈においてラクダ、激しさにおいてビーソトゥーン山の獅子に匹敵する。

この斑馬にはひじょうな注意がはらわれて、夜は邪を祓うために芸香《うんこう》を焚いた。前後左右どちらから見てもこれは魔法がつくりあげた馬のようで、戦場ではカモシカに負けぬ走りよう。口はやわらかくて唾液はたっぷり、腰は丸味をおびて気性は激しく敏活で体のうごきには優しさがあった。

（岡田恵美子訳『王書《シャー・ナーメ》』岩波文庫）

ペルシア最高の竜馬と讃えられた駿馬が、斑馬だったのです。

3　中国

中国の斑馬はどのように書かれているのでしょうか。

i 南宋の顔延之《がんえんし》「赭白《しゃはく》馬賦」に詳細に書かれています。かなり難解な賦なので、意訳します。

天上の青雲を望んではいななき、緑髪の鬣《たてがみ》を打ち振り、目の上のくぼみからは、一条の筋がはっきりと通っていて、あっぱれ名馬の顔相であるばかりか、走らせれば滅するがごとく歿するがごとく、人の目にはとても止まるものではない。月支《げっし》の故国より出でて、崑崙《こんろん》の山に飛び上がり、西極を経て中国に入ってきたのである。長く険しい道を通ってくる間、四足は一度も躓《つまづ》いたことはなかった。中国の北の端から南の果てまでも、駆け通すというので、その走る姿は、神霊が飛行したり、電光がひらめいたりするようで、足が地に着くか着かぬほどで、この天馬が声を上げて一度嘶《いなな》けば、たちまちのうちに厩《うまや》の駿馬たちも一斉に走り出し、目はキラキラと輝き、まるでそれは宵の明星かと見まごうばかりで、両の胸は高く膨れ上がって二羽のカモを並べたようである。尻尾はふさふさとして、流星の光芒のようであり、首は水をくみ上げる渇烏と同じような形をしているし、口中は、真っ赤に輝き、汗の流れるところは溝を為して、血の色に潤っていて、まさに「汗血馬」というゆえんそのものである。

（『文選』巻一四・顔延之《がんえんし》「赭白《しゃはく》馬賦」）

ii がっちりして力強く飛び跳ねる牡馬で、江東では駮馬を騭《しつ》と呼ぶのだ。　（『太平御覧』）

iii 駮馬に似ていて、鋸のような牙を持ち、虎や豹を喰う動物に駮がいる。　（前七世紀『管子』）

iv 騧駮《かまだら》（黒と黄の駮）の馬は、日に五百里行くという。　（四～五世紀『捜神記』）

v 駮馬の色は類に殊なり、多くは駿逸馬である。牧圉《ぼくぎょ》（馬を養う）に易い。　（七世紀『周書』）

vi 西方の要塞を守る健児の心肝は、騄《りょく》（緑色の名馬）驄《すう》（青と白の混じった毛）の駮馬の如し。　（『太平御覧』）

vii 血の汗を流しながら猛スピードで走る天馬のような馬　（白楽天「天馬の歌」）

駮馬の働き

前章各国の諸例が示すように、馬は馬でも駮馬はずば抜けた能力をもつ駮馬であるがために、特殊な働きを課せられています。神話では、神々の乗り物です。

1　北欧神話

世界の神話の中でも古態に属するゲルマン民族の神話の流れをくむのが北欧神話です。八世紀から一〇世紀頃にまとめられた古代北欧歌謡集『エッダ』には、フリームファクシという名馬が登場します。太陽が毎日東から西へ移動するのは、太陽神が馬車で駆けるからであり、その馬車を牽く馬の名がフリームファクシです。

明るい日を人々の上にひっぱっていく馬はフリームファクシという名だ。勇士の間でも最上の名馬として通っている。馬の鬣《たてがみ》はいつも美しく輝いている。（谷口幸男訳『エッダ』）

「フリームファクシ」というのは、霜の鬣ということだそうで、特に鬣の白を強調するのは地色と異なるからで、地色には触れていませんが、後に述べる系統を同じくするインド神話では太陽の馬車を牽く馬は黒ですから、黒色でしょうか。あるいは黄金に輝く太陽を牽くのですから黄色系でしょうか。それなら「驃《ひょう》」と呼ばれる駮馬です。

2　インド

インド族は、言語の上から印欧語族と呼ばれ、北欧などと同一文化圏に在ります。ですから太陽の運行の考えも同じで、先にも挙げたインドの『リグ・ヴェーダ』にあるように、「毛並み黒く足白き駒」が黄金の車を牽きます。

古代西方の民族は、太陽神に犠牲馬を捧げる習俗がありました。地上で祭祀のために犠牲になった駮馬は、死んで昇天して神々の車を牽きます。

汝は実にここに死せず害《そこな》われず。汝は進み易き道によりて神々のもとにこそ行け。二頭の栗毛、二頭の斑は汝が軛《くびき》の友となれり。

（辻直四郎訳『リグ・ヴェーダ讃歌』岩波文庫）

栗毛と並置されている斑は斑馬のことです。力強い暴風雨の神であるマルト神も弓矢を帯びて「斑点ある馬を御し」とあります。駮馬は、神々の乗馬なのです。

3　ペルシア

ペルシアの英雄叙事詩『王書』では、竜馬ラクシュが英雄ロスタムの乗馬であることは、先にも書きましたが、この話は国際交易民族であるソグド人の言葉でも書かれ、敦煌から白樺の樹皮に書かれた断片が出土、わずか一六行ですが、ラクシュのことが書かれていますので、紹介します。本文はソグド語、題名は漢字で「胡秦王伝一巻」とあり、ロスタム（ルスタムとなっています）は西域の始皇帝とみたのでしょうか。秦の始皇帝の先祖は西の辺境の放牧地にいたとか、諸王の御者であったなどといわれていますので、まさに胡であり、素性からみても名馬を所持していたでしょう。秦の始皇帝はまさに名馬ラクシュを所持したロスタムです。

悪魔と戦い疲れたルスタムが眠ったところへ、再び悪魔が押し寄せて来ました。ラクシュは悪魔の来襲に気付きました。

勘の良いラクシュはやって来て、ルスタムを目覚めさせた。ルスタムは眠りから跳ね起きて、急いで豹皮の服を着、箙《えびら》を付け、ラクシュに騎乗して悪魔たちのもとへ急いだ。ルスタムは遠くから悪魔の軍隊を見ると、ラクシュに言った。「こっちへ。少しずつ逃げるふりをして、悪魔たちが平原にやってくるようにしよう。」ラクシュは同意し、ルスタムはすぐに引き返した。悪魔たちは それを見ると、騎兵も歩兵もすぐに急いで突進してきた。そして互いにこう言った。「今や将軍の望みは打ち砕かれ、我々と一戦交える心がもはやなくなった。」と。

斑馬ラクシュは人語を解する名馬だったのです。

4 中国

同じ西方でもウイグルの駿馬国では、もっぱら馬乳から乳酪を作り食べるのだと、唐代の『白孔六帖』に書かれています。しかし、中国ではやはり駿馬は、ラクシュ同様に駿馬扱いで、英雄や皇帝の乗馬として登場しています。「王者は馬車を駿馬に引かせるものだ」と前一世紀の『説苑《ぜいえん》』にあります。いくつかの例を挙げます。

i 項羽が垓下歌《がいかのうた》で「時、利あらず、騅《すい》逝かず。騅逝かざるは如何《いかん》せん」と歌った名馬騅は蒼白雑毛でした。

（『史記』）

ii 蜀《しょく》皇帝 劉備《りゅうび》の乗馬は、額に白い模様を有する馬で的盧《てきろ》と言いました。額の白い模様が口に入り歯に達しているものを「楡雁《ゆがん》」「駒顙《てきそう》」と言い、主人に災いをなす凶馬とされていましたが、的盧《てきろ》は主人の劉備《りゅうび》玄徳を乗せ、壇渓の急流を泳いで対岸に飛び上がり、危機を救った名馬です。

（明『三国志演義』）

iii 唐の太宗李世民《たいそうりせいみん》の陵墓が陝西《せんせい》省西安市の北方にある昭陵《しょうりょう》です。太宗は乗馬にしていた六頭の名馬の像を板石に刻ませ、「昭陵六駿」と呼ばれています。その六頭は、「白蹄烏《はくていう》」「特勒驃《とくろくひょう》」「颯露紫《さつろし》」「青騅《せいすい》」「什伐赤《じゅうばつせき》」「拳毛騧《けんもうか》」で、六頭のうち什伐赤は純赤色ですから駿馬ではありませんが、他の五頭はなんらかの意味で駿馬です。白蹄烏は四足白蹄《しろひづめ》の純黒色の馬、風を追うように駿足で、石彫も疾走している姿が表現されています。特勒驃は突厥《とっけつ》献上で、黄白色の毛並みに鼻先がかすかに黒色を帯びた斑馬です。颯露紫は黒毛に赤毛の尾、青騅は蒼・白の雑色の馬で、足の軽やかなこと電影にも勝っていたといい、石彫は四肢をのばして疾走している姿が表現されています。拳毛騧は黄色で口のまわりが黒。ついでに、什伐赤、拳毛騧、白蹄烏はモンゴル系で、特勒驃、颯露紫、青騅は中央アジアか西アジア系だそうです。

iv倭王珍を安東将軍倭国王に任じた宋文帝の乗馬が赭白《しゃはく》の馬だったことは、先に挙げた顔延之《がんえんし》「赭白《しゃはく》馬賦」に在りました。

v李自成は明末の農民反乱指導者で、明の都北京を陥落させ、順王朝（大順）を建国して皇帝を称しましたが、清に滅ぼされました。李自成は烏駁《うはく》の馬に乗り、北京城の承天門から入り即位したそうです。烏駁《うはく》の馬といいますから、黒毛に白斑だったのでしょう。（『明史』）

viタクラマカン砂漠の中にあるダンダンウィリクは八世紀頃の都市の廃墟ですが、出土した板絵に画かれている釈尊や如来の乗馬は、見事な白毛黒斑の駁馬です（第3図）。先にインドの『リグ・ヴェーダ』には神々の乗り物としての駁馬を挙げましたが、英雄だけではなく神仏の乗馬も駁馬と考えられていたのです。

5　モンゴル

モンゴルの英雄叙事詩『ジャンガル』で、ジャンガルの愛馬は赤毛でしたが、付き従う勇士の中の一人鉄腕サバルは、

当歳馬の時に、いずれ名馬になるだろうと、百万世帯と交換した雌馬キュリュン・ガルザンにまたがり、

とあります。キュリュン・ガルザンというのは、「白額の栗毛馬」の意と若松寛は『ジャンガル　モンゴル英雄叙事詩2』（平凡社・東洋文庫）で注しています。栗毛とありますから全体が黄褐色で額が白の駁馬です。もう一人の勇士の

第3図

馬はブールル・ガルザンとあり、「白額の葦毛馬」だそうですから、生まれたときは灰色か黒ですが成長すると白くなるというので、どの色かはっきりしませんが、黒系で額が白なら「駹《ぼう》」という駿馬です。勇士ホンゴルの愛馬はキョケ・ガルザンで白額の青毛馬です。

6　高句麗

高句麗長寿王は元（四一三）年に、東晋安帝に使を派遣しました。高句麗王に即位した挨拶でしょう。その時の安帝への進物が駿の赭白馬でした。

長史高翼を遣して晉に入らしめ、表を奉り、赭白馬を獻ず。安帝は王を高句麗王楽浪郡公に封ず。

（『三国史記』高句麗本紀長寿王）

駿馬は帝王間の進物になるほどの価値があったのです。赭白馬は宋文帝の愛馬で顔延之が西の果てからやってきた名馬と讃えた駿馬です。

7　日本

百済からの渡来人田辺伯孫《はくそん》（百尊）の乗馬が、竜のごとくに翔ける赤駿《あかうま》と競争するほどの馬力をもつ優れた驄馬《みだらをのうま》であった話が『雄略紀』にあることは、先に話しました。駿馬は駿馬でユーラシア方面からということを語るエピソードですが、日本ではその馬力ある駿馬を神仏や高貴な人が乗るのではなく、庶民が、しかも遠く離れた妻の家から都に上る時の乗馬で、その駿馬の乗り手は、『万葉集』を代表する歌人柿本人麻呂だったのです。

人麻呂の実像はよくわからないのですが、飛鳥の都にも仕事で滞在先の石見国《いわみ》（島根県）にも妻がいたらしく、上京のために石見の現地妻に別れるときの歌が、「柿本朝臣人麻呂、石見《いわみ》国より妻を別れて上り来る時の歌」の題詞のもと

に、長歌・短歌合わせて九首が『万葉集』にあります。その中の一首が、

青駒の　足掻《あがき》を早み　雲居《くもい》にぞ　妹《いも》が辺《あた》りを　過ぎて来《き》にける

（『万葉集』巻二）

です。駒の歩みが早いので、あっという間に、はるかに妻の家のあたりを過ぎてしまったというのです。問題はその駒の色で「青駒」とあります。諸注は日本・中国の辞書の「青駒」を引いています。日本最古の漢和辞典で九世紀末頃成立の『新撰字鏡《しんせんじきょう》』に「驄騘」に「馬白色又青色」とありますが、「驄《すう》」は葦毛のことです。一〇世紀の漢和辞典『和名《わみょう》抄《しょう》』は、中国の『漢語抄』を引いて「漢語抄に云う、驄青馬也」とあります。漢字の本場の中国では、後漢に成立の『説文《せつもん》』に「驄、馬青白襍《ざつ》也」とあるので、これが決定的で、地色が白毛で青の斑点がある馬です。青駒＝驄＝青と白の駮馬ということになります。

今まで述べてきたように、駮馬は馬力があり駿足の馬です。だから人麻呂は「足掻《あがき》を早み」と歌ったのです。あるいは実際の人麻呂の乗馬は青馬ではなく、赤駒か黒駒であった可能性もあるのです。それは『柿本人麻呂集』に、

赤駒の　足掻《あがき》速けば　雲居にも　隠《かく》り行かむぞ　袖巻け我妹《わぎも》

遠くありて　雲居に見ゆる　妹《いも》が家に　早く至らむ　歩《あゆ》め黒駒

という歌があるからです。後の方の歌は、飛鳥の都から石見の妻の家に行くときの歌に思われますが、青駒ではなく、黒駒です。人麻呂の実際の乗馬は黒色だったのを、「早く」という言葉にひかれて、それならば駿足の青馬にと、誰かが作り替えたのでしょう。日本にも駮馬は駿足の名馬という観念が伝わっていたのです。なお、この二首は『万葉集』にありますが、作者名は記されていません。

人麻呂の乗る青馬が「雲居《くもい》にぞ　妹《いも》が辺《あた》りを　過ぎて来《き》にける」を、雲居遥かに、雲の彼方にと訳されていますが、私には雲居の中を飛ぶ青馬のイメージが消し難いのです。中国では駮馬を天馬と表現し、李白は「天馬の歌」を作っていることは、前に話しました。空飛ぶ青馬のイメージを具体的に取り入れた物語が、平安時代に作られていたのです。物

語の名は『宇津保《うつほ》物語』、一般に馴染みのない物語ですから、その解説をしておきましょう。『源氏物語』や『枕草子』などより半世紀ほど前の一〇世紀半ば、『竹取物語』と同じ頃に『宇津保物語』は男性作家により書かれました。その男性作家の名は明らかではありませんが、男性の手になるだけあって、波乱万丈、スケールも大きく日本の貴族社会からペルシアまでが物語の舞台になっています。「西洋のおとぎ話のようなハイカラな味」と評した人もいますし、私は「王朝アラビアンナイト」とニックネームを付けています。遣唐使に任ぜられた清原俊蔭《としかげ》の船が難破し、はるばる波斯《はし》国（ペルシア）に漂着するところから話が始まるのです。俊蔭は仏の救いを求めて経文を唱えると、

鳥・獣だに見えぬ渚《なぎさ》に、鞍《くら》置きたる青き馬出《い》で来て、躍《おど》り歩《あり》きていなく。俊蔭七度《ななたび》伏し拝むに、馬走り寄ると思ふほどに、ふと首に乗せて、飛びに飛びて、清く涼しき林の梅檀《せんだん》の陰に、虎の皮を敷きて、三人の人、並び居て琴《きん》を弾き遊ぶ所に下ろし置きて、馬は消え失せぬ。

梅檀は南方に生える白檀の木、それに虎の敷き皮、平安時代の物語とは思えないまさにアラビアンナイトの世界です。忽然と出現した青馬は「飛びに飛んで」消えうせたというのです。作者は青い駮馬が駿馬であり、ペガサスのイメージのあることを知っていたのです。釈迦が修行者であった頃の説話を集めたものを『ジャータカ（本生経）』といいますが、その一つ『ヴァーラハッサ・ジャータカ』に、夜叉国に漂着した商人が、神通力で空を飛ぶ雲馬によって救いだされた話があり、玄奘の『大唐西域記』僧伽羅国にもこのエピソードが書かれています。五百羅刹《らせつ》女の住む国に五〇〇人の商人が漂着、祈念すると天馬すなわちペガサス（第4図a・b・c）が飛んできて彼らを乗せて雲間を飛び、救われたという話です。このようなエピソードを知っている『宇津保物語』作者は、ペガサスを斑馬にして書いたのでしょう。江戸時代の木版本『宇津保物語』には、俊蔭を下ろして雲の中を飛びさるペガサスが画かれています（第5図）。『宇津保物語』にはもう一ヶ所、駮馬に重要な役割を課した話があります。俊蔭の孫仲忠《なかただ》の代になり、平安の都が舞

台になります。貴公子として貴族社会で活躍する仲忠は、友人たちと紀伊国の大富豪の邸宅に遊びに行き、土産に牛馬を貰いました。友人たちは「いかめしき馬」「よき馬」「黒鹿毛」「黄牛」なのに、仲忠だけは「様々の斑馬」であり「黒斑の牛」でした。貴族間の最高の贈物が駮馬だったのです。

俊蔭は斑の青きペガサスに乗り、孫の仲忠は斑馬を土産に貰いました。駮馬を駮馬とする古代西方の思想が、日本列島の平安時代にまで生きているのです。

a b c

第４図

第５図

駁馬に託された思想

1　駁馬は聖獣

i 中国

黒身に白髪（髦《たれがみ》カ）と尾のある馬は神馬で、六世紀陳の顧野王《こやおう》著『符瑞図《ふずいず》』には、「神馬は河の精也」とあったそうですが、「符瑞」というのは、聖天子が即位したときに現れるめでたい天然現象のことで、その一つが神馬なのです。また、魏の宋均《そうきん》『孝経援神契《こうきょうえんしんけい》』には、斑の神馬は『帝王の徳が山の如くであれば出現する』とあるそうです。

ii 朝鮮半島

その斑馬は神馬の思想が古代朝鮮半島にも伝播しています。高句麗の都は、今の北朝鮮の平壌ですが、その西郊外約二〇キロにある五世紀徳興里《トックンリ》古墳の壁面の上半分には流鏑馬《やぶさめ》、下半分には白っぽい葦毛の馬が大きく画かれています。葦毛四つ白で、最も神秘的な馬とされてきました。斑模様の聖獣観は日本列島の目の前にまで伝播してきているのです。

iii 日本

古墳時代において斑馬が聖獣とみなされていたことは、伊勢斎宮跡出土の古墳時代後期の土馬（斎宮歴史館蔵）が示しています（第6図）。四〇センチ以上もある大型で、朱塗りの全身に竹管で斑模様が付されているのです。九世紀に書

第6図

かれた伊勢神宮関係の文書『皇太神宮儀式帳』に、伊勢内宮の別宮である荒祭宮の神財に、「青色土馬一疋」とあります。伊勢斎宮跡出土の土馬は朱塗りなので、別の土馬と思われますが、青馬の崇拝されたことがわかります。

鳥取県坂長《さかちょう》ブジラ遺跡から出土した土馬の頭部破片にも、竹管模様が押文されています。確実に古墳時代には斑馬崇拝の思想があったと思われるのです。

先に中国の項で挙げた『符瑞図』『孝経援神契』は、『続日本紀』の天平三（七三一）年、天平一〇（七三八）年、天平一一（七三九）年、神護景雲二（七六八）年に、甲斐国、対馬国、日向国から青身白髦尾、黒身白髦尾の駮馬献上した時の記事に引用されているのです。中国古典を挙げ神馬であることを説明した人は、治部《じぶ》卿ですが、奇瑞の類の管轄は治部省だからで『延喜式』治部省式には、神馬の出現を大瑞として六種類の馬を挙げ、そのなかに髦《たれがみ》の赤い白馬、髦の白い青馬があり、「沢馬」と称しています。神馬は沢や河から出てくるといわれていたからです。

平安時代に正月に行われていた宮廷行事の白馬節会もこの思想を継ぎ、白馬はアオウマと読み、元来は青馬で、白色に黒色・濃褐色の混じった葦毛四つ白の青みがかった斑馬であり、斑馬は霊力をもつと信じられていたのです。

平安時代のこの思想が『宇津保物語』に見られることは、先に話しました。様々の斑馬を貰った仲忠は、神馬出現で聖天子と讃えられる中国の皇帝に等しい理想的為政者として登場しているのです。

2　馬は神聖な犠牲獣

i　太陽に馬を供犠する習俗の古代西方の人々

このことを書き残したのはギリシアの歴史家ヘロドトスで、著書『歴史』には次のようなエピソードが書かれています。古代ギリシア人は、太陽は馬車に乗って天空を駆けると信じ、太陽を崇拝し、西の海に太陽が沈むので、車を牽く馬を太陽に捧げるために、海に投げ込みました。スパルタ人やロードス島民も夕ごとに大日輪の沈む海の中に車と馬を投げ込んだとフレイザー『金枝篇』にあります。

ii騎馬遊牧民の犠牲馬

騎馬遊牧民の代表であるスキタイ人の墓には、犠牲として多数の馬が葬られています。南シベリアのトゥバ国アルジャン古墳は、被葬者は二名ですが、それを取り囲むようにして副葬された犠牲馬は、実に一六〇頭に及びます。アルタイ系騎馬遊牧民も、斜めにした柱に馬の皮を刺し通したり、白樺の立木に掛けたり、生馬を思わせるような形にして、死者の供養をします。

スキタイと類似の文化をもっていたマサゲタイ人は、神々のうち太陽だけを崇拝し、馬をいけにえに捧げます。その理由は「神々のうちで最も早いものに配するに、あらゆる死すべきもののうちで、最も早いものをもってする」のだと、ヘロドトスは書いています。

iiiインド

紀元前一三世紀頃成立したインドの最古の宗教文献である『リグ・ヴェーダ』の犠牲馬祭式の歌にも、犠牲となって神々の世界でクビキに繋がれる馬は「二頭の栗毛、二頭の斑」と歌われています（辻四郎訳『リグ・ヴェーダ讃歌』）。

iv朝鮮半島

朝鮮半島においても、西南部にあった馬韓《ばかん》の風習として、馬を殉葬《じゅんそう》していたことを『三国志　魏志』馬韓伝は書いているし、半島東南部の金官伽耶国《きんかんかやこく》の大成洞古墳《テソンドンこふん》からも、馬葬が発見されています。

V日本

日本ではかなり年代は下がりますが、古墳時代中期から後期にかけての四条畷市《しじょうなわてし》奈良井遺跡《ならいいせき》に、犠牲馬の習俗の痕跡をうかがうことができます。馬の骨格が祭祀用土製品と共に、一頭は板の上に横たえられ、他は切り取った頭だけという埋葬方法であり、死んだので埋めたというのではなく、犠牲として神に捧げたものと理解されています。

このように斑馬を神馬、聖馬とみる思想がユーラシアの西方から東方にまで広がっている状況を知るならば、スサノオが馬の皮を剝いで、アマテラスのいる室に投げ入れたという『記・紀』神話も、乱暴なスサノオを描いたという解釈とは、別の解釈が生まれます。スサノオが投げ入れた馬は並の馬ではなく「天斑駒《あめのぶちこま》」なのですから。アマテラスは太陽神、それに斑駒を投げたという構図です。斑駒は聖獣であり、西方の民族は太陽に馬を捧げる儀礼があります。このように考えると、この神話は太陽神に犠牲馬を捧げる儀礼が作り替えられ大きく変貌した姿であることがわかります（山口博『創られたスサノオ神話』中公叢書）。

スサノオの悪行という視点からすると、投げ込まれた馬皮は、汚れた忌むべき物のように読み取れますが、牛皮・猪皮・鹿皮・熊皮などが祭料にされたことは、『延喜式』四時祭式、臨時祭式に見えます。悪霊である疫病神を追い払うための祭りである道饗祭《みちあえのまつり》・疫神祭《やくじんのまつり》・障神祭《さえのかみのまつり》・蕃客送堺神祭《ばんきゃくをさかいにおくるかみのまつり》・花鎮祭《はなしずめのまつり》に、獣皮が用いられています。獣皮が汚れや忌むべき物ではなく、疫病神などの悪神を追い払う能力を備えている神聖な呪具であることを語っているのです。大祓《おおはらえ》の呪具としても獣皮の用いられることは、『天武紀』五年八月に「鹿皮一張」、『養老令』神祇令に「皮一張」とあることでもわかります。

斑模様の動物は聖獣

斑模様は聖なるものの表象でした。前一七～前一五世紀、現在のトルコにあったヒッタイト古王国時代遺跡から出土した嘴《くちばし》形注口土器は赤褐色で、胴体に円文が刻印されていて、儀礼用とみられています（図録『トルコ三大文明展』27図）。それですから、聖獣は馬に限りません。

1　エジプトでは牛

偉大な人物が現れると、聖牛アピスが出現するといいます。アピスは黒牛で眉間に三角の白い斑点、背中に翼を広げた鷲（有翼日輪）の斑点、舌にはスカラベの形の斑点、尾の毛は白黒二重で、黒白斑の牛です（ヘロドトス『歴史』）。天国の斑牛が画かれた墓壁画が残っています（第7図）。

2　オリエントでは犬

ⅰ北イラク、トルコに接する地域は古代のアッシリア帝国、そこの前六四五年頃ニネヴェの宮殿跡から白色で赤の斑模様の魔除けの犬模型が出土しています（詳しくは図録『アッシリア大文明展』一一八～一一九頁）。

ⅱペルシアの国教ゾロアスター教には、最初の人間は豹の斑の毛皮を着た王だという神話があります。ゾロアスター教の聖典六世紀『アヴェスター』

第7図

ウィーデーウダートでは、灰白色に黄褐色の斑のある犬を聖犬とします。現在でも、ゾロアスター教徒は白と黄色の斑犬、目の上に茶色の点がある犬を聖なる動物として、死者を葬儀場である沈黙の塔まで先導させます。

iii中国でも犬です。黄色に彩色された藁《わら》作りの犬を芻狗《すうく》といい、疫病をもたらす悪魔を追い払い、地下界で死者と出会った魔物を追放すると、前二世紀『淮南子《えなんじ》』にあります。少数民族の赫哲《ホジェン》族のシャーマン叙事詩では、冥界への車を引くのは、ゾロアスター教と同じ四つ目の黄色の犬です。

3　中国は虎・麒麟

中国では眉間に黒斑のある白虎を騶虞《すうぐ》、斑のある麒麟《きりん》を、聖人や聖天子の出現するときに現れる聖獣としました。

4　日本では鹿

日本で鹿が聖獣であるのも、斑だからです。北方ユーラシアではシャーマンは鹿の毛皮を身に着けますが、六世紀の鳥取県北条町土下《はした》遺跡からは、鹿の皮を着たシャーマン埴輪が出土しています（第8図）。

尾駮の駒の本性は聖獣だった

空間的には西方エジプトから東方日本列島まで、時間的には紀元前一三世紀の『リグ・ヴェーダ』から紀元一〇世紀の『宇津保物語』まで、駮馬を検すると、例外なく駮馬であり、天馬と称され神馬であり聖獣として崇拝され

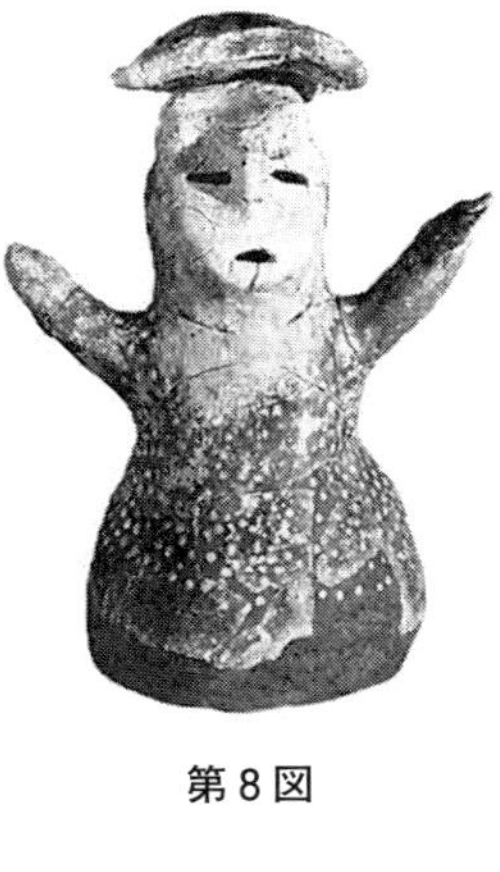

第8図

ていたことが明らかになりました。

それなのにどうして陸奥の駮馬のみ荒れ馬なのでしょうか。そんなはずはありません。尾駮の駒も聖獣であるのを、初出の『後撰集』詠み人知らず歌を多くの人が誤解した結果、荒れ馬にされてしまったのです。

陸奥の　尾駮の駒も　野飼ふには　荒れこそ増され　懐《なつ》くものかは

第二句は「陸奥の尾駮の駒も」であって「陸奥の尾駮の駒は」ではありません。「陸奥の尾駮の駒は」なら確かに荒れ馬になりますが、「陸奥の尾駮の駒も」の「も」は「～でさえも」「～といえども」の意で、「尾駮の駒でさえも」「尾駮の駒といえども」という解釈が正解です。つまり、「聖獣であり駿馬である尾駮の駒も、野原に放し飼いにして自由気ままに育てると、荒れ馬になって懐かなくなるぞ」ということです。

この歌には詞書があり、歌の創られた事情が語られています。

男の、初めいかに思へる様にかありけむ、女の心気色《けしき》も心解けぬを見て、「あやしく思はぬ様なること」と言ひ侍りければ、

です。男の慕っていた女が、心閉ざして親しくならないので、男が「心外なこと」と言ったら、女はこの歌を返事によこしたというのです。「いくら心の良い女でも、扱い方によっては懐くことはありませんわ」とやんわり断わった歌です。女が自分のことを荒れ馬に例えるはずはありません。陸奥の尾駮の駒は荒れ馬ではなく、良馬だったのです。

図版出典

第1図　ロスタムの乗馬「ラクシュ」（岩波文庫『王書』のカバーカット）

第2図　騎馬人物像（天理大学附属天理参考館）登録番号E三〇〇

第3図　板絵騎乗人物図（ホータンの北ダンダンウィリク出土　大英博物館蔵）

第4図　斑の天馬
　a中国　唐金郷県主墓出土（文物出版社二〇〇二）
　b金銀象嵌銅車飾　前漢（河北省博物館蔵）
　c紅牙撥鏤撥（正倉院蔵）
第5図　青色の天馬（版本『宇津保物語』挿絵）
第6図　伊勢斎宮跡土馬（斎宮歴史博物館蔵）
第7図　七頭の天の黄金の雌牛 エジプト 前一〇世紀（コンスメス『死者の書』パピルス　ウィーン美術史美術館蔵）
第8図　鹿の毛皮を着たシャーマン埴輪　鳥取県北条町土下《はした》遺跡（北条歴史民俗資料館蔵）

歌語〝尾駮の駒〟を育んだ王朝歌人集団

山口　博

はじめに

虎、麒麟《きりん》、鹿などユーラシア大陸を西から東へ駆けて来た斑《まだら》の動物は、斑という並ではない状態なのでかえって神聖視され、斑模様の馬も神や英雄の乗り物でした。尾駮の駒も例外ではありません。『後撰集』の歌、

陸奥《みちのく》の　尾駮の駒も　野飼ふには　荒れこそ増され　懐《なつ》くものかは　　詠み人知らず

（『後撰集』雑四）

もそうです。第二句は「陸奥の尾駮の駒も」であって「陸奥の尾駮の駒は」ではありません。「陸奥の尾駮の駒は」なら確かに荒れ馬になりますが、「陸奥の尾駮の駒も」の「も」は「～でさえも」「～といえども」の意で、「尾駮の駒でさえも」「尾駮の駒といえども」という解釈が正解です。つまり、「聖獣であり駿馬である尾駮の駒も、野原に放し飼いにして自由気ままに育てると、荒れ馬になって懐かなくなるぞ」と言うことです。薄情な男に対して女が「いくら心の良い女でも、扱い方によっては懐くことはありませんわ」とやんわり断わった歌です。女が自分のことを荒れ馬に例えるはずはありません。陸奥の尾駮の駒は荒れ馬ではなく、良馬だったのです。

王朝人の陸奥への関心から、尾駮の駒は歌語として広まりましたが、「尾駮」が斑模様なのか地名なのかわからなくなり、陸奥の馬は荒々しい馬という概念のなかに埋没、神聖さは失われました。

王朝人の陸奥への関わりと、歌語「尾駮の駒」を育んだ歌人集団について考えてみます。

陸奥から出土した歌木簡

歌はいつごろから陸奥にまで広まったのでしょうか。延暦元（七八二）年に万葉歌人大伴家持が陸奥按察《みちのくあぜち》使鎮守将軍や持節《じせつ》征東将軍として陸奥国府のあった多賀城に赴任していますが、残念ながら多賀城で作ったであろう歌は残っていません。

ところが、家持と同時代の歌を書いた木簡が出羽国出羽柵《さく》（今の秋田城址）から出土したのです。

次頁の図でわかるように、かなり破損しており［　］と□は木簡が欠けていたり文字が薄くて判読できない部分ですが、判読できる部分から歌であることはわかります。文字はすべて平仮名ではなく漢字で書かれているので、平仮名の生まれた平安時代の小野小町や在原業平など六歌仙の時代、およそ九世紀末以前に書かれたのでしょう。漢字だけで書かれた歌、浮かび上がるのは『万葉集』ですが、残念ながら『万葉集』にはない歌なのです。吉田金彦氏は欠けた部分を補って「春なれば今しく悲し　夢よ妹《いも》早くい渡さね取り交わし」と読んでいます。

吉田氏がこの歌木簡と家持を結び付けたのは、歌木簡の埋もれたおおよその年代がわかるからです。出羽国出羽柵の築造は文武天皇の大宝元（七〇一）年頃で、歌木簡出土の穴からは別の三〇〇点の木簡が出土していて、幸いなことに「延暦十（七九一）年」「延暦十三（七九四）年」「延暦十四（七九五）年」など、年号の記載された木簡があるからです。（　）内の西暦は私が記入したものです。そうすると同じ穴から出土した歌木簡もこのころ書かれ捨てられたと考えられます。延暦一三（七九四）年には大伴弟麻呂《おとまろ》・坂上田村麻呂が蝦夷《えぞ》征伐をしていますが、征夷大将軍であった家持は、それより早く延暦四（七八五）年に歿しています。

出羽国は、和銅五（七一二）年に越後国から分離してできた国で、これで今の東北地方は東側の陸奥国、西側の出羽国となりました。出羽柵への古代アクセスは海路と陸路がありました。海路は阿倍比羅夫《ひらふ》など蝦夷征伐のコースで、船で齶《あぎ》田《た》浦（秋田の浦）に到着します。陸路は陸奥多賀柵（多賀城）から奥羽山脈を越えて出羽柵に到る道が、天平宝字三（七五九）年に開通しています。海路は日本海の風波は荒れるでしょうし、陸路の奥羽山脈越えも大変ですし、出羽国は孤島に近い位置関係にあったのです。

波流奈礼波伊万志［　　　］（表）
由米余伊母波夜久伊和太□□止利珂波志［　　　］（裏）
春なれば今し
夢よ妹はやくい渡□□取り交はし

陸奥・出羽と関係ある歌人

ミス陸奥は万葉名歌人

陸奥・出羽と関係ある最も早い年代の注目される歌人は、陸奥在住の「風流《みやび》びたる郎子《おとめ》」と言われた前采女《さきのうねめ》で『万葉集』に登場しています。

安積《あさか》山　影さへ見ゆる　山の井の　浅き心を　わが思はなくに　（『万葉集』巻一六・三八〇七）

「安積山の影まで映す山の水のような浅い心を私はもっていませんわ」という男に恋する女心を伝える歌です。この采女は誰に恋心を抱いたのでしょう。それはこの歌に付された次のような詳細な注が語っています。

後に橘 諸兄《たちばなのもろえ》と呼ばれた葛城《かつらぎ》王が陸奥国に派遣されて来たときに、国司の接待が疎かであったので、王は喜ばず、憤懣の色濃く、酒席を設けても手を付けることもない。その時、采女の務めを果たして都から戻ってきていた風流な乙女がいた。彼女は左手に盃、右手に山の井の水を入れた器を持ち、王の膝を叩いてこの歌を口ずさんだ。そうすると王の怒りの心も和らいで、一日中酒を楽しんだという。

彼女は王の膝にしなだれかかって「私は葛城《かつらぎ》王様を浅い心では思っていないの。深く深く慕っていますわ」と歌ったのです。采女になるからにはミス陸奥で、才色兼備の女にしなだれかかり、「愛しているわ」と歌いかけられれば、王もにやにやしたに違いないでしょう。

一〇世紀中頃に出来た『大和物語』では、全く違うエピソードになっています。これほど広く愛された歌を作ったミス陸奥は、陸奥国の誇るべき雅なエレガントな人だったことになります。

契りの紐を結ぶ陸奥男

古代の人は旅たちに際して、夫婦が変わらぬ愛の誓いとして、互いに紐を結ぶ呪術《まじない》がありました。紐は下紐《したひも》ともあるので、男は下袴《したばかま》の紐、女は下裳《したも》に着けた紐などといわれていますが、確かなことはわかりません。

会津嶺《あいづね》の　国をさ遠み　逢はなはば　偲《しの》びにせもと　紐結ばさね　（『万葉集』巻一四・東歌）

「磐梯《ばんだい》山のある国から遠く離れるので、逢うことも出来なくなりますわ。偲《しの》ぶよすがとして、さあ、紐をお結びくださいな」と旅立つ夫に歌いかけた妻の歌です。この会津男は妻と再会するまで紐を解くことはしなかったでしょうか。

紐を解くということは夫婦の愛の断絶です。それを承知のうえで解いてしまった怪しからぬ陸奥男がいます。その男は東国から筑紫へ派遣された防人ではないので、商売で筑紫に下ったのでしょうか。故郷香取で契りを交わしていた少女には、「大きな船が珍しい品物を持って遠くからやってくる筑紫の港へ行って、稼いでくるからね」などとでも言ったのかもしれません。少女は「この紐を解いてはダメよ」と、契りの紐を固く結んだのです。

ですが、筑紫大宰府は奈良の都に次ぐ大都市で、その上外国船の入港する日本一の港がありますので、遊女《あそびめ》の美女がわんさといます。陸奥男は、艶やかな筑紫女にぞっこん惚れ込んでしまい、稼いだ金もその女に貢ぎ、心の中で故郷の香取乙女にわびながらも、契りの紐を解いて筑紫女を抱いてしまったのです。

筑紫なる　匂《にお》ふ児《こ》ゆえに　陸奥《みちのく》の　香取乙女《おとめ》の　結ひし紐解く　（『万葉集』巻一四「陸奥国の歌」）

陸奥男は、そのまま故郷に帰らず匂《にお》う児《こ》と共に筑紫に住み着いたのでしょうか。陸奥の香取が今のどこかはわかりません。

都から陸奥・出羽に足を運んだ歌人たち

律令制は中央から国司を派遣して地方を治める制度です。政に当たる知識人たちは、ほとんどが歌を詠みますから、言い換えると歌人が地方に下ったということです。ただ、陸奥・出羽に赴任したからとて、すべての人が陸奥・出羽に関する歌を残しているわけではありません。一覧中の＊印は陸奥または出羽の地名を詠み込んだ歌を作った人です。

陸奥国　守　万葉歌人　石川年足《としたり》　大伴駿河麻呂　＊大伴家持
　　　　　　平安歌人　小野岑守《みねもり》（勅撰漢詩集編者）　阿倍清行　小野春風　小野篁《たかむら》（岑守同伴）　藤原倫寧《ともやす》（『蜻蛉日記』作者の父）　藤原真興《さねき》（陸奥で没）　＊藤原実方《さねかた》（陸奥で没）　＊橘為仲（和歌六人党）　＊源重之《しげゆき》（陸奥で没）　＊源信明《さねあきら》　橘則光（清少納言の夫）　橘則季（則光の子）　＊某（『主《との》殿《も》集』の男）　＊さねちか（姓不詳・『重之集』）　源頼清（女流歌人相模、歌を贈る）　くにもち（姓不詳・『重之集』）
　　　　介　歌人？　しげみ（姓不詳・陸奥守しげみ『重之集』）
　　　　　　歌人？　つねみ（姓不詳・陸奥介つねみ『重之集』）
　　　将軍　平安歌人　某（『能宣《よしのぶ》集』）
　　　視察　万葉歌人　葛城王《かつらぎ》（橘諸兄《もろえ》）
　　　下向　平安歌人　＊平兼盛　＊源宗親（重之の子）　＊能因
　　　　　　歌人？　むねたか（姓不詳。『重之集』）
出羽国　守　平安歌人　＊行房（姓不明『為仲集』）
　　　　介　平安歌人　藤原敏行《としゆき》
律令官人ではないが陸奥に下った歌人
　能因法師

家族が陸奥在住か陸奥に下った歌人

この歌人は多くはありません。六歌仙の一人小野小町は出羽郡司《ぐんじ》小野良真《よしさね》の娘という説があります。

『蜻蛉日記』作者であり藤原兼家の妻で道綱の母であった女は、兼家と尾駮の駒の歌の遣り取りをしていますが、彼女自身は陸奥に行ったことはありません。しかし、父藤原倫寧《ともやす》が陸奥守であったことは注目されます。兼家からみれば、日記作者は陸奥の女であったわけです。

一〇世紀の大歌人で『後撰集』撰者の大中臣能宣《おおなかとみのよしのぶ》は、自身は陸奥へ下っていませんが、愛人の下向していることが『能宣集』によりわかります。能宣は陸奥の地名を詠み込んだ多くの歌を作っていますが、この愛人からの知識があったかもしれません。

『枕草子』の清少納言の夫橘則光は陸奥守でした。

陸奥体験はないが陸奥の歌を詠んだ歌人

万葉歌人 笠女郎《かさのいらつめ》を除いて他は平安歌人です。

古今集時代　源融《とおる》（河原左大臣）　紀貫之　壬生忠岑《みぶのただみね》

後撰集時代　大中臣能宣《おおなかとみのよしのぶ》（屏風歌・餞歌など多し）　清原元輔（清少納言の父）　中務《なかつかさ》　源信明《さねあきら》　藤原元真《もとざね》

拾遺集時代　『蜻蛉《かげろう》日記』作者（道綱母）　和泉式部　小大君《こおおきみ》

後拾遺集時代　藤原為仲（和歌六人党）　相模　紀伊入道素意《そい》（藤原重経《しげつね》・『為仲集』にあり）　左衛門権佐《さえもんのごんのすけ》行家（『為仲集』にあり）　散位《さんみ》実清《さねきよ》（『為仲集』にあり）　伊勢守広経（『為仲集』にあり）　藤原通雅（和歌六人党の社交場）　尾張（太皇太后宮寛子女房）　甲斐（太皇太后宮寛子女房）　四条宮主殿《とのも》　中納言定頼

詞花集時代　源頼政　藤原俊成　藤原清輔《きよすけ》　藤原家隆　西行　道因　藤原定家

「尾駮の駒」歌人相関図

平安時代に尾駮の駒を歌材にした歌人には、相互関係があったように思われます。それは年代順に大きく分けて『後撰集』の年代、藤原兼家の年代、清少納言・能因法師の年代の三グループになります。この順序で話します。

後撰集の年代

この年代の歌壇をリードしていたのは勅撰集である『後撰集』撰集に当たり、さらに漢字で書かれている『万葉集』を訓読《くんどく》する仕事を仰せつかった梨壺《なしつぼ》五人です。その五人は源　順《みなもとのしたごう》・大中臣能宣・清原元輔《もとすけ》・紀時文《きのときぶみ》・坂上望城《さかのうえのもちき》で、天《てん》暦《りゃく》五（九五一）年に宮廷後宮の梨壺という部屋に和歌所《わかどころ》を置き仕事をしました。五人のなかで最高の歌人は、「源順と云《い》ふ人、後撰の撰者として梨壺五人の随一たり」（北畠親房《ちかふさ》『古今集序注』）、「源順はもの知りにて、梨壺五人が中にもすぐれたる才人」（『歴代和歌勅撰考』）とあるように、疑いなく源順です。

その源順に馬の毛並みを歌題にした「馬毛歌合《うまのけうたあわせ》」があり、「斑馬」を題にして、

　　底ひなき淵

栲縄《たくなわ》の　絶えても止《や》みね　底ひなき　淵には潜《かづ》く　海人《あま》もあらじを　（『源順集』）

と詠んでいます。「底知らずの深い淵に潜ると、命綱も切れてしまうだろうから、そんな海人はいないよ」というのですが、「淵」に「斑」が隠されています。「深入りすると命取りになるからそんな恋をする人はあるまいよ。やめてしまえ」という恋の歌です。

「斑馬」を詠んだ源順の撰集した『後撰集』に、あの尾駮の駒の歌があるのです。この歌には歌の作られた事情を書

いた詞書《ことばがき》が付いています。

男の、初め如何《いか》に思へる様にかありけむ、女の気色《けしき》も心解けぬを見て、「怪《あや》しく思はぬ様なること」と言ひ侍りければ、

です。「男はどのように思い染めたのでしょうか、女の心解けない様子を見て、『何ともわけのわからないこと』と女に告げると」、女は、

陸奥の　尾駮の駒も　野飼ふには　荒れこそ増され　懐《なつ》くものかは

（『後撰集』雑四）

と贈ったというのです。男の名前も女の名前もわからず、ただ「詠み人知らず」とあるだけです。

『後撰集』の詠み人知らず歌は、二種類あって、一つは伝承の古歌で本当に作者名がわからない歌、もう一つは、同時代の秘匿《ひとく》すべき事情ある歌や有名人の恋歌などスキャンダラスな歌の場合です。尾駮の駒の歌は、伝承の古歌にしては作歌事情が具体的過ぎます。伝承歌はエピソードの主人公に人々は関心をもつので、主人公の名が伝わらないというのも疑問です。ですから、この歌の作者は有名人の歌の可能性があり、私にはその「男」は藤原兼家で、歌の作者は兼家の妻であった『蜻蛉日記』の作者に思えるのです。兼家については次項「兼家の年代」で話します。

ここで『後撰集』年代の歌人相関関係を次頁に図示しておきます。いずれもなんらかの意味で陸奥に関係ある歌人たちで、↕は知人関係です。

藤原兼家の年代

摂政関白藤原兼家は歌語「尾駮の駒」の流布に一役買った歌人です。妻の日記『蜻蛉日記』によると、天暦八（九五四）年に日記作者と兼家は結婚し、間もなく作者の父藤原倫寧《ともやす》は陸奥守として下向しています。従五位上兵衛佐《ひょうえのすけ》兼少納言《しょうなごん》兼家が三〇歳、日記作者二三歳程の天徳二（九五八）年頃、二人の間で「陸奥歌枕・馬尽し」が贈答されています。

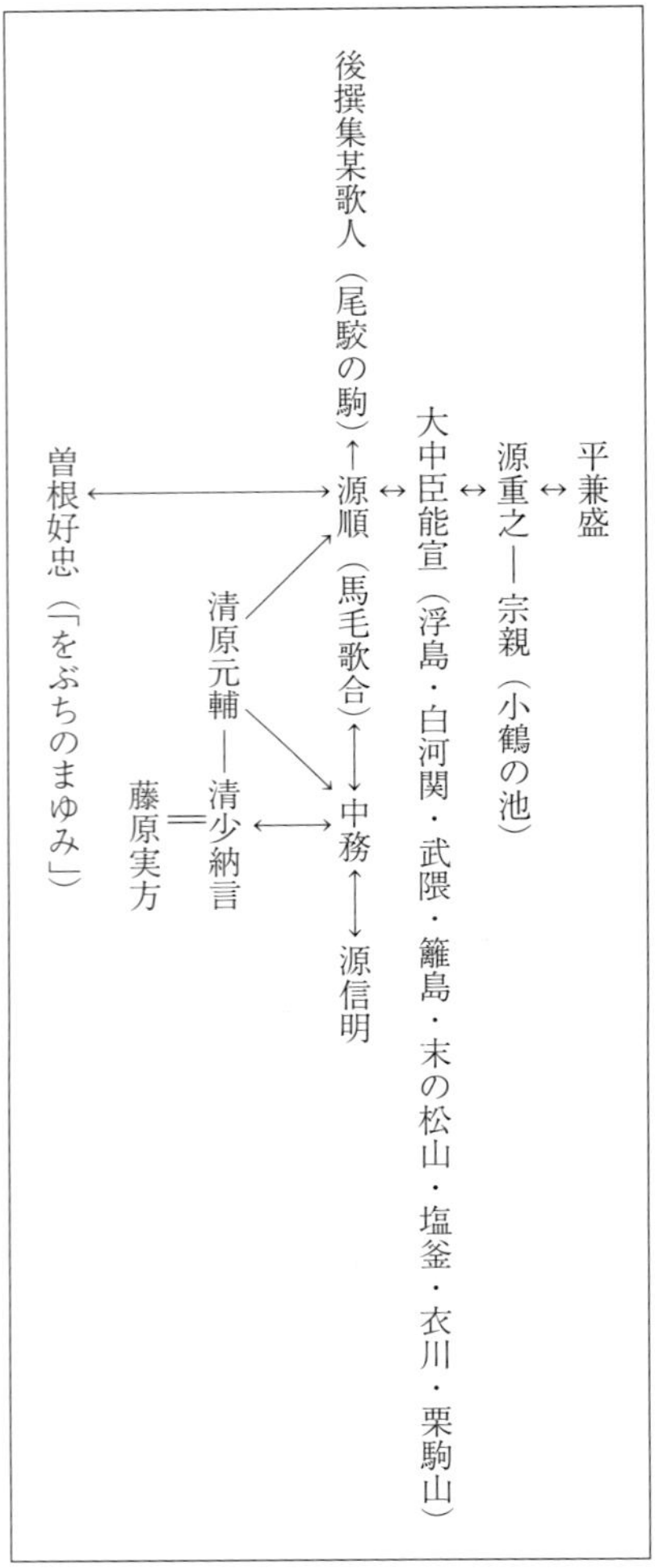

日記作者の父は陸奥赴任中なので作者は陸奥の女、陸奥は馬が有名なので、陸奥の駒とニックネームを付けたくなります。長文になりますが、『蜻蛉日記』の「陸奥歌枕・馬尽し」の部分を挙げておきます。

さて、かれ（兼家）より、かくぞある。

……今は阿武隈《あぶくま》の　逢ひも見で……何の石城《いわき》の　身ならねば……かひなきことは　甲斐の国　速見《へみ》の御牧《みまき》に　荒るる馬を　いかでか人は　懸け止めむと　思ふものから……片飼《かたか》ひの　駒や恋ひつつ　嘶《いなな》かせむと　思ふばかりぞ　あはれなるべき（1）

とか。

使ひあれば、（日記作者は）かくものす。

懐《なつ》くべき　人も放てば　陸奥の　むまやかぎりに　ならむとすらむ　（2）

いかが思ひけむ、たちかへり（兼家は）、

われが猶《なお》　尾駮の駒の　荒《あ》ればこそ　懐くにつかぬ　身とも知られめ　（3）

（日記作者の）返し、また、

こま憂《う》げに　なり増さりつつ　懐けぬを　こなは絶えずぞ　頼みきにける　（4）

また、（兼家からの）返し、

白河の　関の堰《せ》けばや　こま憂《う》くて　あまたの日をば　引き渡りつる　（5）

一読しただけで、駒が巧みに詠み込まれていることがわかります。駒を歌材にしたのは、日記作者の父倫寧《ともやす》が陸奥守として赴任しているからで、すでに早くから陸奥というと馬という観念が貴族にはインプットされていたのです。番号順に註をつけておきます。

（1）この兼家長歌の前に、日記作者から兼家の薄情を恨んだ長歌があり、その返歌がこれです。引用部分の前後を省略したのですが、超一流の歌人ともてはやされた日記作者に、負けじとばかり腕を振るってこれだけの作品を作った兼家の歌才もなかなかのものです。「今は阿武隈《あぶくま》の　逢ひも見で……何の石城《いわき》の　身ならねば」の「阿武隈」は福島県の阿武隈川で、アフクマは同音の「逢ひ」の枕詞です。日記作者が兼家に贈った長歌にすでに「阿武隈の逢ひ見てだにと」と使っています。「石城」は磐城で福島県南島地域か、岩木山で青森県津軽平野の山を意識しているのかわかりませんが、岩木山ならば、かなり尾駮の牧に近くなるのですが。それに石と木を懸け、「私は感情をもたない石や木ではないから」と言うのです。

省略した部分も含めて口語訳します。「貴女は、今は私に（阿武隈の）逢うことをやめて、私ではなく別の男にすがればいいでしょう。私だって（岩木山の）石や木でないから、貴女を思う心はありますよ」

この後にも、「甲斐の国　速見《へみ》の御牧」とか「荒るる馬」「嘶《いなな》かせ」など馬に関する言葉を兼家は並べますが、「甲斐国巨摩《こま》郡の速見の牧場にいる荒馬のように荒れ狂っている貴女をどうやって繋ぎ止めることができましょうや。ただ、片親で育てられる仔馬のような子の道綱が、父を恋い慕って嘶くだろうと思うと辛くて」と言うのです。とうとう、日記作者は「荒るる馬」にされてしまったのです。

（2）「陸奥のうまや」は「馬屋」に「今や」を懸けています。「手なずけることのできる飼い主である兼家様が見放したら、私は陸奥の馬屋から放たれた荒れ馬のように、今やこれが最後になるのでしょうか」。日記作者も自分が荒れ馬であることを認めているような感じです。

（3）ここでいよいよ「尾駮の駒」の登場です。「あの尾駮の駒のように荒れるから、私が手なずけようとしても懐いてくれない。貴女自身そのことを知ってほしい」。「懐く」という言葉も使われていて『後撰集』の歌に似てきます。

（4）「こま憂げに」の「こま」に「駒」と「来ま」を懸けてあります。「こなは」に馬をつなぐ「小縄」と「こなたは（此方・こちら）」を懸けています。「貴方は私のところへお出でになるのを嫌がって、私を飼いならそうとはなさいませんが、私はずーっと貴方を頼りにしてきたのです」

（5）「こま憂くて」は日記作者の歌（4）の言葉をそのまま使っています。毎年八月一五日または一六日に天皇にご覧に入れるために、御牧から馬を献上する駒引きの行事が行われます。陸奥の馬は白河の関を通るので、それを生かして兼家は歌を詠みました。「引き渡り」に「日が経過する」と「望月の駒を引き渡る」が懸けてあります。「白河の関のように私を拒んでいるから、馬が通れないように私は貴女の許に行きづらくて多くの日数を過ごしたのです」

陸奥守の娘は、兼家によりすっかり尾駮の駒の荒れ馬にされてしまいました。このところに例の『後撰集』の歌を挿入したらどうなりましょうか。

陸奥の　尾駮の駒も　野飼ふには　荒れこそ増され　懐《なつ》くものかは

日記作者は兼家に贈った、「貴方は私を尾駮の駒とおっしゃるけれど、どのようにおとなしく上品な尾駮の駒も、野放しにすれば気性は荒くなり、なずきませんわよ」。ピッタリではありませんか。私にはこの後撰歌は日記作者が兼家に贈った歌のように思えてならないのです。

それから一五年後の天延《てんえん》二（九七四）年四月、妙な話が起こりました。日記作者の養女に、ある貴公子が結婚を望み、しばしば日記作者の家を訪れます。兼家はその貴公子と日記作者の間を疑うような手紙を寄こしたのです。日記作者は「なんということをおっしゃるのでしょうか」と、

今更に　いかなる駒か　懐くべき　すさめぬ草と　逃れにし身を

（この年になっていまさらどのような駒が懐くのでしょうか。駒でさえも食べてくれない枯れ草なのに。その草のように私は、貴方に相手にされない身と思って身を引いたのに）

同年一〇月、兼家の兄太政大臣兼通から手紙が贈られてきました。四月の歌の句「すさめぬ草」を生かして、

霜《しも》枯《が》れの　草のゆかりぞ　哀れなる　駒がへりても　懐きてしがな

（駒さえも見向きもしない霜枯れの草とおっしゃいますが、弟兼家から遠ざかった貴女に、兄弟のよしみで親しみを感じます。若返って手なずけたいものです。）

日記作者は、

笹分けば　荒れこそ増さめ　草枯の　駒懐くべき　森の下かは

と返歌します。

「笹を分けて近づけば、ますます草は荒れてしまい、駒は離れていくでしょう。私は枯れきって駒が寄り付くような森の下草ではありませんので」。兼家にも兼通にも、日記作者＝陸奥の駒のイメージがインプットされています。兼家は今や大納言、兼通は太政大臣です。貴族社会に君臨するこの兄弟が日記作者を陸奥の駒と囃し立てれば、「尾駮の駒」

は荒れる駒のイメージを伴って貴族社会に流布したことは間違いなしです。お陰で「尾駮の駒」も市民権を得ましたが、斑馬が神聖な馬だという本来の観念は失われ、ただただ荒れ馬の意に堕してしまったのです。

ともかく、歌語として「尾駮の駒」を定着させたのは兼家でした。

大中臣能宣←→平兼盛
←→
関白藤原兼家（蜻蛉日記42首・勅撰集歌人・「尾駮の駒」の歌）
太政大臣藤原兼通（「駒」の歌）
陸奥守藤原倫寧
蜻蛉日記作者（「和歌の上手」「陸奥の馬」の歌）
＝
道綱（勅撰集歌人）
藤原長能（家集・勅撰集撰者）
陸奥守藤原実方・赤染衛門《あかぞめえもん》・和泉式部・弁乳母《べんのめのと》←→道綱

相模・能因の時代

この年代を代表する相模は、『後拾遺集』では和泉式部についで第二位の入集歌数を誇り、以降の勅撰集に多数作品を残す勅撰集歌人で、多くの歌合にも参加しています。中堅官僚の歌人集団である和歌六人党の歌人からも先達と仰がれた名歌人です。実父は不明ですが、養父は鬼退治で有名な源頼光と伝えられています。

彼女は一〇代の頃に一時、越中守として赴任中に現地で亡くなった橘則長《のりなが》の妻でした。則長の母は清少納言で、父則光が陸奥守を務めました。『蜻蛉日記』作者の父が陸奥守であったために、兼家から陸奥の女、陸奥の駒と揶揄《やゆ》されたように、則長も陸奥の男なので陸奥の駒です。さらに、則長は相模と別れた後に能因法師の妹と結ばれており、その間に生まれた則季《のりすえ》も陸奥守ですから、則長は父も子も陸奥守だったのです。それで相模と則長の間で「尾駮の駒」を歌材にした歌の遣り取りが行われたのです。

則長と別れたのちに、相模は馬に乗ったかつての夫則長に出会いました。そこで相模は、

綱絶えて　引き離れにし　陸奥の　尾駮の駒を　外《よそ》に見るかな
（『後拾遺集』『相模集』）

と贈りました。「手綱が切れて私から離れてしまった尾駮の駒を、他所で見てしまったわ」。言うまでもなく「尾駮の駒」は陸奥守の息子則長のことです。則長の返歌です。

その昔《かみ》も　忘れぬものを　蔓斑《つるぶち》の　こま必ずも　会ひ見けるかな
（『相模集』）

「昔夫婦であったことは忘れていないところに、これはたしかにお会いしたことですなあ」。「蔓斑」は馬の毛色で、斑が連なって続いているものですから、尾駮の斑馬です。「こま」に「駒」と「此《こ》は」が懸けてあります。

また別の男へ贈った相模の歌があります。ある男が「どうも私への態度が変わったので、もうお訪ねしないほうがいいのですか」と言ってきたので、相模は返事しました。

野飼はねど　荒れゆく駒を　いかがせむ　森の下草　盛りならねば
（『後拾遺集』『相模集』）

「私は放牧されて荒馬になったわけではありませんが、体の荒れていくのはどうにもなりません。森の下草が衰えていくように、私も盛り過ぎ容色も衰ましたので」。「野飼はねど荒れゆく駒」は後撰歌の「陸奥の尾駮の駒も野飼ふには荒れこそ増され」を下敷きにしていますから、「荒れゆく駒」は尾駮の駒のイメージです。「荒れる」が暴れ馬ではなく、肌の荒れに使われているのは、老残の悲哀が込められています。

再婚した則長の妻は、能因の姉か妹です。能因は諸国を旅し、旅の歌を多く残した数寄《すき》の歌人として、西行、芭蕉などにまで影響を与えた大歌人です。もちろん、陸奥にも足を延ばし、歌に詠むべき全国の名所を並べた『能因歌枕』を残しています。

陸奥から帰京した能因は、藤原為正に歌を添えて馬を贈りました。

君がため　懐けし駒ぞ　陸奥の　安積《あさか》の沼に　荒れて見えしを

（『能因集』）

「貴方のために、陸奥の荒れ馬を懐けたのです」というのですが、「安積《あさか》の沼」の意味することとは、なんでしょうか。当時「安積《あさか》の沼」が荒れ果てていたので、「安積《あさか》の沼のように荒れた馬」ということか、その馬が安積《あさか》の沼近くの牧の馬だったからでしょうか。どちらにしても、陸奥の馬は荒々しい馬というイメージが込められています。姉妹の子則季が陸奥守だったうえに、本人が陸奥を旅しているのですから、当然のイメージだったわけです。

比叡山の僧との説もある良暹《りょうぜん》は『後拾遺集』以下の勅撰集に三一首入集している歌人で、西行など後の歌人の尊敬を集めています。能因や橘氏との関係は見出せませんが、母は陸奥守として赴任して客死した実方《さねかた》の女童《めのわらわ》白菊だという伝があります。この聞きなれない名の歌人は『百人一首』にある「寂しさに宿をたち出て眺むればいずこも同じ秋の夕暮」の作者です。

八月に行われる諸国献上の馬を逢坂の関で迎える駒迎えの行事を詠んでいて、この歌が「尾駮」を考えるときに重要になります。

逢坂の　関の杉群《すぎむら》　引く程は　尾駮に見ゆる　望月《もちづき》の駒

（『後拾遺集』秋上）

「望月の駒」というのは、駒迎えの時に信濃国にある望月の牧場から献上する馬ですから、陸奥の馬ではないのですが、逢坂の関の杉並木の中で馬を引くと、その木の影で馬が斑に見えるので「尾駮に見ゆる」と歌ったのです。陸奥の尾駮は地名ではなく斑模様と理解されていたことがわかります。

歌人の関係図を次頁に掲示しておきます。源重之は先の「藤原兼家の年代」の相関図にも登場しています。

以上、三グループで、陸奥の駒がどのように王朝貴族の間に広まったかがわかるでしょう。功労者は藤原兼家、橘氏など陸奥と関係のある人たちでした。

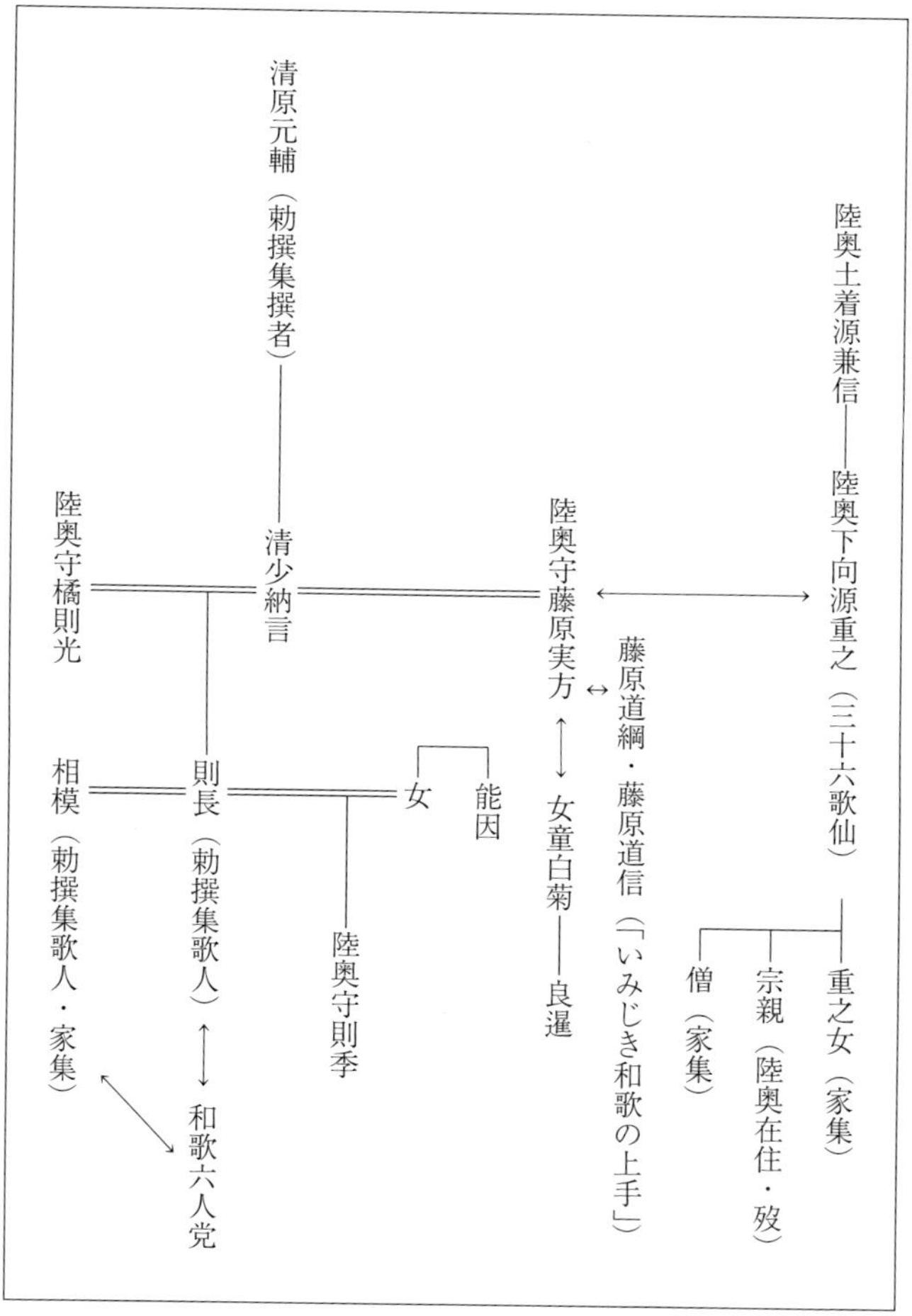
陸奥土着源兼信
陸奥下向源重之（三十六歌仙）
重之女（家集）
宗親（陸奥在住・歿）
僧（家集）
陸奥守藤原実方
藤原道綱・藤原道信（「いみじき和歌の上手」）
女童白菊
良暹
能因
女
清原元輔（勅撰集撰者）
清少納言
陸奥守則季
則長（勅撰集歌人）
和歌六人党
陸奥守橘則光
相模（勅撰集歌人・家集）

参考書籍

吉田金彦　二〇〇〇『秋田城木簡に秘めた万葉集―大伴家持と笠女郎―』おうふう
山口　博　一九六七『王朝歌壇の研究　村上冷泉円融朝篇』桜楓社
関係ある章は、「後撰和歌集の成立―梨壺を中心に―」「歌人兼家と蜻蛉日記」「沈淪歌壇の性格（源順・清原元輔・源重之・平兼盛・大中臣能宣・曽根好忠・源兼澄）」「源順論」

王朝歌人の陸奥心象風景と現実

山口　博

はじめに

歌語「尾駮の駒」を育んだのは、都の歌人たちでした。彼らのなかには実際に陸奥を体験した者もいれば、体験せずに陸奥の歌枕に惹かれて歌った者もいます。彼らが歌った陸奥の地名、歌枕にはどのようなものがあったのでしょうか。歌集・家集（個人の歌集）などから、できるかぎり摘出しました。またそれらを歌った歌人たちは陸奥にどのようなイメージを抱き、体験者は何を感じていたかを考えてみます。

和歌のなかの陸奥の地名・歌枕

『万葉集』には、会津嶺、安積《あさか》山、安達太良《あだたら》嶺、香取（所在地未詳）、真野《まの》の草原《かやはら》、陸奥山（小田なる山）、笠島が歌われています。万葉歌人の陸奥の地名を詠み込んだ歌で、『万葉集』にない歌に「浮島」（宮城県多賀城市浮島）を歌った山

歌　枕	比　定　地	初　出　年	出　典
【青森県】			
石城《イワキ》	岩木山か	955 頃	蜻蛉日記 59
外の浜	津軽半島東岸	1190 以前	山家集 1011
津軽	津軽平野一帯か	1142	久安百首 634
【岩手県】			
岩手	岩手郡（岩手山）	951 頃	大和物語 152 段
衣川	衣川	976 以降	古今六帖 1553
衣の関	衣川周辺	995	実方集Ⅱ 185
岩手山		976 以降	古今六帖 876
栗駒山	岩手と宮城野県境	976 以降	古今六帖 3237
衣川の関		995〜1004	重之集 139
撫子の山	平泉市	1013 頃	能因集Ⅰ 146
束稲山《タバシネ》	平泉市と他市との境界	1190 以前	山家集 1442
【秋田県】			
象潟	由利郡象潟	995〜1004	重之集 316
八十島	湯沢市小野	988 前後	能宣集Ⅰ 184
【宮城県】			
笠島？	名取市	8 世紀以前	万葉集 3192
荒藺《アライ》の崎？	名取市	8 世紀以前	万葉集 3192
小田なる山	遠田郡涌谷町	749	万葉集 4094
末の松山	多賀城周辺	893 以前	古今集 326
塩釜	塩釜湾	895 以降	古今集 852
籬の島	宮城郡松島町	900 以前	古今集 1089
名取川	名取川	900 以前	古今集 628・650
宮城野	仙台市	900 以前	古今集 1091
小黒崎美豆小島	大崎市	900 以前	古今集 1090
姉歯の松	栗原市金成町姉歯	10 世紀	伊勢物語 22
栗原の郡	栗原市一迫町	1013 頃	能因集Ⅰ 111
音無の滝	栗原市一迫町	1013 頃	能因集Ⅰ 111
松島	宮城郡松島町	968	蜻蛉日記 118
武隈の松	岩沼市二木周辺	950	後撰集 1241・元善
浮島	宮城郡松島町	988 前後	能宣集Ⅰ 40
下紐の関	白石市	988 前後	能宣集Ⅰ 257
姉歯の橋	栗原郡金成町姉歯	1013 頃	能因集Ⅰ 147
野田の玉川	多賀城市	1013 頃	能因集Ⅰ 149
十符（布）浦	宮城郡利府町	10 世紀後半	為仲集Ⅱ 41
緒絶の橋	古川市三日町か	1086	後拾遺集 751
うやむやの関	柴田郡川崎町	1230 頃	土御門院集
壺の碑	多賀城市	1190 以前	山家集 1011

歌　枕	比　定　地	初　出　年	出　典
【山形県】			
最上川	最上川	900 以前	古今集 1092
滝の白糸	最上郡戸沢村	995～1004	重之集 142
袖の浦	酒田港付近	972 以前	一条摂政御集 152
阿古屋の松	山形市千歳山	1105 頃	堀河百首
【福島県】			
安達太良山	安達太良山	?	万葉集 1329
浅香（安積）山	郡山市日和田町	736 以前	万葉集 3807
会津嶺	磐梯山か	?	万葉集 3426
真野の萱原	相馬郡鹿島町真野	733 頃	万葉集 396
勿来の関	いわき市勿来	9 世紀後半	小町集Ⅰ 5
安積（浅香）沼	郡山市日和田町	900 以前	古今集 677
阿武隈川	阿武隈川	900 以前	古今集 1087
安達	安達郡	900 以前	古今集 1078
信夫	福島市	900 以前	古今集 724
石城《イワキ》	いわき市か	955 頃	蜻蛉日記 59
躑躅《ツツジ》の岡	塩釜の近くか	955 頃	蜻蛉日記・巻末家集 古今六帖第 2
梁川	伊達郡	10 世紀前半以前	重之集 30
耶麻の郡	会津若松市	10 世紀前半以前	重之集 91
小鶴の池	南相馬市	10 世紀前半以前	重之集 145
小松川	白河市・いわき市	10 世紀前半以前	重之集 147
安達原黒塚	二本松市	990 以前	兼盛集Ⅰ 210
白河の関	白河市旗宿	990 以前	兼盛集Ⅰ 11
【所在地不明】			
香取			万葉集 3427
三江浦			能因集Ⅰ 140、148
なでしこの山			能因集Ⅰ 146
すかの松山			為仲集Ⅱ 38、39
玉星川	陸奥国安達郡か		枕草子「川は」 夫木抄「陸奥」
山の郡			重之集 91
はまなの橋			重之集 94
と川			能因集Ⅰ 117
あやの瀬			能因集Ⅰ 117
三とし川			実方集Ⅱ 217
はことりの関			実方集Ⅱ 218

口女王から大伴家持へ贈った次の歌があります。

塩釜の　前に浮きたる　浮島の　浮きて思ひの　ある世なりけり

（『新古今集』雑下）

それでは、奈良から平安時代にかけての歌集・家集に見られる陸奥の歌枕を、総摘出してみましょう。県別、年代順に掲げます。出典欄の『万葉集』『古今集』『後撰集』など歌集名の後の歌番号は、『国歌大観』の番号です。『能因集』『山家集』など家集名の後のⅠ・Ⅱおよび歌番号は『私家集大成』中古Ⅰ・Ⅱによります。

青森県・岩手県・宮城県・福島県は律令時代の陸奥国、秋田県・山形県は出羽国です。しかし、王朝人には出羽国も陸奥とみなされ、陸奥国のうち宮城県・福島県までが東国ですが、東歌には陸奥・出羽の歌まで含めています。

「?」を付したものは、疑問はありますが、一説として掲げました。尾駮は後述するように、青森県の地名説もありますが、斑模様と考えられるので、除いてあります。このように一覧にしますと、都人たちの陸奥への関心度の展開がわかります。

1　陸奥国府多賀城のある宮城県と、国府への国道である東山道が通る福島県の歌枕が最も早く、八世紀には歌われています。この範囲までが東国で、官人だけではなく調《ちょう》・庸《よう》を都へ運ぶ運脚《うんきゃく》なども往来していたので、両県の名所がいち早く都にも伝えられたのです。両県の歌枕は一〇世紀前半までには大半が出揃っています。

2　宮城・福島の欄の出典を見ると、『古今集』が多出しています。それは『古今集』巻二〇に「東歌」の部立《ぶだて》の下に一三首があり、筆頭に「陸奥歌」として半数の七首があるからです。阿武隈《あぶくま》・塩釜の浦・塩釜の籬《まがき》の島・小黒崎みつの小島・宮城野・最上川・末の松山を詠み込んだ歌が、配置されています。この『古今集』が陸奥歌枕の流布に大きく貢献しました。出羽国（山形県）の最上川は『古今集』のおかげで浮かび上がりました。

3　正確には東国の範疇に属さなかった岩手・秋田・青森県の歌枕は、一〇世紀後半以降に初めて現れ、数も少ないのですが、比較的岩手県が多いのは国府のあった宮城県に接しているからでしょうか。半数の四ヶ所の出典が

『古今六帖』です。『古今六帖』は古い年代の歌、新しい年代の歌を題材別に並べています。撰者は不明で、一〇世紀半ば以降の成立です。

尾駮は地名か斑模様か

判断の難しい問題で、歌学の発達した平安時代末期から論争が行われています。

1　地名説

一二世紀の歌学者藤原清輔《きよすけ》は自著『奥義《おうぎ》抄』で、明確に「をぶちとは陸奥国にある所也」と断言し、例の後撰歌と好忠百首の歌を証として挙げています。好忠百首というのは、一〇世紀後半の歌人で源順との交友があった曽根好忠《そねのよしただ》が百首まとめて詠んだ歌群で、その中の一首、

　枕なる　尾駮の真弓《まゆみ》　見るときは　妹《いも》が手風は　いとど恋しき

です。難解な歌で、伝本間に異同が多く、肝心の「をふちのまゆみ」も「おちのまゆかき」「おきのまゆかき」などとあり、『奥義《おうぎ》抄』や『袖中抄《しゅうちゅう》』が「尾駮の真弓」としているのに従うのには、躊躇《ちゅうちょ》されます。百歩譲って「尾駮の真弓」としても、尾駮から産する弓と解すれば地名ですし、斑模様の弓とすれば模様になり、清輔のようには断定しかねます。鎌倉時代の順徳《じゅんとく》天皇著の歌学書『八雲御抄《やくもみしょう》』巻五「名所部」も尾駮を「陸奥牧の名」としています。

現代の研究書等を見ると、吉原栄徳『勅撰歌歌枕集成』も陸奥の歌枕とし、例証として後撰歌と相模の歌を挙げます。『蜻蛉日記』『後撰集』の注釈も、ほとんどが地名説です。

2　斑模様説

先に相模とかつての夫則長との贈答歌を挙げました。相模は則長の乗馬を「尾駮の駒を」と歌ったのですが、則長は「蔓斑《つるぶち》の駒」と返しています。これは尾駮＝蔓斑ということになり、彼らは尾駮を斑模様と認識していたのです。

さらに良暹《りょうぜん》の歌もあります。

逢坂の　関の杉群《すぎむら》　引く程は　をぶちに見ゆる　望月の駒
（『後拾遺集』秋上）

は、杉と杉の間を通過して射し込む光が馬の体に斑模様を作り出しているのですから、明らかに斑模様です。

尾駮は地名だとした藤原清輔『奥義抄《おうぎ》』までも、良暹の歌を挙げて尾駮は斑模様とするのです。清輔は『和歌初学抄』でも、「馬　斑《まだら》の駒、蔓斑《つるぶち》、をぶちの駒」と斑模様説を掲げています。「蔓斑」は則長の歌に在りました。地名と考えたものの斑模様説に変更したようです。それには養子の顕昭《けんしょう》が『奥義抄』の後ですが、自著『袖中抄《しゅうちゅう》』で、「奥州にをぶちという所の名は聞いたことがない。陸奥国にをぶちという所があれば疑いないが。良暹歌は、杉の間に月影の映り、斑に見えるということだ」と言っていることに感化されたのかもしれません。平安末期の歌人・歌学者は、尾駮という地名は知らないというのです。

江戸時代の北村季吟《きぎん》は『古今集』から『新古今集』に至る八代集全歌に語注と解釈を付け『八代集抄』を刊行した偉大な博学の歌学者ですが、後撰歌の注に「尾のまだらなる也」としています。しかし、『後拾遺集』の良暹《りょうぜん》歌の注では「牧の名と馬の毛と両説あり」と逃げています。

私は地名とも斑模様のいずれか判断しかねる歌の多いなかに、実に明確なのは、模様とした相模と則長の贈答歌と良《りょう》暹《ぜん》歌で、それを尊重するうえに、尾駮の駒初出である後撰歌の「尾駮の駒も野飼うには荒れこそ増され」を「神聖な斑模様の駒だって放し飼いにすると荒れ増さる」と理解するので、尾駮は地名ではなく斑模様説に組します。

平安時代の陸奥歌枕流布

平安時代になると、急速に陸奥の歌枕が注目されますが、それはなんといっても、『古今集』の功績が一番です。序文では陸奥の前采女《さきのうねめ》の万葉歌「安積山《あさか》」の歌、

安積山《あさか》　影さへ見ゆる　山の井の　浅き心を　わが思はなくに

（『万葉集』巻一六）

について、「この歌は歌の父母で、手習いする人が最初に習うもの」とあり、作歌や書道の教科書として取り上げられたのです。事実、八世紀中ごろ聖武天皇が造営した紫香楽《しがらき》宮跡出土木簡には「阿佐可夜……流夜真……」と書かれ、「あさかや……るやま」で、「安積や……る山」であることは疑いなく、確かに歌を学ぶ人の手本だったのです。

また『古今集』が巻二〇に「東歌《あずまうた》」の部立《ぶだて》を置き、陸奥の歌枕を詠み込んだ歌が半数を占めていることは、先に話しましたが、この影響は大きいです。一〇世紀の左大臣藤原師尹《もろまさ》は娘芳子に『古今集』二〇巻全歌を暗記することを教育方針にしました。芳子は村上天皇女御《にょうご》になりますが、このようにして『古今集』は宮廷の女性たちにもてはやされ、当然陸奥の歌も記憶され、見たこともない陸奥の名所に憧れ、歌に詠み込んだのです。

後宮の女性たちが古今歌を記憶し、陸奥の枕詞を口にすれば、男たちも無関心ではいられません。平安時代には、天皇・皇族や上層貴族の賀の祝いに、各地の名所を画きそれにふさわしい歌を書いた屏風を飾ることが流行、また陸奥へ下る人への餞別歌などのも、陸奥の歌枕を詠むようになりました。屏風の歌と言うのは、例えば屏風に「栗駒山《くりこまやま》なる人の家に、女ども紅葉見侍《はべ》り」という絵を画き、そこに、

紅葉《もみじ》する　栗駒山の　夕影を　いさ我が宿に　移し持《も》たらむ

（『能宣集』）

という歌を書き入れるのです。栗駒山は宮城・秋田・岩手の三県にまたがる山で、作者は屏風歌の歌人として人気の

あった大中臣能宣《おおなかとみのよしのぶ》です。

能宣は誰のための屏風絵を歌ったのか書かれていませんが、多くは誰の屏風かが題詞に書かれています。例えば円融《えんゆう》天皇の永観元（九八三）年の「大納言藤原為光家名所屏風歌」では、各地の歌枕に交じって陸奥の浮島・八十《やそ》島も取り上げられています。絵に添えられた歌の作者は、大中臣能宣・清原元輔・源順・源兼澄など、当代一流の歌人たちです。「藤原兼家賀屏風歌」では歌枕に籬《まがき》の島・浅香の沼・末の松山が歌われ、歌人は大中臣能宣・平兼盛です。

また、陸奥下向の人への餞別歌には、例えば大中臣能宣は誰への餞別かわかりませんが、箱庭に類する州浜《すはま》という飾り台に浮島の形を作り、それに歌を添えて贈っています。

わたつうみの　波にも濡れぬ　浮島の　まつに心を　掛けて頼まむ　（『能宣集』）

陸奥の歌枕「浮島」を詠み込み、浮島の「松」に「待つ」を掛けて、「貴方の帰郷を待つということを心にかけ願っています」と歌うのです。

この歌の「浮島」と「松」は縁語、「松」と「待つ」は掛詞《かけことば》というように、陸奥名所を縁語・掛詞としての使用が、日常の歌に浸透していました。『蜻蛉日記』の兼家長歌と日記作者の「陸奥歌枕・馬尽し」贈答歌なども、いい例です。

こんなエピソードもあります。宮廷の後宮の梨壺という部屋に置かれた和歌所で、梨壺の五人が『後撰集』を撰んでいるときに、内侍局《ないしのつぼね》の女官が衝立《ついたて》越しに藤の花を投げ込んできました。能宣は「そのようなことは、あってはならないこと」と返歌をしました。

後ろめた　末の松山　いかならん　籬の島を　越ゆる藤波　（『能宣集』）

「末の松山」は宮城県多賀城市、「籬の島」は松島湾で離れていますが、そのようなことは無視して、一つでも多くの歌枕を詠み込むよう心がけています。「籬の島」に垣すなわち衝立を意味させ、「藤波」に「波」と投げ込まれた藤の花を掛けています。藤の花が衝立越しに投げ込まれました。「これは許せないことだ。何ということか、末の松山は波が越えないというのに、籬の島を波が越えるとは」。

さらにこの歌は『古今集』東歌の陸奥歌として掲載されている、

君をおきて　あだし心を　我が持たば　末の松山　波も越えなむ

（『古今集』巻二〇・東歌）

を引歌にしています。同じ梨壺の五人の中の一人清少納言の父清原元輔も、

契りきな　かたみに袖を　絞りつつ　末の松山　浪越さじとは

（『後拾遺集』恋四・『百人一首』）

と、古今歌を引き歌にして「末の松山　浪越さじ」を詠むという同じテクニックで作っています。このようにして、陸奥の歌枕は広まったのです。

陸奥に下った歌人は、耳学問での知識ではなく、実際に陸奥の地を見ているのですから、当然のことに歌枕以外の地名も詠むことになります。

源重之などは父源兼信が陸奥国安達郡に土着したので、伯父の養子として都で育ち、主として地方国守としての道を歩みますが、長徳元（九九五）年以後に陸奥守藤原実方に従って陸奥国に下向し、長保二（一〇〇〇）年に当地で歿したそうです。安達郡に荘園などの私有地があったのでしょう。在京の頃に、安達の女に歌を贈ったりしていますし、逆に陸奥在住時に都の能宣に歌を贈っています。

重之の歌には、居住していた「柳（梁）川」（福島県）や「小鶴の池」（福島県）、「名取川」（宮城県）、「松島」（宮城県）、「籬の島」（宮城県）、「衣川」（岩手県）、「最上川」（秋田県）、「象潟《きさかた》」（秋田県）、「山の郡」などが詠まれていますが、「山の郡」の所在地は不明です。多分福島県だと思いますが。最上川は重之の気に入ったらしく、『重之集』に「この最上川は、いみじきところなり。よに似ずおもしろきところなれば、過ぎ難し」として、

最上川　滝の白糸　くる人の　心よらぬは　あらじとぞ思ふ

（『重之集』）

と歌っています。「滝の白糸」は最上川に落ち込む四十八滝のなかの最大の滝で、水が白糸のようなので名付けられた

のですが、その滝を文学で初めて取り上げたのは、この重之の歌かもしれません。重之は山形観光の大先駆者でもあったわけです。この歌もレトリックが多く、「くる」は「白糸」の縁語で「(糸を) 繰る」、その「繰る」に「来る (人)」を掛けています。また、「よらぬ」は「白糸」の縁語で「(糸を) 縒《よ》らぬ」、その「縒らぬ」に「(心) を寄らぬ」(心を寄せない) を掛けています。

重之の子に宗親《むねちか》がいます。経歴の詳細はわかりませんが、『重之集』によると都で歌合《うたあわせ》など行っているので、都で官人となり、その後父に従って陸奥に下ったようです。重之は陸奥で子の死を悲しむ挽歌を詠んでいますが、宗親が亡くなったのでしょうか。

彼も父親と同時に「小鶴の池」(福島県) を歌っています。都下りの男が「ここはどこか」と聞いたので、宗親が「小鶴の池の堤」と答えると、男は「それを歌に詠め」と言ったので、宗親は、

千歳《ちとせ》ふる　小鶴の池し　変らねば　親の齢《よわい》を　思ひこそやれ　(『重之集』)

と、「千年も経た小鶴の池は昔と少しも変わりませんので、子鶴の親の鶴はいったい何歳になったのでしょうか」と歌いました。それに応ずるように父重之は、

千歳をば　雛《ひな》にてのみや　過ぐすらん　小鶴の池と　聞きて久しき　(『重之集』)

と詠みます。「前々から小鶴の池と聞いているから、千年の間雛鳥のままであったのでしょう」。二人とも「小鶴」に「子鶴」を掛けています。重之は、大人になっても自分にくっついて陸奥に住む宗親を、子鶴・雛鳥に譬えたのではないでしょうか。親子に対する愛情がにじみ出ています。現在、小鶴の池の名残だという所に古くはない祠の小鶴明神がありました。

多くの歌人名を挙げてきましたが、陸奥歌枕を広めた功績者が浮かび上がってきます。

まず第一に、「尾駮」が歌枕か模様かわかりませんが、尾駮の駒や多くの歌枕を詠み、陸奥の歌枕を『蜻蛉日記』作

者や大中臣能宣・平兼盛などが注目するきっかけを作る働きをした藤原兼家であることは、別稿「歌語〝尾鮫の駒〟を育んだ王朝歌人集団」で明らかにしました。

次には、兼家の影響あってか、彼の庇護も受けていたであろう大中臣能宣です。梨壺の五人のなかでは最も位の高い正四位下に至り、さらに神祇官としては、名ばかりの神祇卿《かみ》の下で宮廷祭祀の事実上の実権的地位である神祇大副《たいふ》を務めていました。それですから上流貴族との交際範囲も広く、屏風歌や餞別歌を依頼される率も多く、歌合に歌を提出し、参加する機会も多かったのです。そのような能宣が陸奥の歌枕を詠むのですから、流布するはずです。

しかし兼家や能宣は陸奥体験がありません。それに比べると源重之と藤原実方は陸奥の土地勘が強みです。二人にまして土地勘のあったのが能因で、何しろ二回も陸奥旅行を試みているのですから。彼が歌った歌枕も、浅香の沼、白河関、信夫郡、武隈の松、末の松山、塩釜、栗原の郡、音無の滝、名取川、出羽の八十島、象潟などとバラエティーに富み、さらに陸奥歌枕への憧憬は「想像奥州十首」というイメージの世界にまで広げ、三江の浦、武隈の松、宮城野、末の松山、塩釜の浦、籬島、なでしこの山、姉歯《あねは》の橋、野田の玉川を詠むほどの執着ぶりでした。

それの過熱でしょうか、とんでもないエピソードが伝えられています。

都をば　霞とともに　立ちしかど　秋風ぞ吹く　白河の関　（『能因集』）

という都で詠んだ歌を、都にいてこの歌を発表してはつまらないと思い、ひそかに家に籠もり肌を黒く日焼けさせて後、東北に旅した際の歌だとして公表したという話です。春から秋になるまでの間、家に閉じこもっていたのでしょうか。

藤原清輔の『袋草紙《ふくろぞうし》』という歌学書に載っている話なのですが、『後拾遺集』には「陸奥の国に罷《まか》り下りけるに、白河の関にて詠み侍《はべ》りける」とあります。『能因集』ではさらに詳しく、「二年の春、陸奥の国にあからさまに下るとて、白河の関に宿りて」とあり、万寿二年春と断っています。白河の関へ行ったのか行かなかったのか、どちらでしょうか。

『袋草紙』には、能因の「秋風ぞ吹く白河の関」の歌に敬意を表して、白河の関を越える時に旅の衣を正装に改めて通ったという竹田大夫国行という人のエピソードも記し、清輔は「殊勝なることかな」と評しています。
このようなエピソードの拡散は、ますます陸奥の歌枕に人々を引き付けることになったでしょう。

陸奥心象風景の形成

陸奥の実体験のないほとんどの王朝人の歌は、心象風景に基づくものですから、美化しての陸奥礼賛です。それに貢献したのが、これも『古今集』巻二〇東歌にある陸奥歌で、

陸奥は　いづくはあれど　塩釜の　浦漕ぐ舟の　綱手《つなで》かなしも

です。第五句に作者の気持ちが込められていますが、「かなし」というのは「悲し」ではなく、しみじみと心に感じられる状態を言います。「陸奥はどこも感じ入る風景なのだが、とりわけ塩釜の浦を漕ぐ舟を引き綱で引いていく風景には、心がしみじみと感じられる」と言うので、第一、二句が陸奥の歌枕の感動的であることを徹底的に打ち出しています。「陸奥の風景はどこも素晴らしいが」なのですから。この歌が一挙に陸奥幻想を掻きたてたのです。

平安時代の末になりますが、西行法師もまた、

陸奥の　奥ゆかしくぞ　思ほゆる　壺《つぼ》の碑《いしぶみ》　外《そと》の浜風　（『山家集』）

と、「奥ゆかしく」に「陸奥の奥」と「おくゆかしい（心惹かれてみたいと思う）」を懸けて、陸奥の奥はもののあわれを感じさせ心惹かれ見たくなる所、例えば壺《つぼ》の碑《いしぶみ》や津軽半島東岸の外ヶ浜を挙げています。「壺の碑」というのは今も在る多賀城碑のことです。ついでに、能因白河の関エピソードではありませんが、西行は津軽半島までは行っていないでしょう。外ヶ浜に伝わる善知鳥《うとう》伝説を聞いて奥ゆかしく思ったのです。

『伊勢物語』の陸奥流浪の男の話も、陸奥の女を幻想してのフィクションです。『伊勢物語』は何度も話が書き加えら

れ現在の形になり、在原業平《ありはらのなりひら》の話、業平らしき男、業平に仮託した男の話などあり、複雑です。東下《あずまくだ》りをして愛知県の八橋《やつはし》を通り、隅田《すみだ》川にまで至った話は、業平の実説と思われますが、一四段、一五段、一一五段、一一六段で陸奥に流浪する男は業平ではないでしょう。

その男は、京都人を珍しく思い求愛する栗原の女を愛したのですが、帰京に際して「貴女は姉歯《あねは》の松のような魅力を備えていないので」という歌を遣り、捨ててしまったのが一四段。「姉歯《あねは》の松」は宮城県栗原市にある松で歌枕ですから、都人には魅力があるのですが、その女はそんな魅力なしと男はみたのです。

一五段ではこの男、どうということのない平凡な人妻に通じましたが、いささかでも魅力があったのでしょうか、「信夫《しのぶ》山忍びて通ふ道もがな」と詠み、「忍びて」の枕詞に福島県の歌枕「信夫山」を置いています。

一一五段は陸奥国に住む男女の話ですが、永住している夫婦ではなく、東下りの男と現地の女らしいです。男は都へ帰ると言い出したので女は「おきのゐて都島」という所で餞別の宴を設けます。「都島」は地名でしょうが、「おきのゐて」が「沖の井」か「沖の井手」かわかりません。井手ならば海辺に突き出た堰、土手のようなものです。女は別れの悲しみを、「おきのゐて」の「おき」に赤くおこった炭火の「燠《おき》」を掛けて、

おきのゐて　身を焼くよりも　悲しきは　都島辺の　別れなりけり

「炭火で焼かれたら辛いだろうけれど、それよりももっと辛く悲しいのは都島で別れることです」。物語作者は女についても歌についても何の批評も書いていません。

一一六段の男も陸奥を流浪するのですが、鄙《ひな》の女に思いを掛けることなく、都に残してきた女を偲び、「久しくなりぬ君に逢ひ見で」と歌うのですが、「ひさしく」を引き出すための序詞として、「波間より見ゆる小島の浜廂《はまひさし》」を上の句に置きます。特に歌枕を詠むわけではないですが、波に見え隠れする小島、そこに建つ漁師の家と、まるで陸奥の浜辺を画いた屏風絵のような風流さがあります。この歌は屏風絵に書き込まれた屏風歌でしょうか。

陸奥風雅再現

憧れの陸奥歌枕の心象風景では満足できず、歌枕を都で再現する猛者《もさ》も現れました。嵯峨天皇の御子左大臣源融《とおる》は陸奥出羽按察使《あぜち》に任ぜられたことがありますが遥任で赴任せず、陸奥の実感は全くありません。それでも陸奥の歌枕に憧れ、古今東歌の「陸奥はいづくはあれど」に心引かれ、自邸河原院《かわらのいん》の広大な庭に塩釜の浦を模した庭園を造り、尼崎から海水を運んで塩焼きを楽しみました（『伊勢物語』八一段、『古今集』哀傷）。海水の量は毎月三〇石《こく》だったなどと話に尾ひれがつきます。「籬の島」もあったそうです。

源融《とおる》は古今歌人で、

陸奥の　しのぶもぢずり　誰ゆゑに　乱れそめにし　われならなくに（『古今集』恋四）

と、やがて陸奥の歌枕として定着する福島県の信夫の里を初めて歌ったのも、源融です。「陸奥の信夫の里で、しのぶ草で摺り染めた乱れ模様の布のように、あなた以外の女のために心を乱す私ではありません。貴女ゆえに心を乱しているのです」。愛は色で言うなら赤色系でしょう。その赤色が、しのぶ草の葉や茎を磨り潰して染めた薄緑色をバックに色鮮やかに、くっきりと浮かび上がるではありませんか。

源融の「陸奥のしのぶもぢずり」の歌はもてはやされ、『伊勢物語』にも取り入れられています。しのぶ摺りの狩衣《かりぎぬ》を着た貴公子が春日野で女を見初め、狩衣の裾を引きちぎって、

春日野の　若紫の摺り衣　しのぶの乱れ　限り知られず

と書いて贈ったという話で、物語作者は、この歌の種明かしとして、源融の「陸奥のしのぶもぢずり」を挙げて、この歌の趣向を踏まえたものだと付け加えています。

『伊勢物語』の冒頭に置かれているこのエピソードにより、ますます歌枕信夫の里の知名度は高まったでしょう。「春日野の若紫《わかむらさき》の摺り衣」の歌は、『新古今集』恋歌一には在原業平《ありわらのなりひら》の歌として掲載されています。

主としてあちこちの国守を務めていた藤原保昌《やすまさ》は、歌人として有名な和泉式部の最後の夫ですが、武勇の人として知られており、酒呑童子《しゅてんどうじ》説話では源頼光《らいこう》とともに鬼退治をし、羅生門鬼退治の説話にも登場します。歌は『後拾遺集』に一首採録されているだけですが、風流心はあったらしく、福島県の宮城野の萩を忍び、六条の家の庭に萩を植えたそうです。それを見た能因と保昌の贈答歌が『能因集』にあります。

保昌は陸奥へ下っていないので、宮城野の萩に見立てて植えた萩は、都産でしょう。実際に宮城野の萩を都へ運んだ人物がいるのです。和歌六人党の一人陸奥守橘為仲は、任果て上京に際し、宮城野の萩を長櫃《ながびつ》一二ケースに入れて持ち帰りました。入京の時都大路は見物人で、押すな押すなのラッシュ騒ぎになったそうです。鴨長明が『無名《むみょう》抄』に書いている話です。為仲にも、能因の歌「秋風ぞ吹く白河の関」に敬意を表し衣装を改めて白河の関を通ったという話があります。

貴種流離そして死の悲哀

在原業平《ありわらのなりひら》は政治問題か女性問題か、確かなことはわかりませんが、都にいることができず東下りをしました。『伊勢物語』は業平らしき男を東国からさらに陸奥国に流浪させます。業平のように身分の高い貴族が流浪する話を貴種流《きしゅりゅう》離譚《りたん》といいますが、国守として陸奥国赴任も、都育ちの貴族にとっては貴種流離であり、悲哀を伴います。

業平は干飯《ほしいい》をかじりながら慣れぬ東国の旅を続けても無事に帰京しましたが、陸奥国などの任地での死亡は一層哀れです。万葉歌人大伴家持は、任地の多賀城で亡くなったのだという説があります。死して後、国家への反逆罪に問われ、埋葬することも許されず、官位剝奪、骨になって隠岐の島に流罪になったらしいのです。それならば、陸奥で客死した悲劇の歌人の第一号になるのですが、客死説は無理で都で亡くなった可能性が大です。

『大和物語』一一九段に歌を残している陸奥守藤原真興《さねき》は任地で死亡しました。『大和《やまと》物語』一一一段から一一九段まては、歌を作ることも上手で男たちに魅力のあった女たちを登場させ、男との歌の遣り取りのエピソードを配列しています。そのなかの一人閑院《かんいん》の大君《おおきみ》を在京当時の真興《さねき》は愛していたのですが、危篤状態から抜け出た真興《さねき》が逢いたいと何回申し出ても逢ってくれず、真興《さねき》は、「（明け方になく鶏のわびしい声にも）劣らぬ音《ね》をぞ　泣きて帰りし」と嘆きます。病み上がりの体で愛する女を訪ねる真興《さねき》、落ち込む真興《さねき》に追い打ちをかけたのが陸奥国赴任、つれない女を思いつつ下ったのでしょうか。陸奥国で死し、再び女に会うことはなかったのです。愛する女に別れ、陸奥一人《みちのくひとり》旅などとなると演歌の好テーマですが、浮かび上がるのは落魄《らくはく》の姿だけです。

源重之も陸奥国で亡くなっています。重之は陸奥へ下る以前には、大宰大弐《だざいのだいに》藤原佐理《すけまさ》を頼って筑紫に下向しています。重之は伯父の参議源兼忠の養子になりながら、ポストはほとんどが地方国守、位は五位から抜け出せませんでした。『重之集』冒頭の序文には筑紫に下った理由を「この歌の人（重之）も、世の中の心に叶《かな》はぬを、憂《う》きものに思ひて、下れるにやあらん」とあります。陸奥下向も同じでしょう。

春ごとに　忘られにける　埋木《うもれぎ》は　ときめく花を　よそにこそ見れ　（『重之集』）

春は任官発令の除目《じもく》の季節、「しかし私は、土の中に埋もれた木のようなもので花咲かず、毎春毎春除目の時が来ても忘られてしまい、時流に乗って栄え花を咲かせている人たちを、私には無縁な事と見ることよ」。上の句は全く同じ歌が下の句「花の都を思ひこそ遣れ」として同じ『重之集』にあり、詞書に「春、司召（除目）を思ひ遣りて」とあります。これらは在京中の歌ですが、陸奥に居住しても春の除目は忘れられず、

古《いにしえ》を　思ふ涙の　春雨《はるさめ》は　我が袂《たもと》にぞ　わきて降りける　（『重之集』）

詞書は「春、何事を思ひけるにかありけん」です。降る春雨を眺めながら、かつての都の除目を思い出し涙する重之です。

可哀そうなことに、重之は陸奥国で子を失い、「嘆きても言ひても今はかひなきに」と嘆き歌っています。重之と一緒に小鶴の歌を詠んだ宗親《むねちか》でしょうか。親が子の死を見送るほどの悲哀は他にありません。失意、都落ち、子の死、やがて重之も死を迎えるのです。重之には、陸奥に連れ下ったものの都に帰り、出家した子がいたようです。その子の家集『重之の子の僧の集』には、「親の忌に籠り侍るに、夢に良う見え侍り」という詞書の歌があります。死んでもこの世に未練があったのでしょうか。

『重之集』全三二三首、「祝」の詞書の下に三二一、三二二があり、最後には「祝」とは無縁の歌が置かれています。

枝分かぬ　春に会へども　埋木《うもれぎ》は　もえもまさらで　年経《へ》ぬるかな　（『重之集』）

「春の光は枝を区別することなく射している、その春に私は会っているのに、埋もれ木の身には春光の射すことはなく、埋もれ木なので燃えず、我が身も萌えることなく、年経てしまったなあ」。春が司召し、除目の季節であることは先にも述べました。西本願寺に伝わった『重之集』は最後のページに、葦の生える水際に打ち捨てられた破《や》れ小舟を画いた紙に、この歌が書かれています。顧みる人もなく打ち捨てられた破れ小舟、これが重之の生涯であり、落魄の姿だったのです。この歌は、重之の辞世の歌ではないでしょうか。

重之が陸奥に下ったのは陸奥守として赴任する藤原実方《さねかた》に従って行ったそうです。実方は従四位上左近衛中将《さこんえのちゅうじょう》ですから、中級官僚の上位です。それが長徳元（九九五）年正月に兼任で陸奥守に任ぜられました。地方国守のポストは五位ですから、左遷説が生まれました。兼任の陸奥守ですから在京でも可能かと思うのですが、実際に赴任しました。そうすると、それには理由づけが必要です。そこで一条天皇の面前で従四位下藤原行成《ゆきなり》と歌について口論し、怒った実方が行成の冠を奪って投げ捨てたので、実方は天皇の怒りを買い、「歌枕を見てまいれ」と陸奥守に左遷を命じたというエピソードとなったのです。これはフィクションだという説もありますが、今は真偽論には立ち入らないことにして、注目したいのは「歌枕を見てまいれ」と言ったという粋な天皇の言葉です。実方が勅撰集に六四首入集するほどの名歌人ですから、天皇の言葉も理解できます。「鄙には稀な美人を見てまいれ」などではなく、歌枕と言ったことにいかに貴族の間では陸奥の歌枕が関心事であったかの証になるでしょう。

理由はともあれ左遷であることは間違いなく、重之も出世にめぐまれず都落ちしたようなもの。尾羽《おは》打ち枯らした二人が連れ立って寂しくとぼとぼと陸奥へ下ったのです、男女のペアなら近松の心中物のヒーローとヒロインになるのですが。哀れなことに実方は、任国で馬に乗って笠島道祖神の前を通った時、乗っていた馬が突然倒れ、下敷きになって亡くなったそうです。

陸奥国へ下るので女院に挨拶に行くと、御付きの女官が餞別の衣とともに、歌を詠みかけてきました。

　陸奥に　衣の関は　たちぬれど　（『実方集』）

実方は直ちに下の句を付けました。

　またあふさかは　頼もしきかな　（『実方集』）

「陸奥の衣の関を立っていかれても」「またお逢いすることを頼もしく思っています」。餞別に衣を下賜するので、その縁で「衣の関」を詠み「たつ」に「関を立つ」と「衣を裁つ」が懸けてあり、「あふさか」に「逢う」と「逢坂の関」を掛けています。実方は逢坂の関を通って帰京することを夢見ていたのです。

実方は名歌人で、清少納言と結ばれていた時期もあり、他にも二〇人以上の女性との交際が歌集や家集からうかがわれ、『源氏物語』の光源氏のモデルの一人とされることもあります。このように上流社会の男女と華やかな交際をし、軽妙洒脱な歌などを詠んでいたので、『実方集』には都落ちを同情する多くの人との別れの贈答歌があるのも、彼の最後を思うと涙が湧き出てきます。帰京のへの執念が強かったので、死後、幽霊になって賀茂川の橋の下に現れたとか、雀になって宮廷に坐していたなどの話も生まれたのです。

陸奥へ下ってからの都人との贈答歌がありますが、あまり歌枕などを歌い込んでいません。「三とし川」「はことりの関」「すきむらの森」など所在地も分からない所を詠んでいるだけで、天皇の「歌枕見て参れ」は、実方の脳中にはなかったようです。都の人の贈った歌何首かに「勿来《なこそ》の関」が詠まれていますが、実方にとって勿来《なこそ》つまり来る勿《なか》れは、都に来る勿れであり、禁句であったでしょう。

辞世の歌というのが伝わっており、

みちのくの　阿古耶《あこや》の松を　訪ねわび　身は朽《く》ち人に　なるぞかなしき

だというのですが、歌枕「阿古耶の松」を訪れて横死したというのは、全く皮肉なことです。なお、この辞世の歌と称するものの、出典がわかりません。のちに実方の墓を訪れた西行が、

朽ちもせぬ　其名ばかりを　留《とど》めをきて　枯れ野の薄《すすき》　かたみにぞみる　（『山家集』）

と詠み、『平家物語』巻二「阿古屋松」では、実方が阿古屋松を訪れる話などあるので、西行の歌や『平家物語』などから、実方の辞世歌は創作されたのでしょうか。これも地元に伝わる実方伝説の膨らみの一つです。

長徳四（九九九）年一二月で歿時の年齢は四〇歳ほど、四年間歌枕を見ていたわけです。名取市愛島《めでしま》に墓があります。

陸奥は人の国

陸奥体験のない都の貴族たちは、『古今集』東歌の「陸奥はいづくはあれど」が端的《たんてき》に示しているように、歌枕を通して陸奥に憧れを抱いていました。しかし、一般には陸奥に対して蔑視感のあったことは否めません。『伊勢物語』の都人と陸奥の女の話をしましたが、一四段の女に対して男は「貴女は姉歯の松のような魅力を備えていないので」と

言って捨て去り、一五段の人妻に通う話では、「(人妻の)さるさがなきえびす心を見ては」男はどうしようもないと思ったとあります。「さがなき」は性質の良くない、どうしようもないの意、「えびす心」は粗野な、野蛮なということです。東女は粗野で教養もない人物と評するのです。東夷《あずまえびす》、これが都人の東国人観であり、東国観だったのです。『更級日記』作者の父は上総《かずさ》介、常陸介など東国勤務が多いのですが、その父の東国評が「人の国の怖ろしきに」(『更級日記』)です。平安人は都以外の国を「人の国」と呼んでいます。「人の」というのは、「よその」で自分たちとは異なるよその国が「人の国」で差別意識です。その人の国は怖ろしい所と感じていたのです。

東国差別の最も具体的表れが、東国言語に対してです。

東《あずま》にて　養はれたる　人の子は　舌訛《しただ》みてこそ　物は言ひけれ　藤原輔相《すけみ》　(『拾遺集』物名)

「舌訛む」は、言葉が訛っていて、何を言っているかわからないという意味で、「東国育ちの子は、東国訛りが多く」と、言語蔑視を率直に表現しています。九世紀前半に、東大寺の僧により書かれた『東大寺《とうだいじ》諷誦文稿《ふじゅもんこう》』では、如来《にょらい》は説法に際して「東国の方言」や「毛人の方言」、「飛騨の方言」を用いたとあり、方言意識のあったことがわかります。「東」に冠する枕詞は「鳥が鳴く」ですが、これは陸奥を含めて東国人の言葉が鳥の囀りに似ているという嘲笑でしょう。

そのような東国人を暖かく見るはずはありません。『伊勢物語』にあったように、東国女はえびす心の粗野で無教養で、一時的な慰み相手になっても、捨て去るような存在です。それだから陸奥で育つと、都人の家族でさえも粗野で無教養どころではなく、高じて鬼女にもなると思ってか、平兼盛は、黒塚辺に住んでいる源重之の多くの姉妹に、

陸奥の　安達原《あだちのはら》の　黒塚に　鬼籠れりと　聞くは実《まこと》か　(『大和物語』五八段、『拾遺集』雑下)

と贈りました。辺境の陸奥に住む娘たちを「鬼」に見立てて表現しており、軽妙洒脱な歌といえばいえますが、セクハラで姉妹たちは「失礼な!」と、鬼のように角を出し、怒髪天を衝く鬼の形相になったかもしれません。『拾遺集』に

依りましたが、『大和物語』では閑院《かんいん》の三の皇子の子の娘になっています。

東男も評価されていません。東男は防人や兵士に徴発されていますが、その理由は聖武天皇の勅「東人は額《ひたい》に箭《や》を立つとも、背には立たぬものぞ」でわかるように、勇猛果敢だからです。勇猛果敢、武勇の人は裏返しにいえばデリカシーのない、粗野で無教養ということ。「東夷」とさげずまれています。藤原定家は源平合戦を「紅旗征戎《こうきせいじゅう》」と日記に書きますが、紅旗は平家、平家が征伐する源氏は「戎《えびす》」だったのです。

先にも挙げた万葉東歌の、

筑紫なる　匂ふ児ゆゑに　陸奥の　香取少女の　結ひし紐解く

（『万葉集』巻一四「陸奥国の歌」）

もいい印象を与えません。陸奥男は夫婦誓いの紐を解いて、筑紫の美女を抱擁してしまうような浮気男とみなされてしまいます。

東国は「人の国」、言葉は訛り、男女とも粗野で無教養でデリカシーに欠ける、これが都人の脳中にあった東国の実相だったのです。

泣きの涙の陸奥赴任

それだから、陸奥赴任は泣きの涙です。すでに実方がそうだったことは前述しました。陸奥守源信明《さねあきら》は陸奥より中宮《ちゅうぐう》大夫《だいぶ》藤原兼通に、

明け暮れは　籬《まがき》の島を　眺めつつ　都恋しき　音《ね》をのみぞ泣く

（『信明集』）

と、泣き言を贈るのです。兼通からは朗報がなかったのでしょうか。

思ふこと　有りて久しく　なりぬとは　君が知らぬか　知りて知らぬか

（『信明集』）

と「私が帰京の思いに落ち込んでかなり長くなることを、貴方は知らないのか、それとも知っていて知らぬふりをなさるのか」とやや詰問調の歌を贈るほどのストレスだったのです。もっとも信明の陸奥赴任は五二歳ですから、泣きの涙で帰京を兼通に訴えるのも無理ありません。兼通の配慮あってか無事帰郷し、従四位下になっています。

陸奥守橘為仲は浮島に参詣して、

祈りつつ　猶《なお》こそ頼め　道の奥に　沈め給ふな　浮島の神　（『為仲集』）

「浮島の神の名の通り、私を陸奥に沈めたままにしないで、浮かび上がらせてくださいね」と祈る為仲の陸奥赴任は、実に六〇歳過ぎでした。浮島の神も老体の為仲を不憫《ふびん》に思召してか、為仲は帰京することができ、正四位下太皇太后《たいこうたいごうの》宮亮《みやのすけ》に至っています。

そして締めはやはり重之でしょう。春、都の司召《つかさめし》を思ひ遣っての歌、

春ごとに　忘られにける　埋木《うもれぎ》は　花の都を　思ひこそやれ

が、陸奥へ都落ちした都人の哀愁を最高に表しているではありませんか。

山のあなたの　空遠く　幸い住むと　人のいう
噫《ああ》　我れ人と　尋《と》め行きて　涙さしぐみ　帰り来《き》ぬ

カール・ブッセの詩です。この詩を、陸奥幻想を抱く都人と、実際に陸奥へ下った都人に捧げるのは、酷でしょうか。

参考書籍

山口　博　一九六七『王朝歌壇の研究　村上冷泉円融朝篇』桜楓社
関係ある章は、「沈淪《ちんりん》歌壇の性格（源順・清原元輔・源重之・平兼盛・大中臣能宣・曽根好忠・源兼澄）」「源順論」「大中臣能宣

論」「藤原輔相と藤六《とうろく》集」
和歌史研究会（山口博ほか）　一九七三・一九七五『私家集大成　中古Ⅰ・Ⅱ』明治書院
吉原栄徳　一九九四『勅撰歌歌枕集成』おうふう
平安末の歌学書は、佐佐木信綱編　一九五七『日本歌学大系』全10冊風間書房にあります。

コラムⅥ　巡方馬脳帯のその後

飯沼清子

『岡屋関白記』という日記に接する機会を得ました。「岡屋関白」とは鎌倉時代中期に摂政・関白の地位にあった近衛兼経（一二一〇〈承元四〉年〜一二五九〈正元元〉年）のことです。父は家実（猪熊［隈］殿）、祖父が近衛家初祖、藤原基通（近衛殿）で、兼経は藤原道長から一〇代の後裔です。

『岡屋関白記』は、今日その全貌は知りがたいものの、一二二二（貞応元）年一二月二〇日、兼経が一三歳で元服した時の記事（起筆は翌二一日）から、四二歳の一二五一（建長三）年閏九月二九日までが「大日本古記録」に収められています。兼経は一二五六（康元元）年、四七歳頃まで日記を書いていたようです。

話を戻します。

兼経は二〇日、元服し正五位下に叙せられ、二一日に侍従に任ぜられました。この日の記事は短く、

天晴、任侍従、昨日叙正五位下、加元服日也、

とあるのみです。注目されるのは一二月二五日の、元服・叙爵の「慶申《よろこびもうし》」の際の装束の詳細な記述です。石帯は、と見ると「馬脳帯《めのうのおび》」（以下通用の瑪瑙と記す）とありました。官人としての一歩を踏み出した若き兼経が、装束の一つ一つに特別な思いをもって記したのだろう、と想像されますが、この日記には他にどういう石帯が見られるのか、全体に目

を通してみました。

帯の記述がある一三の例を①年月日②行事③帯の種類（有文・無文／巡方・丸鞆）④素材の観点から検討してみました。紙数の都合上、素材を明記している例のみあげます。

ア　一二二三（貞応二）年　四月二六日　任右近衛少将の慶申　瑪瑙帯

イ　同　　　　　　　　　一二月二六日　加階の慶申（十七日 従四位下）　瑪瑙帯

ウ　一二五〇（建長二）年　一〇月一三日　朝覲行幸供奉　瑪瑙巡方帯

エ　同　　　　　　　　　一四日　上皇御方に参上　有文玉帯

ここではウをとりあげます。一二五〇（建長二）年一〇月一三日条には後深草天皇による、後嵯峨上皇の鳥羽殿への朝覲行幸のことが記されています。兼経は自身の装束を「赤色綾袍」「蒲萄染堅織物下襲」「同半臂、赤衵・単衣」「白固織物表袴」「紫檀地金造加和《かわ》螺鈿剱」「紺地平緒」「瑪瑙巡方帯」「鼻切沓」と記しています。それぞれに細注を施していますが「瑪瑙巡方帯」に注目すべき注記がありました。

瑪瑙巡方帯、法成寺・寛治大殿令用給、

というものです。「法成寺」は藤原道長、「寛治大殿」は藤原師実（頼通男）のことです。この「瑪瑙巡方帯」は道長の重宝です。源経頼の『左経記』一〇二八（万寿五）年四月八日条に、道長が一〇二七（万寿四）年一二月四日に薨去した後、関白頼通が法成寺の蔵に納めたことが記されています。また九条兼実の『玉葉』一一八七（文治三）年三月二五日条には、法成寺の宝蔵が開かれ「帯箱三合」が取り出されたこと、このなかに「巡方瑪瑙帯」が一筋あったとあります。法成寺の宝蔵が必要に応じて氏の長者の手で開かれ、帯が取り出されたことは、藤原宗忠の『中右記』一〇九八（承徳二）年九月二一日条にも見えることです。

兼経が「着赤色袍例」をあげたなかに、「巡方瑪瑙帯」の使用が確認できるのは三例です。

御堂（道長）　一〇一八（寛仁二）年一〇月二二日　後一条天皇の上東門院行幸
京極大殿（師実）　一〇八八（寛治二）年正月一九日　堀河天皇の行幸
知足院殿（忠実）　一一〇九（天仁二）年九月六日　白河法皇の賀陽院競馬御幸

藤原道長が没した時から近衛兼経が「巡方瑪瑙帯」を着用した一二五〇（建長二）年一〇月まで二三〇年以上経っています。道長の後裔たちの重要な日に登場してくるこの〈高名の帯〉の価値をあらためて認識するとともに、その行方についてまだ目が離せない思いです。

註

（1）一二四三（寛元元）年～一三〇四（嘉元二）年。当時八歳。
（2）一二二〇（承久二）年～一二七二（文永九）年。当時三一歳。

あとがき

ようやく、念願の、二〇一二年より六年間にわたり開催してきた「六ヶ所村歴史フォーラム」のシリーズテーマ、『尾駮の駒・牧の背景を探る』についての論考集を編纂・刊行するに至りました。編者として、またフォーラム開催者として、当研究会会員一同、誠に望外の喜びです。

とかく、この当地における「尾駮の駒・牧」の歴史は、古代、日本国の外ともされる辺境の地の歴史のため、いわゆる文献史学上、極端にその史料等の僅少さから、その歴史学的立証は極めて困難とされてきました。

しかしながら本書は、この度、あえて当会の要請に応じて、今フォーラムを通じてご講演いただいた先生方による、考古学・歴史学・文学、それぞれの研究分野からの、仮説と最新の研究成果の間を埋めるピースを持ち寄ってアプローチしていただいた論考集です。また、論考執筆にあたっては、さらに最新の研究成果を加えていただき、大変興味深い内容となっています。

そもそも、当研究会がこの歴史フォーラムを開催するに至ったきっかけは、唯一「尾駮」と地名が残る当地六ヶ所村の古代（平安時代）が、『青森県史』によれば、九世紀後葉から一〇世紀初頭にかけて忽然と集落を形成し始めたと記されおり、いみじくもそれが、「尾駮の駒」が『後撰集』に初出した時期と符合した点にありました。また、当地が北限とされる「表館遺跡」出土の高級貴族官僚の腰帯「白玉帯」の飾り（鉈尾）の出土や、馬小屋（?）と想定される「発茶沢遺跡」の掘立柱建物付き竪穴式住居の痕跡など、是非とも考古学的に検証してみたい事象があったからです。〔歴史フォーラム二〇一二〕

そして、翌年のフォーラムにおいては、同時代の中央政権、特に藤原道長・頼通政権時において「陸奥国交易馬」の需要が高まっているところから、その実態に迫るべく、時の権力者の日記『古記録』を通し、馬と帯〔石帯〕の貸借が頻出している事例から、その意味を探ろうとしました。〔歴史フォーラム二〇一三〕

特にも、このフォーラムから、「尾駮の駒・牧」の背景を探るには、まず平安時代の人・物に対する精神文化を学ぶ必要性を感じ、翌々年には、平安貴族の儀式・神事のなかで、特にも馬は最も権力の象徴であるところから、荒馬が好まれたとされる「競馬」の神事から「尾駮の駒」を考察し、さらには、実際に馬に対する平安貴族の精神性についても『古記録』からの考察を重ねました。〔歴史フォーラム二〇一四〕

四年目には、そもそも論として、ナゼ、古代社会において「尾駮の駒」がもてはやされたのか？　古代・秋田城や払田柵からは斑馬の絵馬が出土しています。また宮中神事で奏でられる「神楽歌」『其駒』においては、斑馬は神様の乗り物とされていました。これらの事からも、〝斑〔駮〕〟のもつ意味、その神聖性について考察し、併せて当地が古代、本当に馬飼を生業としていたのか？　考古学的考察を重ねました。〔歴史フォーラム二〇一五〕

さらにはまた、五年目には、「尾駮の駒」の神聖性とは別に、その実像に迫るべく、古代来の日本在来馬の特徴ともいえる、「悍馬」の実態についての考察を加えました。併せて、「尾駮の駒」を詠った王朝歌人のその心象風景についても考察しました。〔歴史フォーラム二〇一六〕

そして、最後の六年目には、これまでの、こうした「尾駮の駒」の背景から、さらに当地の「尾駮の牧」の実在に迫るべく、毛外の地とされたこの地域から出土した特異事例でもある緑釉陶器を取り上げ、さらにはまた、古代のこの地域における人・物・情報の交流ルートについて考察するべく、最新の考古学・歴史学両面の研究成果を取り上げてその実態に言及しました。〔歴史フォーラム二〇一七〕

終わりに、この六年間の学術的研鑽を、このように本にまとめ、後世への知的財産として残すことができたことに対し、改めて、この場をお借りして、ご講演・ご執筆くださった先生方、ならびに刊行までにご尽力くだされた村教育委員会、六一書房様、さらにはフォーラム開催にご協賛・ご後援くださった村まちづくり協議会・村文化振興公社・各関係機関の皆様に、衷心より、厚く御礼を申し上げます。

二〇一八年七月

六ヶ所村「尾駮の牧」歴史研究会　会長　相内知昭

執筆者一覧（執筆順）

松本建速（まつもと　たけはや）	東海大学文学部歴史学科考古学専攻教授
田中広明（たなか　ひろあき）	（公財）埼玉県埋蔵文化財調査事業団調査部副部長
高橋照彦（たかはし　てるひこ）	大阪大学大学院文学研究科教授
瀬川　滋（せがわ　しげる）	青森県考古学会副会長・野辺地町文化財保護審議委員
長尾正義（ながお　まさよし）	三沢市教育委員会専任員
倉本一宏（くらもと　かずひろ）	国際日本文化研究センター教授・総合研究大学院大学教授
堀井佳代子（ほりい　かよこ）	国際日本文化研究センター技術補佐員・同志社大学講師
伊藤一允（いとう　かずみち）	六ヶ所村「尾駮の牧」歴史研究会顧問・青森県文化財保護協会常任理事
入間田宣夫（いるまだ　のぶお）	東北大学名誉教授・一関市博物館館長
藤木保誠（ふじき　やすまさ）	賀茂別雷神社権禰宜
栗村知弘（くりむら　ともひろ）	六ヶ所村「尾駮の牧」歴史研究会顧問・青森県文化財保護協会会長
近藤好和（こんどう　よしかず）	國學院大學大学院講師
飯沼清子（いいぬま　きよこ）	國學院大學講師
山口　博（やまぐち　ひろし）	富山大学・聖徳大学名誉教授

尾駮《おぶち》の駒・牧の背景を探る

2018年7月30日　初版発行

編　　者　六ヶ所村「尾駮の牧」歴史研究会
発 行 者　八木　唯史
発 行 所　株式会社　六一書房
〒101-0051　東京都千代田区神田神保町 2-2-22
電話 03-5213-6161　FAX 03-5213-6160　振替 00160-7-35346
http://www.book61.co.jp　Email　info@book61.co.jp
印刷・製本　藤原印刷株式会社
題　　字　相内　知昭

ISBN 978-4-86445-105-5　C1021